“十二五”职业教育国家规划教材
经全国职业教育教材审定委员会审定

房地产估价

第 2 版

主　编　宋春兰
参　编　黄　英　何　红　王满良
　　　　刘　颖　张　丽

机械工业出版社

本书共十二章，主要内容包括房地产估价概述、房地产价格、房地产估价原则、比较法、收益法、成本法、假设开发法、长期趋势法、土地价格评估、房地产估价程序、房地产估价报告、几种目的的房地产估价。每章后附有适量的练习题，便于教师教学和学习者复习巩固。

本书可作为普通高等学校高等职业教育的房地产经营与管理、房地产检测与估价、物业管理、资产评估与管理等专业的教材，也可以作为其他相关从业人员的参考用书。

本书配有电子课件，凡使用本书作为教材的教师可登录机械工业出版社教育服务网 www.cmpedu.com 下载。咨询电话：010-88379375。

图书在版编目（CIP）数据

房地产估价/宋春兰主编.—2版.—北京：机械工业出版社，2016.6（2024.2重印）

“十二五”职业教育国家规划教材 经全国职业教育教材审定委员会审定

ISBN 978-7-111-52248-5

Ⅰ.①房… Ⅱ.①宋… Ⅲ.①房地产价格—估价—高等职业教育—教材 Ⅳ.①F293.35

中国版本图书馆 CIP 数据核字（2015）第 286326 号

机械工业出版社（北京市百万庄大街22号 邮政编码100037）
策划编辑：李 莉 饶雯婧 责任编辑：饶雯婧
封面设计：张 静 责任校对：张 薇
责任印制：常天培
固安县铭成印刷有限公司印刷
2024年2月第2版第4次印刷
184mm×260mm · 14印张 · 335千字
标准书号：ISBN 978-7-111-52248-5
定价：43.00元

电话服务 网络服务
客服电话：010-88361066 机 工 官 网：www.cmpbook.com
010-88379833 机 工 官 博：weibo.com/cmp1952
010-68326294 金 书 网：www.golden-book.com
封底无防伪标均为盗版 机工教育服务网：www.cmpedu.com

第2版前言

房地产估价是房地产市场发展的必然产物，也是房地产业发展不可缺少的重要组成部分，在房地产的开发、经营、资金融通以及政府对房地产市场的管理等方面都起着重要的作用，越来越受到人们的重视。房地产估价工作的开展，不仅需要一大批高素质的专业估价人员，更需要一套科学实用的估价理论和方法。为适应这一需要，我们在广泛参考许多学者研究成果的基础上，结合高等职业教育教学的特点以及近些年的教学实践经验，编写了本书，目的在于为我国房地产估价基本理论的深入研究和应用尽一点微薄之力，为高等职业教育相关专业的学生提供房地产估价的基本理论和实用技能。本书突出知识学习与能力培养的衔接，突出实践性，吸收房地产估价的最新研究成果及时更新相关内容。《房地产估价 第2版》的体系结构与内容安排，既能满足理论知识够用，又与房地产估价岗位的技能要求、房地产估价职业资格证书考试的相关内容有效衔接。把房地产估价职业资格要求的知识点、技能点以典型例题、分析讨论、课后练习等形式融入学习内容和课后练习中，使“教、学、做”较好地衔接，注重房地产估价操作实务的训练，增强教学过程的参与性、互动性，也便于学生检验学习效果。本书结合了近几年颁布施行的房地产估价领域新的法规、政策和标准，如《国有土地上房屋征收评估办法》《房地产估价报告评审标准》(试行)、《房地产估价基本术语标准》(GB/T 50899—2013)、《房地产估价规范》(GB/T 50291—2015) 等，体现了房地产估价的政策性。

本书由宋春兰担任主编，并负责组织修订工作，具体编写分工如下：宋春兰修编第一章、第四至七章、第十一章以及各章练习题；王满良修编第二章；黄英修编第三章；何红修编第八章、第十二章；张丽修编第九章；刘颖修编第十章。

本书在编写过程中，参考了许多学者的研究成果和有关参考文献，在此表示衷心感谢；还得到机械工业出版社、沈阳工程学院经济与管理学院、辽宁隆丰土地房地产与资产评估有限公司有关领导和同志的大力支持与帮助，在此一并致谢。

由于作者水平有限，本书难免存在疏漏或错误之处，敬请读者批评指正。

编　者

目　录

第2版前言

第一章　房地产估价概述

第一节　房地产概述………………………… 2
第二节　房地产估价的基本认识……… 6
本章小结 ………………………………… 11
本章练习题 ……………………………… 11

第二章　房地产价格

第一节　房地产价格的概念与特征 … 14
第二节　房地产价格的形式 ………… 17
第三节　影响房地产价格的因素 …… 23
本章小结 ………………………………… 29
本章练习题 ……………………………… 30

第三章　房地产估价原则

第一节　独立、客观、公正原则 …… 34
第二节　合法原则 …………………… 34
第三节　最高最佳利用原则 ………… 36
第四节　替代原则 …………………… 37
第五节　价值时点原则 ……………… 38
第六节　谨慎原则 …………………… 39
本章小结 ………………………………… 40
本章练习题 ……………………………… 40

第四章　比较法

第一节　比较法的基本原理 ………… 46
第二节　比较法的操作步骤 ………… 47
第三节　比较法应用举例 …………… 58
本章小结 ………………………………… 64
本章练习题 ……………………………… 64

第五章　收益法

第一节　收益法的基本原理 ………… 69
第二节　净收益的确定 ……………… 75
第三节　收益年限的确定 …………… 77
第四节　报酬率的确定 ……………… 78
第五节　投资组合技术和剩余技术 … 80
第六节　收益法应用举例 …………… 84
本章小结 ………………………………… 87
本章练习题 ……………………………… 87

第六章　成本法

第一节　成本法的基本原理 ………… 92
第二节　重新购建价格的确定 ……… 94
第三节　建筑物折旧的估算 ………… 98
第四节　成本法应用举例 …………… 103
本章小结……………………………… 105
本章练习题…………………………… 106

第七章　假设开发法

第一节　假设开发法的基本原理…… 110
第二节　假设开发法的估价步骤 … 113
第三节　假设开发法应用举例……… 116
本章小结……………………………… 118
本章练习题…………………………… 119

第八章　长期趋势法

第一节　长期趋势法的基本原理…… 123

第二节　数学曲线拟合法及其应用 ………………………………………………… 124
第三节　平均增减量法及其应用…… 126
第四节　平均发展速度法及其应用 ………………………………………………… 127
第五节　其他趋势法…………………… 128
本章小结…………………………………… 129
本章练习题………………………………… 129

第九章　土地价格评估

第一节　路线价法……………………… 133
第二节　城镇基准地价评估………… 140
第三节　基准地价修正法…………… 142
本章小结…………………………………… 145
本章练习题………………………………… 146

第十章　房地产估价程序

第一节　获取估价业务……………… 151
第二节　受理估价委托……………… 152
第三节　编制估价作业方案　……… 156
第四节　搜集估价所需资料………… 157
第五节　实地查勘估价对象　……… 158
第六节　求取估价对象价值………… 159
第七节　撰写估价报告……………… 162
第八节　审核估价报告　…………… 162
第九节　交付估价报告……………… 168
第十节　估价资料归档……………… 168
本章小结…………………………………… 169
本章练习题………………………………… 169

第十一章　房地产估价报告

第一节　房地产估价报告的作用…… 173
第二节　房地产估价报告的基本内容和格式………………………… 173
第三节　房地产估价报告的写作要求 ………………………………… 179
第四节　房地产估价报告改错举例 ………………………………… 180
本章小结…………………………………… 187
本章练习题………………………………… 188

第十二章　几种目的的房地产估价

第一节　房地产转让价格评估……… 198
第二节　房地产抵押价值评估……… 199
第三节　国有土地上房屋征收评估 ………………………………… 204
本章小结…………………………………… 210
本章练习题………………………………… 211

参考文献…………………………………… 215

第一章

房地产估价概述

章前引言

房地产估价的对象是房地产财产及其权益。准确的房地产估价是以对房地产、对房地产估价的正确认识为基础的。

本章主要介绍房地产估价应具备的一些基本知识，包括房地产的含义、房地产的类型、作为估价对象的房地产的特性以及房地产估价的含义、房地产估价的必要性。

学习目标

1. 了解房地产的类型。
2. 掌握房地产和房地产估价的含义、房地产的特性。
3. 熟悉房地产估价的必要性。

第一节 房地产概述

一、房地产的概念

房地产是指土地以及建筑物和其他地上定着物，是实物、权益和区位的综合体。

理解房地产的概念，需要弄清土地、建筑物、其他地上定着物的基本含义以及房地产实物、权益和区位的含义。

土地是指地球的陆地表面及其上下一定范围的空间。即对于房地产估价来说，土地不是平面的，而是一个三维立体空间，包括地表、地上空间、地下空间。

建筑物是最主要的地上定着物，有广义和狭义两种含义。广义的建筑物包括房屋和构筑物两大类；狭义的建筑物主要指房屋，不包括构筑物。构筑物是指人们一般不直接在里面进行生产和生活活动的建筑物，如道路、桥梁、隧道、烟囱、水井等。房地产估价中通常将建筑物做广义理解。

其他地上定着物是指与土地、建筑物不能分离，或者虽然能够分离，但分离后会破坏土地、建筑物的功能或完整性的定着物。如：为了提高土地或建筑物的使用价值或功能，埋设在地下的管线、设施，建造在地上的围墙、假山、水池，种植在地上的花草、树木等。如果仅仅是放进土地或建筑物中，或放在土地或建筑物的表面，例如摆放在房屋内的家具、电器，挂在墙上的画，在地上临时搭建的帐篷等，则不属于其他地上定着物。

房地产的实物是指房地产中看得见、摸得着的部分，例如，建筑物的外观、结构、设备、装饰装修，土地的形状、地势、基础设施条件等。

依托于物质实体上的权益是指房地产中无形的、不可触摸的部分，是基于房地产实物而衍生出来的权利、利益和好处。我国目前的房地产权利的种类主要有所有权、建设用地使用权、宅基地使用权、土地承包经营权、抵押权、租赁权等。以建设用地使用权为例，建设用地使用权是建设用地使用权人依法对国家所有的土地享有占有、使用和收益的权利，有权利用该土地建造建筑物、构筑物及其附属设施。另外，《中华人民共和国物权法》规定，建设用地使用权可以在土地的地表、地上或者地下分别设立。比如，同一块土地地下10米至地上80米的建设用地使用权出让给甲公司建造写字楼，地下20米至40米的建设用地使用权出让给乙公司建商场。

房地产的实物和权益在价值决定中都很重要。一幢房屋，其价值既受建筑结构、设备、装饰装修、新旧程度等实物状况的影响，又受产权是否完整等权益状况的影响。因此，两宗实物状况相同的房地产，如果权益状况不同，价值就会有很大的差异。

另外，由于房地产的不可移动性，区位也是房地产的重要组成部分。房地产的区位可以从位置、交通条件、周围环境和景观、外部配套设施四个方面来认识。

一宗房地产的位置，是指该宗房地产所在的地方，包括：坐落，即该房地产所在的具体地点，如门牌号等；方位，即该房地产在所在地中的方位（如城市、十字路口等）；距离，即该房地产与相关场所如市中心、汽车站、火车站、工作地、居住地等的距离；临街（路）状况，即该房地产的临街或临路状况；朝向，即该房地产的建筑物的正门或房间的窗户等正对着的方向；楼层，当该房地产为整幢建筑物中的某层、某套时，其所处的楼层也是一种位置。

一宗房地产的交通条件，是指进出该宗房地产的方便程度——通达性，具体分为从其他地方到达该宗房地产的可及性和从该宗房地产去往其他地方的便捷性。

一宗房地产的周围环境和景观，是指该宗房地产周围的自然环境、人文环境和景观。其中，人文环境包括该宗房地产所在地区的声誉、居民特征（如职业、素质）、治安状况、相邻房地产的利用状况（如用途）等。

一宗房地产的外部配套设施，是指该宗房地产外部的基础设施和公共服务设施。基础设施一般是指道路、给排水、电力、电信、有线电视、燃气、热力等设施。公共服务设施一般是指教育（如幼儿园、中小学）、医疗卫生（如医院）、文化体育（如文化活动中心）、社区服务（如居委会）、市政公用等非营业性设施。

区位对价值的决定作用几乎是房地产所独有的。所以，两宗实物和权益状况相同的房地产，如果它们的位置、交通条件、周围环境和景观、外部配套设施等区位状况不同，价值可能有很大的不同。因此，房地产是实物、权益和区位三者的综合体。

二、房地产的类型

房地产是由土地及其定着物组成的。土地同其定着物之间有一种特殊的关系，它们的结合增加了房地产价值，而不是二者价值的简单组合。土地及其定着物的不同组合就构成不同类型的房地产。根据土地的利用方式可以将房地产分成以下几种类型。

（一）工业房地产

工业房地产主要由用于工业生产的土地及定着物组成。它分为三部分，即自然土地、土地改良物、地上房屋及永久定着物。这种不动产同农业不动产不同，由于自然土地同土地改良物是组合在一起的，所以这里自然土地肥力的作用就没有那么重要了，重要的是土地更深层的地质构造、地下水等。土地改良物主要是指道路、下水道、电缆、煤气管道等，它们决定了工业生产的潜力和效率，对工业房地产价格的影响很大。地上房屋及永久定着物是指同房屋密切结合，用于增加生产能力或改善生产条件的部分设施；而同房屋关系较松散的生产设备则不属于房地产的组成部分。

（二）商业房地产

商业房地产又称收益性房地产，主要由用于商业的土地及其定着物组成。同样，商业房地产也分为三部分：自然土地、土地改良物、地上房屋及永久定着物。其中，土地改良物主要为道路，水、电、气管线等，道路、区域改良物起着重要的作用；地上房屋在建筑形式以及外部装修上更注重吸引力和特色。商业房地产房屋内外各种永久装饰，如房屋内的水电设施等，以及外部各种永久商业标志（多间接服务于商业目的）都是房地产的组成部分。而直接用于商业活动的那部分设备或设施，如柜台等则不能看作是房地产的组成部分，通常被称为“动产性附属物”或“商业性定着物”。

（三）住宅房地产

住宅由以服务人类居住为主要目的的土地及建筑物组成。住宅按其房屋式样又可分为别墅、一般住宅和公寓等。

（四）特殊房地产

特殊房地产包括车站、机场、码头、医院、学校、教堂、寺庙、墓地等。

另外，还可以按开发程度、是否产生收益、经营方式等来划分房地产类型。按开发程度来划分，可以把房地产划分为生地、毛地、熟地、在建工程和现房；按是否产生收益来划分，可以把房地产划分为收益性房地产和非收益性房地产；按经营方式来划分，可以把房地产划分为销售的房地产、出租的房地产、营业的房地产和自用房地产。

由于不同类型房地产的功能不同，影响房地产的使用和价值的因素也不同，使用的估价方法也就不同。就是同一类型的房地产，不同种类创造的价值也不同，在估价时考虑的因素或选择的系数也不同，如同属工业房地产的重工业用地和轻工业用地创造的价值不同，土地的报酬率也就不同。如果不分清房地产的类型，随意选用一种估价方法就会出现估价结果的错误或偏差。

三、房地产的特性

房地产的特性是指房地产有别于其他类型资产的特殊性质。房地产的特性决定着房地产价格、房地产市场的特性及房地产价格评估的特殊规律性。房地产的特性主要取决于土地的特性，是以土地特性为基础的。

（一）土地的特性

土地的特性可以分为土地的自然特性和土地的经济特性两个方面。

1. 土地的自然特性

土地的自然特性是指自然物体的土地本身所具有的特殊性质。土地的自然特性包括：

（1）位置的固定性　特定的土地都有其特定的自然地理位置，不能搬迁或转移。这一特性决定了地产交易不是其实物本身的空间移动，而是土地产权的转移。

（2）质量的差异性　因位置的固定性造成了不同位置的土地之间在地质、地貌、温度、湿度及日照等方面均有一定的差异，这种自然差异使土地有优劣之分，导致土地级差地租的产生。

（3）不可再生性　土地是自然的产物，是不可再生资源，就其整体而言既不会增加也不可再生，因而土地具有独占性和有限性。

（4）效用永续性　只要土地使用得当，土地的效用即使用价值会一直延续下去。而其他类型的资产，经长久或一定年限的使用之后，不管如何慎重管理，最终均会因损耗而丧失其使用价值。因土地具有效用永续性的特性，所以可以给其占有人带来永续不断的收益。

2. 土地的经济特性

土地的经济特性是指土地在被人们利用过程中表现出来的特性。土地的经济特性表现为：

（1）供给的稀缺性　土地供给的稀缺性是指某一地区的某种用途的土地供不应求，不能满足经济发展、人口增加和城市化等对土地的需求。土地供给的稀缺性与土地总量的有限性、土地位置的固定性、土地质量的差异性等有关。

（2）可垄断性　一块土地一旦被某权益主体占有、使用后，其他权益主体除非支付相当的代价，否则就不能再来占有、使用该土地，这就是土地的可垄断性。土地的所有权和使用权都可以垄断。因此，在土地的所有权和使用权转让时，就必然要求在经济上有所体现。

（3）用途的广泛性　一块土地可以有多种用途，如可以作为农业用地、工业用地或者商业用地等。土地用途的广泛性要求在房地产估价时需要确定土地的最佳用途。

（4）土地经济地理位置的可变性　虽然土地的自然地理位置固定不变，但人类的活动会改变土地的经济地理位置。随着城市的发展和基础设施的完善，原来较差的土地区位会变成较好的土地区位。

（二）房地综合体的特性

1. 位置的固定性

土地具有位置的固定性，而建筑物离不开土地，所以房地产的位置也具有固定性。房地产位置的固定性派生出房地产的区域性，即任何一宗房地产只能就地开发、利用或消费，而且要受制于其所在的空间环境，不像其他商品可以从不景气的城市市场移动到另一个景气的城市市场。因此，房地产市场一般是以一个城市为一个市场，其供求状况、价格水平和价格走势都是当地的，存在着区域之间的差异性。房地产位置的固定性也派生出房地产的个别性，即没有两幢完全相同的房屋。即使两幢房屋的用途、结构、面积等完全一样，但由于其坐落位置、周围环境等不同，这两幢房屋也是有差别的；甚至同一幢房屋，也有楼层、朝向、装修等方面的差异。房地产的个别性使得房地产之间不能实现完全的替代，房地产市场不可能实现完全竞争，房地产的价格是千差万别的。

2. 使用长期性

土地具有效用永续性，建筑物的寿命一般可持续几十年甚至上百年，因此房地产一般具有较长的使用寿命。但是，房地产自然方面的使用长期性要受到土地使用权年限的限制。在我国，对房地产商品使用期限的长短受到国家有限期的土地使用权出让政策的限制。国家规定的土地使用权出让最高年限为：居住用地 70 年，工业用地 50 年，教育、科技、文化、卫生、体育用地 50 年，商业、旅游、娱乐用地 40 年，综合或其他用地 50 年。

3. 投资大量性

无论从总价值还是从单位价值看，房地产商品的价值量都远高于一般商品。因此，无论是房地产开发商还是个人购买者，往往都需要向银行贷款，从而使得房地产投资与金融紧密结合。

4. 易受政策限制性

各个国家和地区对房地产的使用和支配都有一些限制，如城市规划中对土地用途、建筑容积率、建筑密度、建筑高度、绿地率等都有一定的限制；又如，政府为了满足社会利益的需要，如修路、建学校等可以对某些土地和房地产实行征用。房地产的发展不仅受政府现行政策的限制，而且还受政府未来政策的影响，城市规划部门对某一地区的更合理的规划意图会使该地区房地产的价格上升。

5. 相互影响性

房地产的价格与其本身的状况有直接的关系，同时还受其周围房地产的用途和开发利用情况的影响。例如，建筑物坐落在较旧的住宅区中，在其他条件相同的情况下，其价格往往低于坐落在较新的住宅区中的建筑物的价格；在一幢住宅旁边兴建一个公园，可使该住宅的价格上升。

6. 保值增值性

随着社会经济的发展和时间的推移，房地产的价格呈现出不断上升的趋势，即房地产具有保值增值性。引起房地产价格上升的原因主要有：①随着人口的增加和经济的发展，社会对房地产的需求不断增长，而土地数量的有限性决定了土地的供给缺乏弹性。②对房地产本身的投资改良，如装修改造、更新或增添设备、设施等，提高了房地产的使用功能。③社会经济的发展相应提升了房地产的价值，如道路交通、能源、商业、文教卫生、绿化水电的发展必然提高所在地域房地产的价格。④通货膨胀的影响。⑤房地产使用管制改变，如将原工业用途改变为居住用途或商业用途，或增加容积率等。

【例 1-1】 某房地产商以 2000 万元购置一幢写字楼，当时年通货膨胀率为 2%。1 年后该写字楼出售时，房地产商收回资金 2200 万元，则该写字楼增值了（　　）万元。

A. 40　　B. 100　　C. 160　　D. 200

【答案】C。

第二节　房地产估价的基本认识

一、房地产估价的概念

房地产估价是房地产估价机构接受他人委托，选派注册房地产估价师对特定房地产在特定时间的特定的价值或价格进行分析、测算和判断，并提供相关专业意见的活动。

正确理解并把握房地产估价的基本内涵，必须注意掌握以下几点：

1. 房地产估价必须由专业估价人员来进行

房地产估价是一项中介服务活动，估价人员必须为当事人提供公平可信的估价结果，并且不得受利益驱动而掩盖估价结果的真实性，提供虚假估价报告。这就要求估价人员不仅要具备广博的估价知识、丰富的估价经验，而且要具有优良的职业道德修养，在估价过程中做到公正诚实、不偏不倚。因此，绝大多数国家都实行房地产估价人员资格认证制度。例如，在英联邦国家，必须是经当地测量师协会或学会考试认证后所承认的测量师才有资格从事房地产估价活动。我国房地产价值评估制度和房地产价值评估人员资格认证制度是国家的法定制度。房地产估价师执业资格制度是我国借鉴国际经验最早建立的执业资格制度之一。2005 年 10 月 12 日，原建设部根据《中华人民共和国城市房地产管理法》《中华人民共和国行政许可法》和《国务院对确需保留的行政审批项目设定行政许可的决定》等法律、行政法规，以建设部令第 142 号的形式发布了《房地产估价机构管理办法》，并根据 2013 年 10 月 16 日住房和城乡建设部令第 14 号修正，2015 年 5 月 4 日住房和城乡建设部令第 24 号修正，对从事房地产估价活动的机构进行专门规范。按照《房地产估价机构管理办法》，在中华人民共和国境内从事房地产估价活动，必须申请房地产估价机构资质。依法设立并取得房地产估价机构资质，从事房地产估价活动的中介服务机构即为房地产估价机构。房地产估价机构资质等级分为一、二、三级。房地产估价师是通过全国房地产估价师执业资格考试或资格认定、资格互认，取得房地产估价师执业资格的人员。注册房地产估价师是经过执业注册，从事房地产估价活动的房地产估价师。

相关知识链接：

表 1-1 房地产估价机构资质等级及条件

序号	条件名称	一级	二级	三级
1	成立时间	从事房地产估价活动连续 6 年以上，且取得二级房地产估价机构资质 3 年以上	取得三级房地产估价机构资质后从事房地产估价活动连续 4 年以上	
2	估价师数量	15 名及以上专职注册房地产估价师	8 名及以上专职注册房地产估价师	3 名及以上专职注册房地产估价师
3	业绩要求	在申请核定资质等级之日前 3 年平均每年完成估价标的物建筑面积 50 万 m^2 以上或者土地面积 25 万 m^2 以上	在申请核定资质等级之日前 3 年平均每年完成估价标的物建筑面积 30 万 m^2 以上或者土地面积 15 万 m^2 以上	在暂定期内完成估价标的物建筑面积 8 万 m^2 以上或者土地面积 3 万 m^2 以上
4	业务范围	各类房地产估价业务	除公司上市、企业清算以外的各类房地产估价业务	除公司上市、企业清算、司法鉴定以外的各类房地产估价业务
5	分支机构	可以设立	不可以设立	不可以设立

注：暂定期内的三级资质房地产估价机构可以从事除公司上市、企业清算、司法鉴定、房屋征收、在建工程抵押以外的房地产估价业务。

2. 房地产估价是针对特定目的进行的

估价目的是估价委托人对估价报告或估价结果的预期用途。不同的房地产估价目的，将会对房地产估价结果产生一定的影响，因为估价目的不同，就会得到不同的价值类型。如为买卖而进行的估价，就得到买卖价值；为抵押而进行的估价，就得到抵押价值；为土地征用而进行的估价，就得到征用价格等。房地产估价的目的可以分为房地产抵押估价、房地产征收征用评估、房地产税收估价、房地产司法拍卖估价、房地产分割估价、房地产损害赔偿估价、房地产保险估价、房地产转让价格评估、国有建设用地使用权出让估价、为财务报告服务的房地产估价等。

3. 房地产估价是特定时点上的房地产评估价值

房地产价格在房地产市场中是动态的、不断变化的。估价师经过评估所得到的结果是一个特定时点上的价值，这个时点称为价值时点。价值时点是所评估的估价对象价值或价格对应的某一特定时间。因此，估价师在接受估价业务时一定要明确价值时点。价值时点可以是现在，也可以是过去或将来。估价结果是与价值时点紧密联系在一起的。

4. 房地产评估价值是正常、客观的价值或价格

房地产评估结果是为当事人提供公平可信的价格参考依据，所评估的价值是正常、客观的价值或价格，即在正常的房地产市场中，在正常的交易情况下，待估房地产在价值时点所能实现的价格。房地产估价是估价师模拟大多数市场参与者的定价思维和行动，在充分认识房地产市场形成房地产价格的机制和过程，深入调查房地产市场行情的基础上，通过科学的分析、测算和判断活动，把客观存在的房地产价值揭示出来。

5. 房地产估价结果带有咨询性

估价并不是定价，评估价值也不是成交价格。定价是当事人的一种决策行为，定价结果往往就是成交结果，而评估结果不一定就是成交结果。房地产评估价值带有参考咨询性，提供的是正常市场交易情况下，一般的、正常、合理的交易参考价。交易当事人可以根据评估价值决定成交价格。如银行参照抵押评估结果，可以根据其所愿意承担风险的程度而决定所放出的抵押贷款额。再如，对于出让土地，政府考虑到行业发展或解决就业问题等，可以在出让土地评估价值的基础上进行上调或下调出让价格。因此，房地产评估师提供的是正常、合理的咨询价格。

6. 房地产估价是评估师经验的结晶

房地产评估既是一门科学，又是一门艺术，是科学、艺术和经验的结合。影响房地产价格的因素众多并且错综复杂，对房地产价格的正确估计，不仅需要科学的理论指导和精确的数学计算，还需要依赖评估师个人对市场的把握程度和所积累的评估经验。因此，不同的评估师对同一宗房地产进行评估，往往结果也是不一样的。因为估价总是在信息不完全和存在一些不确定因素情况下做出的，并且不同的估价师掌握的信息一般不可能完全相同。当然，评估误差应该在一个合理的范围内。为了避免不同的估价师对同一估价对象在同一估价目的、同一价值时点下的估价结果出现较大偏差，有关国际组织、区域估价组织以及许多国家和地区的估价组织或者政府部门制订了估价标准或规范、准则、办法等。例如，中国内地制订了国家标准《房地产估价规范》《房地产抵押估价指导意见》《国有土地上房屋征收评估办法》等。

【例 1-2】 下列关于房地产估价本质的说法正确的有（　　）。

A. 房地产估价是特定时点的房地产评估价值

B. 房地产估价是针对特定的目的

C. 房地产估价是为委托人提供价格保证

D. 房地产估价会有误差，但误差应在合理范围内

E. 房地产估价既是一门科学也是一门艺术

【答案】A、B、D、E。

二、房地产估价的必要性

1. 房地产估价是完善社会主义市场经济体制的需要

房地产估价的原始需要来自于房地产交易，如房地产转让、房地产抵押、房屋租赁等。在我国传统计划经济体制下，土地使用者不得以买卖、出租、抵押、赠与、交换等方式将土地转给其他单位或个人使用。1987 年下半年，深圳特区率先进行土地使用权有偿出让和转让的试点改革。1987 年 11 月 29 日，上海市人民政府发布了《上海市土地使用权有偿转让办法》。1988 年 4 月 12 日，第七届全国人民代表大会第一次会议通过了《中华人民共和国宪法修正案》，删除了宪法第十条第 4 款中不得出让土地的规定，改为“土地的使用权可以依照法律的规定转让”。同年 12 月 29 日，《中华人民共和国土地管理法》也做了相应的修改，修改后的该法规定：“国家依法实行国有土地有偿使用制度。”1990 年 5 月 19 日，国务院发布了《中华人民共和国城镇国有土地使用权出让和转让暂行条例》。经济体制的改革、房地产业的发展、房地产市场的不断建立和完善，所有这些都使房地产估价成为必要，都要

求房地产估价工作能及时跟上。自 1995 年 1 月 1 日起施行的我国房地产业的一部大法——《中华人民共和国城市房地产管理法》，确定了国家实行的五种基本管理制度，其中有四种是与房地产估价有关的，它们是："国家依法实行国有土地有偿、有期限使用制度""国家实行房地产价格评估制度""国家实行房地产成交价格申报制度""国家实行房地产价格评估人员资格认证制度"。该法对房地产估价的要求也有一些具体规定，如第十三条规定："采取双方协议方式出让土地使用权的出让金不得低于按国家规定所确定的最低价"；第三十三条规定："基准地价、标定地价和各类房屋的重置价格应当定期确定并公布"；第三十四条规定："房地产价格评估，应当遵循公正、公平、公开的原则，按照国家规定的技术标准和评估程序，以基准地价、标定地价和各类房屋的重置价格为基础，参照当地的市场价格进行评估"。由于房地产交易总是伴随着巨额资金的流动，涉及经济建设的许多方面，不真实的房地产价格不仅会对生产领域和消费领域产生影响，而且还会影响到政府管理层对房地产产业的宏观调控，因此，认真做好房地产估价工作是完善社会主义市场经济体制的需要。

2. 房地产估价是各类房地产交易的需要

我国房地产走向市场以后，房地产交易日益扩大。对于房地产交易的当事人双方来说，确定一个公平合理的参考价格是十分必要的，而这个参考价格必须通过房地产估价来实现。房地产估价作为一个独立的中介行业，在使交易秩序正常化、交易价格合理化以及交易行为规范化方面有着不可替代的作用。它有效地保护了当事人双方的合法权益，也有力地维护了国家的利益。

3. 房地产估价是房地产税收的需要

房地产税收是国家税收的主要税源之一，现行有关房地产税收的种类很多，其中属于从价税的有房产税、土地增值税、遗产税、契税、房屋与土地合征房地产税、房地产与其他财产合征财产税等。上述诸多税种的计税价格，除土地增值税为房地产转让价格减去扣除项目金额后的余额外，其余均为房地产价格本身。为保证税收收入的实现，避免税负不公平，防止偷税漏税，税务机关和纳税人都需要对房地产进行估价，科学公正的房地产估价结论是计税的可靠依据。目前，许多国家和地区依据房地产的价值对拥有或使用房地产的纳税人按年征收房地产税（也叫不动产税、财产税或物业税）。中国多年来在酝酿改革现行的房地产保有环节的税收制度，准备开征此类税收。自 2011 年 1 月起，上海、重庆两地开展了对个人住房征收房产税的改革试点工作。2011 年中央经济工作会议提出要推进房产税改革试点。2013 年 11 月中共十八届三中全会提出"加快房地产税立法并适时推进改革"。未来的房地产税主体税种由房产税、城镇土地使用税合并而成。房地产税的开征将增加房地产保有环节的税负，而且依据国际经验是以房地产的评估值为征税基础。房地产税的正式开征至少需要两个基本条件：不动产统一登记体系建设和房地产税立法。截止到 2017 年，不动产统一登记体系建设正在进行中，房地产税的立法工作也按计划稳步推进。一旦房地产税依据房地产的价值征收并普遍开征，就更加需要房地产估价。

4. 房地产估价是房地产抵押、保险和典当业务的需要

从事房地产业务的单位或个人，在房地产经营或交易的过程中往往需要向银行借款。银行从考虑贷款的风险出发，往往要求借款方以拥有的房地产作为抵押担保物，而贷款额的大小主要取决于作为抵押担保物的房地产价值的大小，这样银行就需要从抵押贷款的角度进行房地产估价，以决定其贷款的数额和期限。房地产保险也需要确定房地产的投保价值，房地

产保险的实质是财产保险。由于土地具有不可毁灭性，往往不用投保，因此，房地产保险主要是地上建筑物的保险，投保估价主要是指地上建筑物的估价。房地产的投保估价与房地产的交易估价有所不同，区别就在于：对于前者，保险公司更关心的是财产的成本价值；对于后者，当事人更关心的是资产的市场价值。近年来在我国恢复的典当业为房地产典当创造了条件，房地产拥有者因资金需要将房地产典给承典人，并从承典人处取得典价，这个典价需要通过房地产估价来确定，以避免对承典人或出典人利益的损害。

5. 房地产估价是房地产征收征用补偿的需要

房地产征收和征用都是强制性的，都要经过法定的程序。征收是所有权的改变，是国家将集体所有或者私人所有的财产强制地征归国有，不存在返还的问题；征用只是使用权的改变，是国家强制地使用集体所有或者私人所有的财产，被征用的财产使用后，应当返还被征用人。征收和征用虽然具有强制性，但都要给予公平补偿。

随着经济建设的不断推进、文化和社会福利事业的不断发展，市政设施建设、旧城区改造、新区的开发、征用农田等都要涉及征收征用补偿的数额问题。补偿额的确定要通过房地产估价来实现，合理确定补偿金额对征收征用与被征收征用双方当事人都事关重大。估价不准确就会导致补偿不合理，进而损害征收征用者或被征收征用者的利益，引起双方的矛盾，影响建设的进程，若补偿额偏低，还会带来多征少用或土地投机等问题。

6. 房地产估价是企业和机构做出投资决策的需要

投资者想要购买一块土地并进行开发建设，或购买已开发建成的房地产，事先都需了解清楚类似的房地产的价格，或对未来开发完成后的房地产价格测算清楚，这些都需要房地产估价。正确的投资决策离不开准确、合理的房地产估价。

7. 房地产估价是企业合资、改制、兼并、入股以及破产清算的需要

在企业的资产中，土地和房屋占有重要地位，企业与第二方合资，很多时候是以土地和房屋作为出资条件的。国有企业改制为股份制企业，其国有房地产折算为股本，也需要房地产估价，经过房地产估价确定的出资额或股本额，既表现为出资或投资的数额，又作为分享收益的依据。因此，正确的房地产估价对于防止国有资产流失有着重要的意义。企业在破产清算时也需要房地产估价，以便进行清偿工作。

8. 房地产估价是处理房地产纠纷的需要

需要进行房地产估价的房地产纠纷通常有两类：一类是房地产交易的当事人因对有关的房地产价格看法不一致而产生的纠纷；另一类是诸如遗产继承案、离婚案等案件的处理过程中涉及房地产的分配或分割的纠纷。对于前一类纠纷，通过房地产估价可提供给当事人一个有说服力的、公正的、权威的结论，有利于市场的稳定和发展；对于后一类纠纷，通过房地产估价，将难以分割的房地产的实物形态转化为能按法律要求进行分配或分割的房地产的价值形态。此外，在某些涉及房地产交易的违法、违纪案件中，也需要房地产估价。

除上述八个方面的需要外，房地产估价还是房地产司法拍卖的需要、房地产损害赔偿的需要、房地产行政管理的需要等。

本章小结

房地产是指土地以及建筑物和其他地上定着物，是实物、权益和区位的综合体。根据土地的利用方式，可以将房地产分成工业房地产、商业房地产、住宅房地产和特殊房地产。房地产的特性决定着房地产价格的特性、房地产市场特性及房地产价格评估的特殊规律性。从房地产估价和把握房地产价值的角度看，房地产的特性主要有位置的固定性、使用长期性、投资大量性、易受政策限制性、相互影响性、保值增值性等。房地产估价是房地产估价机构接受他人委托，选派注册房地产估价师对特定房地产在特定时间的特定的价值或价格进行分析、测算和判断，并提供相关专业意见的活动。房地产估价是市场经济不可或缺的一个部分，随着社会经济的发展特别是房地产市场的发展和人们对财产保护意识的增强，产生了许多房地产估价的需要。对房地产估价的需要主要有各类房地产交易的需要，房地产税收的需要，房地产抵押、保险和典当业务的需要，房地产征收征用补偿的需要、处理房地产纠纷的需要、房地产司法拍卖的需要、房地产损害赔偿的需要、房地产行政管理的需要等。

本章练习题

一、单选题（每题的备选答案中只有一个最符合题意）

1. 房地产既与机器设备等动产不同，又与商标等无形资产不同，是（　　）的结合体。

A. 实体、权益、区位　　B. 实物、权益、区位

C. 实物、权利、位置　　D. 实体、权益、位置

2. 下列不属于房地产区位因素的是（　　）。

A. 交通　　B. 用途　　C. 环境　　D. 楼层

3. 任何一宗房地产只能就地开发、利用或消费，并且要受制于其所在的空间环境。房地产开发利用的这一特点，本质上是由房地产的（　　）特性决定的。

A. 易受限制　　B. 相互影响

C. 独一无二　　D. 不可移动

4. 房地产具有保值增值特性，真正的房地产自然增值是由于（　　）引起的。

A. 装饰装修改造　　B. 通货膨胀

C. 改进物业管理　　D. 需求增加导致稀缺性增加

5. 暂定期内的三级资质房地产估价机构，能承接的估价业务有（　　）。

A. 在建工程抵押估价业务

B. 城市房屋征收补偿估价业务

C. 该机构执行合伙人所拥有的房地产抵押估价业务

D. 正在使用中的星级宾馆抵押贷款评估业务

二、多选题（每题的备选答案中，有两个或两个以上符合题意的答案）

1. 房地产的独一无二特性导致了（　　）。

A. 难以出现相同房地产的大量供给

B. 房地产市场不能实现完全竞争

C. 房地产交易难以采取样品交易的方式

D. 房地产价格千差万别并容易受交易者个别因素的影响

E. 房地产价值量大

2. 城市规划对土地使用管制的内容，主要包括（　　）等。

A. 建筑高度　B. 建筑结构　C. 容积率　D. 土地使用权来源

E. 土地用途

3. 由于房地产的（　　），所以房地产具有难以变现性。

A. 价值量大　B. 不可移动　C. 独一无二性　D. 易受限制性

E. 交易税费较多

4. 房地产权益包括（　　）等。

A. 所有权　B. 相邻关系　C. 债权　D. 地役权

E. 抵押权

5. 引起房地产价格上升的原因主要有（　　）。

A. 需求增加导致稀缺性增加　B. 对房地产本身的投资改良

C. 通货膨胀　D. 外部经济

E. 房地产价格相互影响

三、判断题（用“√”表示正确，用“×”表示错误）

1. 因为房地产具有独一无二性，所以房地产不具备完全替代性。（　　）

2. 两种实物和权益状况相同的房地产，如果区位相近，价值也可能有很大的差别。（　　）

3. 房地产估价是估价人员模拟市场形成价格的机制和过程，将客观存在的价格表达出来。（　　）

4. 房地产具有用途多样性，房地产拥有者可以根据市场需求和自己的意愿来确定其用途。（　　）

5. 如果两处的建筑物一模一样，尽管其坐落的位置不同，周围环境不同，这两宗房地产实质上是相同的。（　　）

四、简答题

1. 什么是房地产？房地产的特征有哪些？

2. 什么是房地产估价？如何理解房地产估价的内涵？

3. 进行房地产估价的必要性是什么？

4. 不同等级的房地产估价机构分别可以从事哪些业务？

第二章

房地产价格

章前引言

通过第一章的学习，在了解了房地产的类型，掌握了房地产和房地产估价的含义以及房地产的特性、熟悉房地产估价的必要性之后，我们已经从理论上了解了房地产估价的基本知识，对房地产估价有了初步的认识。房地产估价是评估房地产的价值。价值的外在表现是价格。因此，作为房地产估价人员，需要对房地产价格有全面、正确的认识。

本章主要介绍房地产价格的概念；房地产价格的特征；房地产价格的各种形式及其含义；影响房地产价格的因素。

学习目标

1. 了解房地产价格的各种形式及其含义。
2. 掌握房地产价格的特征。
3. 熟悉房地产价格的概念和影响房地产价格的因素。

第一节 房地产价格的概念与特征

一、房地产价格的概念

房地产是房产与地产两种财产的合称，是以房与地的这种物的存在为前提的一种财产形态，所以房地产价格是房屋建筑物价格和土地价格的统一，是房地产商品价值和地租资本化价格的综合性的货币表现。在房地产估价上，一般认为房地产价格是房地产的经济价值（交换价值）的货币表示。

由市场理论可知，价格是由市场所决定的，是市场供需双方动态平衡的结果。就房地产而言，其价格也是房地产市场供需双方动态平衡的结果。房地产价格，由于其土地的特殊性、土地供给的有限性，其价格更多地受需求方的影响。从需求角度而论，房地产价格主要由房地产的效用性、相对稀缺性和对房地产的有效需求决定。

1. 房地产的效用性

房地产之所以有价格，就在于它有效用，即人们因占用、使用房地产所产生的主观上和心理上的满足程度。房地产如果没有效用，人们就不会产生占有房地产的欲望。房地产是一种非常特殊的商品，在诸多方面具有不可替代性，生活、居住、学习、工作等均离不开房地产这一最基本的要素，因此房地产的效用性是毋庸置疑的。需要指出的是，某类物品或资源的效用是形成价格的基本前提，但不是充分的。有的物品虽然有效用，但其数量丰富，随时随地都能自由取用，如空气和阳光，人们不能有效地占有它、垄断它，不能产生权利，也就不能形成价格。所以物品或资源光有效用是不够的，要有价格还必须具有稀缺性，因为只有有用并具有稀缺性，人们才肯付出金钱等代价去占有或使用它。

2. 供给的相对稀缺性

物品有效用并不一定能直接产生经济价值，只有数量有限且对于效用有相对稀缺性才能产生价值。比如土地具有固定性、有限性、不增性等特点，随着城市化的加快，城市经济的迅速发展，农村人口向城市的大规模转移，人们生活水平特别是生活质量的提高，要求更舒适、更宽敞的多功能住房。在正常发展条件下，房地产需求常常呈现出大于供给的现象，从而使房地产价格处于不断上升的趋势。需要说明的是，房地产的稀缺性是指现存房地产的数量尚不够满足每个人的需要或欲望，是相对稀缺，而不是绝对缺乏。

3. 房地产的有效需求

房地产具有效用和相对稀缺性即会产生价值，但要使房地产价格成为现实，还必须具有现实的购买力，即存在有效需求。有效需求是由人的经济承受能力所决定的需求。从客观上讲，人人都期望能拥有比目前面积更大、质量更好、区位更优的房地产，存在购买欲望。但是，房地产作为一种特殊的商品，是一类价值量巨大的商品，购买者必须根据自己的经济承受能力（包括对融资的偿还能力），选购合适的房地产商品。在房地产市场上，如果只考虑人们的需求欲望而不考虑人们的有效需求，盲目投资开发房地产，必将产生投资失误，导致大量房地产的积压和浪费。

综上所述，房地产价格的产生是由房地产的效用性、相对稀缺性和人们对房地产的有效需求所形成的。

二、房地产价格的特征

房地产价格和其他一般的商品价格一样以货币表现，也受价值规律的影响。与一般商品的价格相比既有共同之处，也有不同的地方。共同之处是：①都是价格，用货币来表示。②都有波动，受供求等因素的影响。③都是按质论价：优质高价，劣质低价。但是，房地产价格又不同于一般的商品价格，由于其形成和构成过程中的特殊性，具有下列几个显著特征。

1. 房地产价格的二元性

房地产是以土地和附着于土地之上的房屋设施为主要物质形态的财产及其权属关系。房地产这一概念指出了房地产价格在内涵上具有双重实体价格的性质，其中一部分来源于土地开发和房屋建筑物的价值，另一部分则来源于资本化了的地租。前一部分与一般商品价格相同，都耗费了人的劳动，是劳动所创造价值的货币表现。后一部分即纯自然土地是客观存在的，不是人类劳动所得，因而没有生产成本。之所以有价格，是因为土地有垄断性、稀缺性等特点，可以用来出租。房地产价格的这一特征是房地产价格的本质特征。这一特征要求在评估时必须充分考虑土地价值的影响，必要时甚至可以将土地价值与建筑物价值分开估价。

2. 房地产价格的区域性

由于土地的固定性，房地产商品不能移动，房地产价格受房地产所处位置的影响很大，主要反映在不同城市区域之间的房地产差价。南方和北方、沿海和内地、城市和农村、大城市和小城市、市内和郊区等因土地条件、环境气候、基础设施以及经济发展水平等方面不同，房地产价格在市场上表现为同质同量但不同价的区域性特征。即使在同一城市内，建筑结构、标准、形式、年代、用料、装修、使用性质完全相同的房屋，只是由于建筑地段与环境条件的不同，房地产的价格往往就会有很大的差异。

了解房地产价格的区域性，对于房地产估价具有重要的意义。在进行房地产估价时，一定要进行区域因素比较，了解这些因素的特点和特征以及对该区域房地产价格的影响，然后再与邻近地区的房地产价格相比较，以便确定房地产的合理价格。

3. 房地产价格的多样性

由于房地产具有使用期限长、用途广泛、价值量大等特征，决定了其价值实现形式的多样化。例如，用于居住的房地产，其价值可以随房屋出售一次性实现，也可以通过租赁形式经过多年逐步实现。

4. 房地产价格的增值性

由于房地产价格形成的特殊性，其价值的变化也具有独特性。在现代社会经济生活中，虽然其他商品的价格也多在上涨，但一般而言，房地产价格上涨的趋势更强，大大高于社会平均物价指数的上涨。造成房地产价格增值的原因有：

1）由于土地具有稀缺性、不可替代性、不可再生性等特点，其供给弹性很小，随着经济的发展和周边环境的变化，土地往往具有自然增值的特性，因此房地产价格也随之增值。

2）房地产需求大于房地产供给造成价格上涨。

3）房地产开发建造的周期长，投资风险大，这也是房地产价格上涨的重要因素。

在房地产价格具有一定空间增值性的同时，也应该看到，随着时间的推移，房屋会发生物理性损耗和功能性损耗，发生贬值，产生折旧现象。

5. 房地产价格的昂贵性

无论从单位价值看，还是从总体价值看，房地产商品的价值量都远远高于其他一般商品，每平方米房屋或土地的价格少则数百元、多则数千元或数万元；而一套住宅的价格可以从数十万到数百万元；一个开发小区的价值量可以达数千万或数亿元。房地产价格的昂贵性主要是由开发建造这一商品的巨大资金、物质、劳动、投入和土地等因素造成的。

第一，房地产建造投资成本高。房地产业是一个需要巨资的行业。开发、投资房地产，少则几十万元，多则几千万元、上亿元。房地产建造投资成本高主要由两个因素决定：其一，土地开发费用较高。在竞争激烈的土地市场上，往往需要投入巨资才能取得土地的使用权，把作为生地的土地变为熟地的土地，也必须投入一定的人、财、物进行开发，如进行“三通一平”或“七通一平”等。其二，房屋建筑价值较高。房屋的建筑安装成本，通常要高于一般产品的生产成本，在整个建造过程中，需要大批的工程技术人员、熟练技术工人、管理干部、大量的建筑材料和物资、大型的施工设备和机械等，生产成本高，房地产价格自然也高。

第二，房地产商品的标准越来越高。随着社会的发展，人们生活水平的提高，越来越多的人追求生活的质量、居住的舒适、环境的幽雅、服务的周到，这一切都导致了房地产的规模越来越大，建筑的标准和豪华程度越来越高，房地产的价格就越来越贵。

6. 房地产价格的权益性

由于房地产本身具有的特点，在房地产交易过程中，其物质实体本身并不能转移，发生变化和转移的是和房地产有关的各种权益。房地产的权益是一系列权益，如所有权、使用权、收益权、抵押权、租赁权等，所以房地产价格实质上是这些无形权益的价格。房地产的实物状态与其权益状态并不总是一致的。在房地产估价中，对房地产的权益状态进行认真的研究是非常关键的，因为房地产的每种权益都会影响价格。同一宗房地产，转移的权益不同，其相应的价格也会明显不同。

7. 房地产价格的差异性

房地产具有单件的特点，不像其他工业产品那样能进行批量生产，每个房地产都有不同于其他房地产的特殊方面，这种不同反映到价格上就是房地产价格的差异性。由于地形、地质、建筑材料方面的差别，设计、开发、建筑等方面的差别，就没有完全相同的房地产。即使是在同一幢楼中，由于楼层、朝向、结构等的差别，其价格也各不相同。这也是房地产需要估价的原因之一。

8. 房地产价格的敏感性

房地产是人类最必需的生活资料和消费资料，人类通过对房地产的消费，才能实现生命的各种机能，才能促进社会文明的进步和发展。因此，房地产价格的变化，不仅影响到各方面的生产建设，而且还涉及广大人民的生活。房地产价格关系到国计民生，是一个十分敏感的价格。任何一个国家都必须加强对房地产市场的宏观管理，采取正确的财政政策和货币政策，抑制房地产投机，保证房地产市场健康有序的发展。

第二节 房地产价格的形式

房地产价格的形式有许多种，不同的房地产价格所起的作用不尽相同。进行房地产估价，必须弄清房地产价格的各种形式以及各种形式的含义，从而运用不同的估价原则和估价方法进行估价。

一、土地价格、建筑物价格和房地价格

这是一组按照房地产实物形态划分的价格。房地产有三种形态，即单纯的土地、单纯的建筑物和房地合一，与之相对应，房地产价格就有土地价格、建筑物价格和房地价格。

1. 土地价格

土地价格又称地产价格，简称地价。对一幅无建筑物的空地而言，地价就是该幅土地的价格；对一幅附有建筑物的土地而言，地价是指该宗房地产中纯土地的价格。土地价格又可从不同的角度，按照相应的标准再进行分类。同一块土地，由于“生熟”条件不同，其价格也会不同。土地的“生熟”程度主要有下列 5 种：①未征用补偿的农地。取得该土地后需要进行征用，支付征地补偿费。②已征用补偿但未做“三通一平”或以上开发的土地。③已做“三通一平”或以上开发的土地，如已做“七通一平”的土地。④在现有城区内有待拆迁建筑物的土地。取得该土地后需要进行拆迁，支付拆迁安置补偿费。⑤已做拆迁安置的城市空地。

根据土地的“生熟”程度，有时把土地粗略地分为生地、毛地、熟地三种，由此又有生地价格、毛地价格、熟地价格之说。

2. 建筑物价格

建筑物价格是指在不考虑土地价值的前提下，因某种需要所确定的纯建筑物部分的价格，不包含其占用的土地的价格。它与人们通常所说的房价不同，房价一般包含建筑物占用的土地价格在内。

3. 房地价格

房地价格又称房地混合价，是指建筑物连同其占用的土地在内的价格，即人们通常意义上讲的房价。对于同一宗房地产来说，房地价格等于土地价格加上建筑物价格。由于房地合一是房地产最完整的表现形式，因此房地合一的价格也是最常见的房地产价格。应该注意的是，随着房地产市场的逐渐发育与不断完善，房地产价格的内涵并不是一成不变的。事实上，房地产不仅限于房和地两个方面，其本身的微观环境，如布局、绿化、入住者档次等都在一定程度上影响房地产的价格。

二、总价格、单位价格、楼面价格

这是一组按照房地产价格的表示单位来划分的价格。

1. 总价格

房地产总价格是指房地产的整体价格，包括土地总价格和建筑物总价格，或是房地合一

的房地产整体价格。

土地总价格（总地价）是一定范围内土地的价格总额。由于一定范围的土地面积有大有小，因而总地价不能说明土地价格水平的高低。

建筑物总价格是一定范围建筑物的价格之和，这个一定范围可大可小，大到一个国家或地区，小到一幢楼，因而它与总地价一样，不能反映建筑物价格水平的高低。

2. 单位价格

房地产单位价格有三种情况：

1）对土地而言，单位价格是指单位土地面积的土地价格，它是土地总价格与土地面积之比，能够反映一定时期内土地价格水平的高低。在评估时要注意土地面积的计量单位。我国常用的土地面积计量单位有平方米、亩、公顷等。

2）对建筑物而言，单位价格是指单位建筑面积的建筑物价格，它是建筑物总价与面积之比，常用“元/m^2”来表示。建筑物的面积表示方法有多种，可以用建筑面积、使用面积、居住面积或营业面积表示，因而建筑物的单位价格也各不相同。在确定出售和出租时，我国一般以单位建筑面积价格表示，国外一般以单位使用面积价格表示。

3）对房地价格而言，单位价格是指单位建筑面积的房地价格。房地产的单位价格能反映房地产价格水平的高低，但房地产总价格不能反映房地产价格水平的高低。

相对于总价格而言，单位价格具有相对性和比较性，便于对不同地区、不同规模、不同类型的房地产价格进行比较和分析。

3. 楼面地价

楼面地价又称单位建筑面积地价，也称为熟地楼面价，是平均到每单位建筑面积上的土地价格。楼面地价实质上就是单位建筑面积中的土地成本。相应的计算公式如下：

$$楼面地价=土地总价格\div建筑总面积$$

因为

$$建筑容积率=建筑总面积\div土地总面积$$

所以，楼面地价也可以表示为

$$楼面地价=单位地价\div建筑容积率$$

在实际工作和现实生活中最能反映土地价格高低的就是楼面地价，例如有甲、乙两块地，甲地的单位地价为 1000 元/m^2，乙地的单位地价为 800 元/m^2，在其他条件相同的前提下，显然甲地比乙地要贵。此时明智的买者会购买乙土地而不会购买甲土地。但如果甲、乙两地的单位地价不同，同时建筑容积率也不同，除此之外的其他条件都相同，则很难简单地根据单位地价来判断甲、乙两块土地的价格高低，而应采用楼面地价。甲、乙两块土地的单位地价同上例，如果甲、乙两块土地的建筑容积率分别为 4 和 2，则甲、乙的楼面地价分别为 250 元/m^2、400 元/m^2，也就是说，每平方米建筑面积的成本中，甲地反而比乙地便宜。此时懂得楼面地价意义的买者，通常会购买甲土地而不会购买乙土地。

【例 2-1】 现有甲、乙、丙三块土地可供选择，土地的单位地价分别是：甲为 1000 元/m^2，乙为 1200 元/m^2，丙为 1500 元/m^2，其容积率分别为 2、2.5、3，如上述三块土地的其他条件均相同，则正常情况下应选择（　　）。

A. 甲　　B. 乙　　C. 丙　　D. 甲和丙任意一块

【答案】B（因为乙的楼面地价最低）。

三、所有权价格、使用权价格、转让价格、租赁价格、抵押价值

这一组价格是依据《中华人民共和国城市房地产管理法》所规定的几个主要权利划分的，其中前两个价格类型是一级市场价格，后三个价格类型是二级市场价格。

1. 所有权价格

房地产所有权价格是指交易房地产所有权的价格。房地产所有权的价格还可根据所有权是否完全再细分。所有权是所有产权形式中最完整最重要的权利，其他权利只是对其不同程度的分割或削弱，当所有权上设定其他权利时，其价格将会有所降低。

2. 使用权价格

房地产使用权价格是指交易房地产使用权的价格。在我国，城市土地的所有权属于国家，使用单位只能有土地的使用权，因此地价只是土地使用权的价格，土地使用权价格可因使用年限的长短区分为各种年限的使用权价格，如 40 年、50 年、70 年的使用权价格。一般情况下，土地所有权的价格高于土地使用权的价格。

1988 年以前，我国在法律上并不区分土地的所有权与使用权，城市土地归国家所有，农村土地归集体所有。土地交易只在农村集体和国家之间进行，具体表现形式为土地征地费用，此时只存在土地所有权价格。随着我国土地管理制度的进一步改革，土地的所有权和使用权发生了分离，从而在土地市场上出现了两种主要的土地交换关系，即土地所有权和土地使用权的交换关系。与之相适应，出现了土地所有权价格和土地使用权价格。土地所有权价格在现实生活中表现为征地价格，只有在国家与集体发生征地关系时才产生。土地使用权价格是对土地使用权进行交易时所形成的价格，其本质是租赁价格，即土地使用者在支付土地使用权价格后，得到的仅仅是一定年限的土地使用权，土地的所有权仍归属于国家。在现实生活中，土地使用权价格表现为出让金和转让金，即出让地价（批租地价）和转让地价。

就法律含义而言，使用权与所有权具有本质的区别，但就土地价格评估而言，两者差异不大，使用权价格与所有权价格仅存在一个使用年期的限制问题，即年期修正的问题。

3. 转让价格

房地产转让价格是指房地产权利人将其合法的房地产转移给他人时所形成的价格。其转让方式一般包括出售、交换、赠予三种，在转让房地产时，应符合国家房地产管理的有关法律法规所规定的要求和条件，要遵循市场经济规律，坚持平等、自愿、等价有偿的原则和房地不可分的原则，即房屋所有权与房屋所占用的土地使用权同时转让。如果管理不善，监督不严，审查不细，很容易造成某些投机商人炒买炒卖而暴发的后果。

4. 租赁价格

房地产租赁价格是指承租方为取得房地产租赁权而向出租方支付的价格。由于房地产租赁具有投资回收期长、经营风险大等特点，同一房地产的租赁价格应高于其销售价格，在进行评估时要加以注意。

5. 抵押价值

房地产抵押价值是为了进行房地产抵押贷款而由评估人员估算的抵押房地产在价值时点的市场价值。一般而言，抵押权人在放贷时需要考虑债务清偿的安全性和风险性，即当债务人不履行或不能履行其债务时，抵押权人从抵押的房地产的处置变现价款的优先受偿额不低于贷款额在处置变现时的现值，否则，抵押权人将蒙受损失。

相关知识链接:

根据《房地产抵押估价指导意见》，房地产抵押价值为抵押房地产在价值时点的市场价值，等于假定未设立法定优先受偿权利下的市场价值减去房地产估价师知悉的法定优先受偿款。

法定优先受偿款是指假定在价值时点实现抵押权时，法律规定优先于本次抵押贷款受偿的款额，包括发包人拖欠承包人的建筑工程款、已抵押担保的债权数额，以及其他法定优先受偿款。

四、协议价格、招标价格、拍卖价格、挂牌价格

协议价格、招标价格、拍卖价格和挂牌价格是一组与房地产交易或出让所采用的方式相联系的价格分类。

1. 协议价格

房地产交易时，采用协议方式而形成的成交价格称为协议价格。这种协议方式就土地使用权出让而言，所受行政干预较多，所形成价格是一种优惠性价格，缺乏公开性，不利于平等竞争，受承办者主观因素的影响较大。在受让人的确定、出让价格及其他条件的确定上都更多地受到人为控制和影响。因此，协议方式一般适用于市政工程、公益事业、福利设施、基础建设及国家重点扶持发展的产业用地等。如果这种方式过多地应用于竞争性房地产项目，往往会产生一些不良后果。

2. 招标价格

房地产交易时，采用招标方式而形成的成交价格称为招标价格。所谓招标方式是指在指定期限内，由符合条件的单位或个人以投标的形式竞投某一标的，而招标者则根据投标价格及其他条件，如企业资信、规划方案、以往业绩等综合考虑后确定一个合适的投标者的交易方式。因此，招标价格的中标者不一定是出价最高者。这种招标方式在一定范围内具有公开竞争性，体现了优胜劣汰的竞争原则，但受到主观因素的影响。

3. 拍卖价格

房地产交易时，采用拍卖方式而形成的成交价格称为拍卖价格。所谓拍卖方式是指在指定时间、公开场合，在政府及有关监督部门的参与下，在拍卖主持人的主持下，竞争者手举统一编号的牌子应价，最终将土地使用权拍卖给最高应价者的一种交易方式。拍卖价格完全由市场机制决定，但在市场不完善、信息不完全的情况下，容易受当时拍卖场所气氛的影响，出现价格偏离现象，甚至影响日后房地产的正常开发投资。拍卖方式的好处是利于公平竞争，可以排除人为因素的不利影响。

4. 挂牌价格

房地产交易时，采用挂牌方式而形成的成交价格称为挂牌价格。所谓挂牌方式是指土地出让人发布挂牌公告，按公告规定的期限将拟出让宗地的交易条件在指定的土地交易场所挂牌公布，接受竞买人的报价申请并更新挂牌价格，根据挂牌期限截止时的出价结果确定或者现场竞价结果确定国有建设用地使用权人的行为。

通常情况下，采用协议方式出让的地价最低，其次是招标和挂牌，拍卖价格最高。

2004年3月，国土资源部、监察部联合下发《关于继续开展经营性土地使用权招标拍卖挂牌出让情况执法监察工作方案》（简称“71号令”）的通知。规定2004年8月31日后，不得再以历史遗留问题为由采用协议方式出让经营性土地使用权，国有土地使用权必须以公开“招（标）、拍（卖）、挂（牌）”的出让方式进行，视为“831”大限。这是中国房地产发展史上一个重要的转折点，开启了中国房地产市场的一个新时代——“后831时代”。在2007年9月21日，国土资源部第3次部务会议又审议通过了新的《招标拍卖挂牌出让国有建设用地使用权规定》，在规定中明确了“工业、商业、旅游、娱乐和商品住宅等经营性用地以及同一宗地有两个以上意向用地者的，应当以招标、拍卖或者挂牌方式出让。招标、拍卖或者挂牌出让国有建设用地使用权，应当遵循公开、公平、公正和诚信的原则”。此项规定为规范国有建设用地使用权出让行为，优化土地资源配置，建立公开、公平、公正的土地使用制度，提供了法律上的依据，它也是根据《中华人民共和国物权法》《中华人民共和国土地管理法》《中华人民共和国城市房地产管理法》和《中华人民共和国土地管理法实施条例》综合制定的。

五、土地使用权出让价格、征用价格、课税价格

这是一组按政府行为划分的价格类型，具有较强的政策性和一定的强制性，评估时需根据具体的政策规定进行评估，其评估机构一般也需政府主管部门指定，不得随意评估。

1. 土地使用权出让价格

依照我国法律规定，在不变更土地所有权的前提下，对于国有城市土地可以有偿出让土地使用权而取得的价格，称为土地使用权的出让价格。土地使用权出让价格是房地产一级市场价格，政府根据城市规划与土地利用要求、投资需求等情况，确定出让土地的面积、位置及有关使用条件等，其出让价格因出让方式的不同而不同。在我国一般采取批租方式进行土地出让，即一次性收取土地出让期间的地租，这个地租就是出让金，也就是批租地价。另外，也有城市土地有偿出让采取出租方式，政府每年根据土地的实际用途，按照一定标准收取地租。

2. 征用价格

征用价格是为确定政府征收房地产的补偿额而评定的价格。如旧城改造过程中对原有建筑物的拆迁征用、基础设施建设所涉及的房地产的拆迁征用、城市扩张涉及的对农用地的征用等。

3. 课税价格

房地产课税价格是指政府为课征赋税，由具有专业估价师资格的人员估定的作为房地产课税基础的价格。一般是根据政府公布的房地产标准价格并适当参考房地产所在区域等因素，或按市场交易价格的一定比例确定。具体的课税价格要视国家和地方的课税政策而定。

相关知识链接：

根据我国土地管理及社会经济发展的需要，《中华人民共和国土地管理法》先后于1988年、1998年、2004年进行过三次修正。2012年12月起第四次修正正在进行。2012年12月24日土地管理法修正案草案提请全国人大初审。2017年5月国土资源部将《中华人民共和国土地管理法（修正案）》（征求意见稿）面向社会公开

征求意见。土地管理法（修正案）对现行法的修正内容主要包括：①完善土地征收制度。明确界定土地征收的公共利益，进一步规范征地程序，完善对被征地农民合理、规范、多元的保障机制。②建立农村集体经营性建设用地入市制度。对集体经营性建设用地入市的范围、条件等进行原则规定，明确符合土地利用总体规划的集体经营性建设用地，土地所有权人可以采取出让、租赁、作价出资或者入股等方式由单位或者个人使用。③改革完善农村宅基地制度。保障和落实农民的宅基地用益物权，探索宅基地自愿有偿退出机制。④完善与农村土地制度改革相配套的重点制度，包括耕地保护制度、土地用途管制制度、建设用地审批制度、不动产统一登记制度、土地督察制度等。

《中华人民共和国土地管理法（修正案）》有利于进一步保障和维护农民土地财产权利，促进农村土地资源有效利用，促进城乡一体化发展。

六、基准地价、标定地价、建筑物重置价格

1. 基准地价

基准地价是指在城镇规划区范围内，对现状利用条件下不同级别或均质地域的土地，按照商业、工业、居住等用途，分别评估确定的某一估价期日上法定最高年期土地使用权区域平均价格。它一般由政府定期组织评估或委托专门机构评估并公布地价，主要用于土地一级市场出让地价的确定，也是确定土地转让价格的参考标准。基准地价是由出让金、基础设施配套建设费、土地开发及其他费用等因素构成的。

2. 标定地价

标定地价是政府根据土地管理的需要，在基准地价评估的基础上，修订评估出一定时期、一定条件下，能代表不同区位、不同用途的标志性宗地的价格。标定地价与基准地价一样，由政府组织或委托具有一定资质的评估机构评估，并被政府认可和公布，作为土地市场管理的依据。

3. 建筑物重置价格

对房地产来讲，建筑物重置价格是指按现行市场价格，使用现代材料、施工技术和检测标准，购买或建造一个与评估对象具有相同用途的全新房地产所需支付的全部金额。因此重置价格也可以看作是它的重置成本。

基准地价、标定地价和建筑物重置价格是《中华人民共和国城市房地产管理法》提到的三种价格。该法第三十四条规定：“房地产价格评估，应当遵循公正、公平、公开的原则，按照国家规定的技术标准和评估程序，以基准地价、标定地价和各类房屋的重置价格为基础，参照当地的市场价格进行评估。”

七、市场价格、理论价格、评估价值

1. 市场价格

房地产市场价格简称市价，是指房地产交易双方的实际交易价格。这种价格通常随时

间、供求关系的变化以及交易双方的心态、偏好、素质的不同而经常波动。市场价格可分为公平市价和非公平市价。公平市价是指交易双方在正常情况下的成交价格，不受不正常因素的影响，对交易双方来说，基本上是合情合理的，是双方都能接受的。反之，如存在对市场行情不了解，存在垄断、强迫交易等的影响，就是非公平市价。

2. 理论价格

理论价格是经济学理论认为的房地产公开市场价格，即如果房地产在合理市场上进行交易，它应该实现的价格。理论价格不是事实，但它是客观存在的。

3. 评估价值

评估价值简称评估价，是估价人员对房地产客观合理价值做出的一种估计、推测或判断。评估价还可以根据评估时采用的估价方法不同而有不同的称呼。例如，用比较法评估求得的价值称为比较价值，用成本法评估求得的价值称为成本价值，用收益法评估求得的价值称为收益价值。

房地产的评估价值、理论价格与市价有着密切的关系。需要评估的是客观合理的价值，而实际评估出的可能是带有估价人员主观因素的价格，这两者又都可能与估价对象在市场上真正交易的成交价格不同。但从理论上讲，一个良好的评估价值与公平市价及理论价格应相同。

第三节　影响房地产价格的因素

房地产价格的高低是由众多影响房地产价格的因素综合作用的结果。因此，估价人员必须熟练地掌握各种影响房地产价格的因素及它们是如何影响房地产价格的。

一、房地产本身因素

1. 区位

关于房地产有句名言：“第一是区位，第二是区位，第三还是区位。”由此可见，区位对房地产价格的影响的重要性。因为人们的工作、生活和房地产的位置休戚相关，房地产位置的优劣直接影响房屋所有者和使用者的工作效率、生活质量、经济收益和社会影响，因此，房地产坐落的位置不同，价格就会有较大差异。城市和农村、沿海和内地、大城市和小城市、经济发达地区和经济落后地区的房地产价格往往差异很大，即使是同一个城市，房地产价格也会差别较大。比如凡是处在市内中心、繁华地带、交通便利、环境优美、购物方便、人文环境和文化环境优异、市政和服务设施齐备的地方，房地产价格必然昂贵；反之，荒郊野岭、交通闭塞、生活不便、经济落后、环境恶劣的地区，房地产价格必然较低。所以说，房地产位置的优劣与房地产价格成正比例关系。

2. 地质条件

地质条件决定着土地的承载力。土地的承载力是指土地可负荷物体的能力，特别是指在保证地基稳定的条件下，建筑物的沉降量不超过允许值的地基承载力。在房地产建设用地中，地质条件对地价影响较大。地质坚实，承载能力就较大，地质条件就优越，土地的价格就高；反之，地质条件差，土地的价格就低。

3. 地形、地势

地形条件对于建造房屋建筑物有着一定的影响，从而也会影响土地的价格。一般来说，不良的地形既会增加前期工程费用，提高建筑成本，也会影响土地使用功能的发挥，因而地价较低。土地的地势如果高低不平，起伏不定，与平坦的土地相比，在房地产开发和建设中，就会提高成本，相对地价较低。

4. 宗地面积和形状

同等位置的两块土地，由于面积大小不等，价格会有高有低。一般来说，面积大的土地，其利用效率要比面积小的土地高，因而其价格也高；面积过于狭小而不利于经营使用的土地，价格较低。但也不能一概而论，例如在市中心商业繁华地带或临街地段，面积大的土地往往临街深度也大，并不一定能取得预期目的，边际效益可能递减，因此，土地价格与土地面积大小的关系是可变的。

土地的形状主要有规则和不规则两种。一般而言，规则形状的土地成本低，利用率高，因而其价格也高；反之，三角形、菱形、细长形、短宽形等不规则形状土地的可利用率和效用都较低，地价也就较低。

5. 建筑物外观

建筑物外观包括建筑的风格、式样和色调等，对房地产的价格也有影响。凡是建筑物外观新颖、式样别致、色调有特点、独具匠心，则价格就高；反之，外观陈旧、式样老化、色调呆板、墨守成规，则价格就低。

6. 建筑物的朝向、结构、楼层、内部格局

房屋的朝向影响室内的日照、通风以及眺望环境。一般来说，朝东、朝南的房屋在日照、通风方面要优于朝西、朝北的房屋，因而其价格也较高。眺望环境是指在房间里向外观看时所看到的景致，楼间距宽、看得远的房屋一般价高，在市内如能看到海、河、湖、山或著名景观的房屋，价格就更高了。

建筑物的结构有钢筋混凝土结构、钢结构、砖混结构、砖木结构、简易结构等，其结构不同，成本也就不同，因而价格也就不同。

对于住宅而言，楼层的高低直接影响其使用功能的发挥和使用的方便性和舒适性，因而在价格上应有所体现。一般来说，住宅的一楼和顶楼价格较低，中间的楼层价格较高。对于商业网点和商铺来说，楼层的一楼和二楼，其价格远远高于其他高层。越是商业中心和经济繁华地带，商业网点寸土寸金，价格极其高昂。

房屋的内部格局科学、合理，价格就高，反之，价格就低。

7. 建筑物的用途、质量、附属设备

房屋按用途划分可分为工业用房、商业用房和住宅用房。房屋的用途不同，设计的要求不同，施工的材料和质量也不尽相同，因而其房屋的价格也就不同。

房屋建筑物的附属设备，包括水电设备、通信设备、卫生设备、冷暖设备以及垂直交通设备等。这类设备标准的高低，直接影响房屋的使用质量和造价。

二、环境因素

1. 采光、通风和干湿条件

房屋价格，尤其是作为住宅的价格，如果采光好、通风好、干湿条件适度，价格就高；

反之，价格就低。按照上述条件，坐北朝南的房屋价格总是要高于东西朝向的房屋价格。

2. 空气污染

房地产所在的地区，如果存在空气污染，对其价格影响也很大，如在屠宰厂、酱醋厂、化工厂、石灰厂、厕所等可能造成空气污染地区的房地产价格往往受此影响，价格较低。

3. 噪声

临街地段、娱乐场所、汽车、火车、工厂、机场等地方都可能产生噪声，噪声对居民的身体健康和生活、学习、工作等的影响是显而易见的，尤其在现代社会，追求生活质量和居住环境，已经成为一种时尚和目标，因此，噪声大的地方一定会影响到房屋价格。

4. 整洁状况

房地产周围环境、卫生、绿化、公共场所、活动场所、垃圾等自然环境如何，整洁与否，也要影响到房地产价格。

三、经济因素

1. 国家宏观经济政策对房地产价格的影响

房地产开发和投资规模大，周期长，需要大量的资金，开发商完全依靠自身的资金显然是不现实的，只能依靠国家银行的信用贷款和抵押贷款等方式筹集资金，因此，国家可以通过宏观经济政策，实施积极、有效、稳妥的财政政策和货币政策，鼓励或抑制房地产的开发和投资，进而影响到房地产价格。中央银行可以通过公开市场业务、贴现率和存款准备金等手段调节货币供给水平，进而间接调节利率水平。利率的提高或降低，都会对房地产的开发和投资产生影响。例如当利率提高时，房地产的开发成本就会提高，房地产的价格也会随之提高。另一方面，开发商不仅需向银行支付更多的利息，而且货币供给量的减少会使融资条件恶化，导致开发困难，从而抑制过热的房地产开发，减少房地产的供给。

我国自 1998 年开始实施新型住房制度，即以住房分配货币化为起点，逐步建立私有产权为主，其他产权形式并存的多元化产权制度，有效拉动了社会需求，刺激了住宅消费，带动了国民经济的持续快速发展。然而，随着中国房地产市场的发展，各种矛盾也逐渐暴露，特别是高房价问题。很多地区房地产价格持续攀升，已经对普通工薪阶层造成了沉重的住房压力，极大地影响了社会的稳定和和谐发展。

从 2003 年起，我国采取了积极的宏观调控政策，陆续出台了多项房地产调控政策，意在遏制房价的“疯涨”，并取得了一定的效果。2004 年 3 月，“831”大限提高拿地“门槛”，调控开始。2005 年 3 月，房贷优惠政策取消，调控涉及消费层面，“国八条”出台，调控上升到政治高度（老“国八条”）；5 月，七部委意见，调控加强、细则出台（新“国八条”）；10 月，国家税务总局发布《关于实施房地产税收一体化管理若干具体问题的通知》，文件正式明确个人买卖二手房，须缴纳个人税。2006 年 5 月 24 日，“国六条”出台，新一轮调控大幕开启。2006 年 5 月 29 日，国务院办公厅转发建设部等部门《关于调整住房供应结构稳定住房价格的意见》，对“国六条”进一步细化，而且在套型面积，小户型比例、新房首付比例等方面做出量化规定。2007 年出台了 8 项房地产调控政策，银行 5 次加息，从金融层面打压房地产。2008 年出台了 16 项房地产调控政策，全球性金融危机爆发成为政策分水岭。2009 年的调控政策整体来看，从 5 月开始为政策分水岭，在 GDP 保八的前提下，前半年出台的政策仍然有利房地产市场发展，大大促进了房地产市场的发展。尤其是地方政府可自主出台救市政策，对沿海一带楼市的推波助澜起到关键性作用。后半年由于房价快速飙升，投机日盛，房地产宏观调控再次卷土重来。5 月 21 日，为加强房地产开发企业的土地增值税收管理，规范土地增值税清算工作，国家税务总局制定《土地增值税清算管理规程》。5 月 25 日，发改委提出由财政部、税务总局、发改委、建设部负责研究开征物业税。10 月，营业税免征优惠政策终止。2010 年 4 月份，在国内各大城市房价狂飙的情形下，在一季度 GDP 增长超过 11%的前提下，中央终于下定决心，对房地产市场进行史上最严厉的宏观调控“国十条”，限制异地购房、二套房贷标准大幅提高等具体可执行性的措施一下子将高温的房地产市场打入冰窖，各地房地产市场交易严重萎缩。2011 年 1 月 26 日公布的新“国八条”，把二套房贷首付比例提至 60%，贷款利率提至基准利率的 1.1 倍。加上此前的政策，2011 年，首套房商业贷款的首付为 30%，第三套及以上住房不发放商业贷款。2012 年住房信息系统联网，住建部启动了全国 40 个城市的个人住房信息系统的建设工作。该 40 个城市包括省会城市、计划单列城市及一批大型的地级市。四大国有银行首套房贷利率降到基准线。2013 年房地产调控的政策有以下几个方面：①完善稳定房价工作责任制。②坚决抑制投机投资性购房。③增加普通商品住房及用地供应。④加快保障性安居工程规划建设。⑤加强市场监管。2014 年对房地产调控提出“分类调控”的原则，同时提出抑制投资性需求，利用货币政策“微刺激”支持和保障首套房购买者的按揭贷款需求。绝大多数城市取消限购政策刺激楼市。2014 年 9 月 30 日，央行与银监会联合发布通知，正式放松了首套房认定，拥有 1 套房还清贷款再购房算首套，一定程度上放松“限贷”。“930”房贷新政有利于刺激改善性住房需求。2015 年房地产政策坚持促消费、去库存的总基调，供需两端政策宽松。需求端央行多轮降准降息降首付，扩大需求、促进消费、去化库存；供应端调控土地规模结构，加强保障房货币化安置等。2016 年是房地产去库存与控房价并重的一年。年初去库存的减税降息降首付政策取得了一定成效，但也带来意想不到的负效应：一线和部分二线城市房价涨幅较快。为抑制部分城市房价的较快上涨和市场混乱，多地政府重启限购、限价、限贷等政策。

2. 经济发展和市场规律对房地产价格的影响

一个国家和地区经济发展的程度和规模如何，是通过国内生产总值（GDP）的增长速度来衡量的。其增长速度的高低，从两方面影响到房地产价格。一方面，国民经济的发展在很大程度上取决于房地产投资和消费的增长幅度，因为房地产业已经成为国民经济的主要产业，房地产业繁荣时，GDP 的增长幅度加快，房地产业衰败时，GDP 的增长幅度减慢。另一方面，国民经济的发展状况，既通过对房地产开发建设资金的投入影响房地产的供给，又通过就业、居民收入和物价等方面影响房地产的需求和实际消费能力。

房地产作为商品，必然受到市场经济规律的制约，其价格自然也受供求关系的影响，在供过于求时，价格会低于价值，反之，供不应求时，价格就会高于价值。这里的需求是指现实的有效需求，因为在任何一个国家，对房地产的需求都有潜在需求与有效需求之分。在我国，就出现过一方面商品房大量滞销，房地产价格有所回落，该类商品房供过于求；另一方面，又有大量无房户、少房户，即有巨大的潜在需求的情况。

另外，一个国家的经济发展是有周期性的。一般来说，经济周期表现形式如下：复苏—扩张—繁荣—衰退—萧条—复苏，如此往复循环。在经济周期中，对房地产这类非常耐用品的影响最大。各个经济周期中的不同时期，国家都会实施不同的财政、金融、税收政策，从而直接或间接地影响到房地产价格。

3. 家庭收入对房地产价格的影响

一般说来，凡是人们的工资水平高，家庭收入高，就业率高，这个地区必是经济发达地区，而越是经济发达地区，房地产价格自然是越来越高，像我国的北京、上海、广州、深圳等地，其房价之高，在全国都是居于前列。因为人们的收入增加，恩格尔系数在降低，房屋支出的比例会加大，而且收入越高的阶层在房屋方面的开支也越高。人们购买房地产，一方面是用来居住和改善居住条件，另一方面就是用于投资。而且随着最近几年我国房地产价格增长幅度过快，更加导致了许多人在房地产方面的投资。正因为房地产市场具有投资和消费双重性，人们的收入越高，购买房地产进行保值的意愿也就越强烈。但也应该看到，收入对房地产价格的影响程度，与边际消费倾向密切相关。所谓边际消费倾向，是指收入每增加一个单位所引起的消费变化。一般来说，中低收入家庭收入的增加，因其边际消费倾向较大，所增加的收入除了用于衣、食消费的提高外，将用于居住面积的改善，进而对房地产需求增加，有利于房地产价格的提高。而对于高收入家庭来说，其边际消费倾向较小，其收入的进一步增加对房地产价格的影响并不一定明显。

四、社会因素

1. 社会稳定状况

由于房地产的不可移动性、使用和投资的长期性，决定了一个国家和地区的政局是否稳定，社会治安是否良好，人们是否安定团结，将直接影响人们在该地区购房置地的积极性，从而对房地产的价格产生影响。社会稳定，经济发展，人们收入水平逐步提高，人们愿意购买住房，安居乐业。如果社会动荡，治安混乱，经济滑坡，人心惶惶，不能安心工作和生活，更不要说购房置地了，此时地价自然下跌。

2. 人口状况

房地产作为商品，其需求和消费的主体是人，因此，人口的数量、质量、分布结构以及变动趋势对房地产价格有着重要的影响。人口数量的增加必将导致房地产需求的上升，从而推动房地产价格的上涨。一方面，人口增长和人口密度的提高，将增加对住宅、商业设施和服务设施等的需求，使房地产价格提高；另一方面，人口密度过高也会造成生活环境的恶化，可能影响到房地产的价格。人口质量和素质的提高，对房地产会有越来越高的要求和消费观念，从而对房地产的质量和面积、结构提出更高的要求，这也将使房地产价格上升，比如在我国各大城市建造的高档社区、高档住宅、高档花园比比皆是就是最好的证明。对于住宅来说，是以家庭为消费单位的，随着经济的发展和人们收入水平的增加，传统的家庭向现代型的家庭转变，人们更多地追求生活的质量和享受，因此过去三代或四代同堂的传统型大家庭逐步向两人或三人世界转变，从而造成对住宅单位的需求不断增加，导致住宅价格的升高趋势。

3. 城市化状况

随着社会的发展，经济实力的增强，城市人口和城市规模都在不断增强和扩大，人口及各种经济活动向城市集聚，对城市土地的需求增加，地价势必增加，城市边缘的农地在转化为非农业用地后，地价会大幅度增加。但是，如果城市过于扩张或城市衰落，也会导致地价的下降。

4. 房地产投机行为

房地产投机是指一些投机取巧的人利用房地产价格的涨落变化，通过在不同时期、不同地点买卖房地产，从而获取价差利润的行为。当某地房地产价格快速上升时，那些预计房地产价格还会进一步上涨的投机者蜂拥而至，纷纷抢购，形成一种虚假需求，促使房地产价格继续上涨，呈现虚高形势。而房地产价格快速下降时，那些预计房地产价格还会进一步下跌的投机者们就开始抛售房地产，促使房地产价格继续下跌。

按照经济学的理论，有效需求等于消费需求加上投机需求，消费需求是真实的需求，不会引发房地产泡沫，而投机需求的产生则为泡沫的产生提供了必要条件。投机需求的产生源于人们的非理性预期以及老百姓的投资渠道匮乏。投机群体在房地产体系中对房价快速上涨起到了推波助澜的作用，在房地产体系中最后一层是老百姓，也就成了高房价的最后买单者。

5. 消费者预期

消费者预期是房地产价格变动的重要原因。在市场经济条件下，真正决定房价的并不是开发商要卖多少房子，或者居民的消费需求需要多少房子，而是社会普遍的经济预期，也就是说，社会的经济预期对房价的影响要比真实的供求关系大得多。一方面，开发企业为了自身的利益，一味强调房价在未来将继续上涨，给了消费者一种房价还要上涨的预期；另一方面，在房地产销售过程中，房地产企业通过“销售控制”的方式，实现价格低开高走的走势，同时利用消费者的信息劣势，也给消费者制造房价即将上涨的压力，这就给了消费者一种房价只涨不跌的预期，这种消费预期是影响房地产价格的重要原因。

五、行政因素

1. 土地制度及政策

不同的土地制度及政策对地价产生不同的影响。比如，在城市土地归政府所有的地区，政府每年的土地供给计划会影响到土地市场上的土地供给量，因而影响到地价的变化。土地利用计划管理、土地用途管制、开征土地增值税、土地行政管理体制的改革等都会影响到地价变动。

2. 住房制度及政策

就住房政策而言，长期以来，我国一直实行福利分房政策，采取国家包投资、低租金、实物分配的模式，房地产价格不反映其价值。自改革开放以来，实行市场经济，取消了福利分房，采取货币购房政策，拉动了房地产市场的开发和投资，国家和政府、单位采取货币补助、公积金制度、抵押贷款制度、商业贷款制度等多种措施，使房地产市场日趋繁荣和规范，特别是二十世纪九十年代中后期以后，随着住房制度及政策相继出台和完善，人们大量地购买住房，改善居住条件，进行房地产投资，使地价和商品房价格大幅度攀升。

3. 税收制度及政策

税收政策，即包括与房地产有关的税收政策，诸如契税、增值税、房产税、土地使用税、土地增值税等。不同时期，不同的税制、税种、税率及其征收环节，对房地产价格的影响是不同的。如契税是以商品房受让人为课税对象的，它在商品房需求方面发生作用；土地增值税是以房地产转让人为课税对象的，它在供给方面发生作用；房产税是以房地产所有人为对象的，在供求两个方面发生作用。税收政策同时还包括与房地产价格无直接关系、但会影响房地产购买的政策，如企业或个人所得税等，如上海在 1998 年 5 月实施个人所得税退税政策以后，极大地促进了高收入阶层购房的积极性，迅速拉升了上海房地产的价格。但面对各地房价较快上涨，中低层人群无力承受的现实，曾有专家提出了两种以税收平抑房价的方案。一是对房产实行累进税，即将所有的商品房按照房屋类型分为若干不同的税率征收级别，房价越贵征收的税率越高，房价越便宜税率越低，甚至能够享有政府越多的补贴，以这种累进制的方式来调节市场。二是对闲置的房屋征收闲置税，以期通过此两种税收手段达到平抑房价的效果，体现土地资源人人有份的合理性和公平性。

六、心理因素

心理因素主要是指人们对房地产价格的心理偏好、心理承受能力和对房地产价格变化的心理预期。心理因素对房地产价格的影响有时是起很大作用的，因此不可忽视。影响房地产价格的心理因素主要有以下几个层次。

1. 心理偏好

心理偏好包括人们对房地产的地段、品牌等的偏好。房地产的固定性和唯一性决定了房地产的消费只能“就地”进行，并且要从速从快，当机立断，满足需求。

2. 从众心理

随着经济的发展和人们收入水平的提高，购买住房和改善住房条件已成了许多家庭财务支出的主要方面。由于从众心理，有越来越多的人加入到购房队伍中，买涨不买跌，相互攀比，显示财富等。

3. 追求时尚

人们在购买房地产时，往往求新、求名、求美、好奇，讲究风水或吉祥号码，追求时尚。在经济持续稳定的增长和发展中，部分人预测到房地产价格将进一步上涨时，往往会出现抢购房地产、炒买炒卖房地产而人为抬高房地产价格的情况。

七、国际因素

现代社会国际交往频繁，人员流动加速，世界经济正朝着全球化、一体化发展，一个国家或地区的政治、经济、文化等的变化和发展，常常影响其他国家和地区，国际经济、军事、政治等环境如何，对房地产价格也有影响。如随着中韩建交，胶东半岛的房地产价格就大幅上扬；“两伊战争”期间，伊朗和伊拉克的房地产价格一落千丈就是最好的例证。

本章小结

本章主要介绍了房地产价格的概念和特征，房地产价格的多种存在形式，以及在目前市场经济条件下影响房地产价格的相关因素。

房地产是房产与地产两种财产的合称，是以房与地的这种物的存在为前提的一种财产形态，所以房地产价格是房屋建筑物价格和土地价格的统一，是房地产商品价值和地租资本化价格的综合性的货币表现。在房地产估价上，一般认为房地产价格是房地产的经济价值（交换价值）的货币表现。

房地产价格和其他一般的商品价格一样都以货币来表现，也受价值规律的影响。但是，房地产作为一种特殊的商品，其价格的形成和构成有其显著的特殊性。具体表现在：房地产价格的二元性、区域性、多样性、增值性、昂贵性、权益性、差异性和敏感性。

房地产价格的形式有许多种。进行房地产估价，必须弄清房地产价格的各种形式以及各种形式的含义。按照房地产实物形态划分，房地产价格分为土地价格、建筑物价格和房地价格；按照房地产价格的表示单位来划分，房地产价格分为总价格、单位价格和楼面价格；按照《中华人民共和国城市房地产管理法》所规定的主要权利划分，房地产价值分为所有权价格、使用权价格、转让价格、租赁价格和抵押价值，其中前两个价格类型属于一级市场价格，后三个价格类型属于二级市场价格；按照房地产交易或出让方式划分，房地产价格分为协议价格、招标价格、拍卖价格和挂牌价格；按照政府行为划分的价格类型，有土地使用权出让价格、征用价格和课税价格；此外还介绍了基准地价、标定地价、建筑物重置价格、市场价格、理论价格和评估价值。

房地产价格的高低是由众多影响房地产价格的因素综合作用的结果。因此，估价人员必须熟练地掌握影响房地产价格的因素以及它们是如何影响房地产价格的。概括来说，影响房地产价格的因素主要有房地产本身因素、环境因素、经济因素、社会因素、行政因素、心理因素和国际因素。

本章练习题

一、单选题（每题的备选答案中只有一个最符合题意）

1. 某宗土地的面积为 1000m^2，其上建筑物的建筑面积为 5000m^2，建筑物的基底面积为 700m^2，建筑物层数为 8 层，则该宗土地的容积率为（　　）。

A. 8.0　　B. 5.6　　C. 5.0　　D. 0.7

2. 房地产价格是由房地产的（　　）三者相互结合而产生的。

A. 有用性、稀缺性、有效需求　　B. 供给、需求、利用状况

C. 权利、租金、利率　　D. 价值、使用价值、供求

3. 某宗土地上有一幢 8 层高、各层建筑面积相同的住宅楼，建筑密度为 50%。假设该住宅楼的总价为 2000 万元，平均单价为 5000 元/m^2，楼面地价为 1200 元/m^2，则该宗土地的总价为（　　）万元。

A. 96　　B. 192　　C. 240　　D. 480

4. 下列影响房地产价格的因素中，不属于经济因素的是（　　）。

A. 房地产投机　　B. 物价变动

C. 财政收支状况　　D. 居民收入水平

5. 下列情况中会导致房地产价格上升的是（　　）。

A. 上调贷款利率　　B. 收紧房地产开发贷款

C. 开征房地产持有环节的税收　　D. 增加土地供应

6. 下列房地产价格中，相对能更好地反映地价水平高低的是（　　）。

A. 土地总价　　B. 土地单价　　C. 楼面地价　　D. 商品房价格

7. 由于土地位置的固定性，房地产商品不能移动，所以房地产价格受房地产所处位置的影响很大，这说明房地产价格具有（　　）。

A. 二元性　　B. 区域性　　C. 多样性　　D. 增值性

8. 依据《中华人民共和国城市房地产管理法》所规定的几个主要权利划分，房地产价格类型有一级市场价格和二级市场价格之分，下列（　　）属于一级市场价格。

A. 转让价格　　B. 租赁价格　　C. 抵押价格　　D. 所有权价格

9. 楼面地价又称单位建筑面积地价，也称熟地楼面价，是平均到每单位建筑面积上的土地价格，实质上就是单位建筑面积中的（　　）。

A. 土地成本　　B. 建筑成本　　C. 边际成本　　D. 评估成本

10. 由于房地产的不可移动性及变更用途的困难性，决定某一房地产价格水平高低的供求状况，主要是（　　）。

A. 全国房地产总的供求状况　　B. 全国本类房地产的供求状况

C. 本地区本类房地产的供求状况　　D. 本地区房地产的供求状况

二、多选题（每题的备选答案中，有两个或两个以上符合题意的答案）

1. 影响房地产价格的经济因素主要有（　　）。

A. 经济发展状况、储蓄、消费、投资水平

B. 社会发展状况、房地产投机和城市化

C. 财政收支及金融状况、利率

D. 物价、汇率、居民收入

E. 人口数量、行政隶属变更、居民收入

2. 在实际的房地产估价中，房地产抵押价值通常是抵押房地产未设立法定优先受偿款下的价值扣除估价师知悉的法定优先受偿款后的余额。这些法定优先受偿款通常包括(　　)。

A. 拖欠建设工程价款　　B. 已抵押担保的债权数额

C. 房地产变卖处置费用　　D. 诉讼费用

E. 其他法定优先受偿款

3. 房地产价格和其他一般商品一样，都受价值规律的影响，它们的共同之处表现在（　　）等几个方面。

A. 价格用货币表示　　B. 价格受供求等因素的影响

C. 按质论价　　D. 价格区域性

E. 价格权益性

4. 依据《中华人民共和国城市房地产管理法》所规定的几个主要权利划分，下列（　　)等属于二级市场价格。

A. 所有权价格　　B. 转让价格　　C. 租赁价格　　D. 抵押价格

E. 土地出让价格

5. 房地产价格的高低受诸多因素的影响，其中房地产本身的因素是很重要的一个方面，下列（　　）属于房地产本身的因素。

A. 环境　　B. 地质条件

C. 宗地面积和形状　　D. 建筑物的用途、质量、附属设备

E. 建筑物外观

三、判断题（用“√”表示正确，用“×”表示错误）

1. 一般而言，房地产价格与利率正相关，利率上升时房地产价格会上升，利率下降时房地产价格会下降。（　　）

2. 当人们预期某种房地产的价格会在下一时期上升时，就会增加对该种房地产的现期需求。（　　）

3. 投保火灾保险时的保险价值，仅是有可能遭受火灾损毁的建筑物的价值及其可能的连带损失，而不包括不可毁损的土地的价值。（　　）

4. 理论价格并不是现实价格，评估价格才是现实价格。（　　）

5. 房地产投机对房地产市场有不利的影响，它只会导致房价上涨。（　　）

四、简答题

1. 什么是房地产价格？从需求的角度而论，房地产价格是如何形成的？

2. 房地产价格和一般的商品价格相比有哪些共同之处？又有哪些显著特征？

3. 房地产价格有哪些形式？

4. 影响房地产价格的因素有哪些？

第三章

房地产估价原则

章前引言

房地产估价人员要评估出客观合理的房地产价值，就应当遵循房地产价格形成和变动的客观规律，通过对这些规律的认识与把握，运用科学的估价方法，把客观存在的房地产价值提炼、表达出来。人们在房地产估价的实践和理论研究中，逐渐认识了房地产价格形成和变化的客观规律，在此基础上总结、提炼出了一些简明扼要的进行房地产估价所应依据的法则或标准。这些法则或标准就是房地产估价原则，主要有独立、客观、公正原则；合法原则；最高最佳利用原则；替代原则；价值时点原则；谨慎原则。

本章主要介绍各项房地产估价原则的含义、遵循这些估价原则的必要性、各项估价原则对房地产估价特别是对估价结果的要求、在实际估价中如何遵循这些原则。

学习目标

1. 了解遵循各项房地产估价原则的必要性。

2. 掌握各项房地产估价原则对房地产估价特别是对估价结果的要求以及在实际估价中如何遵循这些原则。

3. 熟悉各项房地产估价原则的含义。

房地产估价原则主要有独立、客观、公正原则；合法原则；最高最佳利用原则；替代原则；价值时点原则；谨慎原则。其中，独立、客观、公正原则是房地产估价的基本原则；合法原则、最高最佳利用原则、替代原则、价值时点原则是各种估价目的都应遵守的原则，并且这几个原则又都是技术性原则，称为房地产估价的普遍技术性原则；把仅适用于某种或某些估价目的的房地产估价原则，称为房地产估价的特殊原则，如谨慎原则。

房地产估价人员应熟知并正确理解房地产估价原则。房地产估价原则可以使不同的房地产估价人员对房地产估价的基本前提具有一致性，对同一估价对象在同一估价目的、同一价值时点下的评估价值趋于相同或近似，帮助房地产估价人员如何去思考和衡量估价对象的价值，如何把估价对象的评估价值首先框定在一个基本合理的范围内，然后结合估价方法的测算评估出一个正确的房地产价值。

第一节　独立、客观、公正原则

独立、客观、公正原则是房地产估价的基本原则。独立、客观、公正原则要求估价机构和估价师站在中立立场上评估出对各方当事人来说都是公平合理的价值。所谓“独立”，就是要求估价机构和估价师与相关当事人无利害关系，在估价中不受包括委托人在内的任何单位和个人的影响，应凭自己的专业知识、经验和职业道德进行估价。所谓“客观”，就是要求估价机构和估价师在估价中不带着自己的情感、好恶和偏见，而是按照事物的本来面目、实事求是地进行估价。所谓“公正”，就是要求估价机构和估价师在估价中不偏袒相关当事人中的任何一方，应坚持原则、公平公正地进行估价。

房地产估价之所以要遵循独立、客观、公正原则，是因为如果评估出的价值不公平合理，就会损害相关当事人中某一方的利益，也有损于估价机构与估价师乃至整个估价行业的公信力和声誉。

为了保障估价机构和估价师独立、客观、公正地估价，一是要求估价机构应是一个不依附于他人、不受他人束缚的具有独立法人地位的机构。二是要求估价机构和估价师应与委托人及估价利害关系人没有利害关系，与估价对象没有利益关系。如果估价机构或估价师与委托人或估价利害关系人有利害关系或者与估价对象有利益关系，则估价时就难以做到公平公正。三是要求任何单位和个人不得干预估价活动，包括不得干预估价过程和结果。

第二节　合法原则

合法原则要求估价结果是在依法判定的估价对象状况特别是权益状况下的价值。

依法是指不仅要依据有关法律、行政法规、最高人民法院和最高人民检察院发布的有关司法解释，还要依据估价对象所在地的有关地方性法规，国务院所属部门颁发的有关部门规章和政策，估价对象所在地人民政府颁发的有关地方政府规章和政策，以及估价对象的不动产登记簿、权属证书、有关批文和合同等。

相关知识链接：

不动产登记簿包括房屋登记簿、土地登记簿；有关批文和合同包括规划意见书、国有建设用地使用权出让招标文件、国有建设用地使用权出让合同、房地产转让合同、房屋租赁合同、房地产抵押合同等。

另外，还可以将合法原则拓展到对采用的估价技术标准和估价主体资格的要求。具体地说，房地产估价应采用国家和估价对象所在地的有关估价技术标准（如《房地产估价规范》），估价机构应具有房地产估价资质，估价人员应是注册房地产估价师。

房地产估价之所以要遵循合法原则，是因为房地产状况不同，特别是实物状况、区位状况相同的房地产，如果权益状况不同，评估价值会有所不同。

遵循合法原则在估价对象权益方面应做到以下几点：

1）在产权合法方面，应以房地产权属证书、权属档案的记载或者其他合法证件为依据。现行的房地产权属证书有房屋权属证书、土地权属证书或者统一的房地产权证书。其中，房屋权属证书有《房屋所有权证》《房屋他项权证》等；土地权属证书有《国有土地使用证》《集体土地所有证》《集体土地使用证》《土地他项权利证明书》。

需要注意的是，不是只有产权合法的房地产才能成为估价对象，任何产权性质的房地产都可以成为估价对象，关键是依法判定估价对象是哪种状况的房地产，然后做到评估价值与依法判定的房地产状况相匹配。比如，划拨土地使用权不能当作出让土地使用权来估价，临时建筑不能当作永久建筑来估价，部分产权的房地产不能当作完全产权的房地产来估价等。

2）在使用合法方面，应以使用管制（如城市规划、土地用途管制等）为依据。比如，在城市规划中规定了土地的用途、容积率、建筑高度等，则在进行房地产估价时就必须考虑这些限制。如某宗土地，城市规划限制为居住用途，即使该宗土地的坐落位置适合于做商业用途，评估该宗土地的价格时也必须以该宗土地居住用途的条件下进行，不可作为商业用途来估价。再如某宗土地，城市规划限定的容积率为 5，估价时必须以该宗土地的容积率不超过 5 为前提，若以超过 5 的容积率估价，则超出的容积率无法律保障，也就是说，违反了合法原则。

3）在处分合法方面，应以法律法规或合同（如土地使用权出让合同）等允许的处分方式为依据。房地产处分方式包括买卖、租赁、抵押、典当、抵债、赠予等。以抵押为例：①法律法规规定不得抵押的房地产，不应作为以抵押为估价目的的估价对象，或者委托人要求评估其抵押价值的话，其抵押价值应当评估为零。如《中华人民共和国担保法》规定：所有权、使用权不明或有争议的财产不得抵押。②法律法规规定应当符合一定条件才能转让的房地产，评估其抵押价值时应当符合转让条件，否则不应作为以抵押为估价目的的估价对象，或者委托人要求评估其抵押价值的话，其抵押价值应当评估为零。如《房地产管理法》规定，共有房地产只有经过其他共有人书面同意抵押的情况下，才能作为以抵押为估价目的的估价对象。

4）依法判定的其他权益，包括评估出的价值应符合国家的价格政策。如评估政府指导价的房地产应遵守相应的政府指导价；国有土地上房屋征收评估应符合国有土地上房屋征收补偿的法律法规和政策。

第三节 最高最佳利用原则

最高最佳利用原则要求房地产估价结果是在估价对象最高最佳利用下的价值。

所谓最高最佳利用是指法律上许可、技术上可能、经济上可行、经过充分合理的论证，能够使估价对象的价值达到最大化的一种最可能的使用。

房地产估价之所以要遵守最高最佳利用原则，是由于房地产可以有不同的用途，每一种用途为使用者带来的收益可能不同，因此人们都期望选择最佳用途，以达到获取最大收益的目的。最高最佳利用原则要求在合法的前提下，以待估房地产最有效使用的方式为估价基础进行估价。所以，遵循最高最佳利用原则，必然要求符合合法原则中对估价对象依法利用的要求。比如，某宗房地产，城市规划规定既可以作商业用途，也可以作居住用途，如果作商业用途可以取得最大收益，那么，估价时则不管该房地产现有用途如何，以商业用途作为估价基础。

确定估价对象的最高最佳利用方式需要从以下四个方面依序筛选：①法律上是否允许。如果估价对象的使用方式不符合法律法规、政策或出让合同等的要求，就应被淘汰。②技术上是否可能。包括建筑材料的性能、施工技术手段等能否满足要求。③经济上是否可行。对于法律上允许且技术上可能的每一种利用方式，需要检验其经济上的可行性，检验的办法主要是针对每一种利用方式判断其未来收入现值是否大于等于未来支出现值。④价值是否最大化。在所有具有经济可行性的利用方式中选择能够使估价对象价值最大的利用方式。

当估价对象已做了某种利用，则在估价时应根据最高最佳利用原则对估价对象做以下的判断和选择，并应在估价报告中予以说明：

1）维持现状前提。认为现有房地产维持现状、继续利用最为有利时，应以维持现状为前提进行估价。现有房地产应维持现状的条件是：（新房地产的价值－将现有房地产改变为新房地产的必要支出以及应得利润）＜现有房地产的价值。

2）更新改造前提。认为现有房地产更新改造再予以利用最为有利时，应以更新改造为前提进行估价。现有房地产应更新改造的条件是：（更新改造后的房地产价值－更新改造的必要支出及应得利润）＞现状房地产的价值。

3）改变用途前提。认为现有房地产改变用途再予以利用最为有利时，应以改变用途为前提进行估价。现有房地产应改变用途的条件是：（新用途下的房地产价值－改变用途的必要支出及应得利润）＞现用途下的房地产价值。

4）重新开发前提。认为现有房地产重新开发再予以利用最为有利时，应以重新开发为前提进行估价。现有房地产应重新开发的条件是：（重新开发完成后的房地产价值－重新开发的必要支出及应得利润）＞现有房地产价值。

5）上述情形的某种组合。

【例 3-1】 某宗房地产规划用途为商业，现状为超市，年净收益为 18 万元，预计改为服装店后的年净收益为 20 万元，除此无其他更好的用途，则根据（　　）应按服装店用途进行估价。

A. 合法原则
B. 最高最佳利用原则
C. 价值时点原则
D. 替代原则
【答案】B。

【例 3-2】 某工厂经所在街道负责人同意，将一幢权属登记为工业用途的沿街厂房改造为若干个小商铺出租，某估价机构接受委托以实际用途为估价前提对该房地产的抵押价值进行评估。这种做法忽略了最高最佳利用应满足条件中的（ ）。

A. 技术上的可能
B. 经济上的可行
C. 价值最大化
D. 法律上许可
【答案】D。

第四节 替代原则

替代原则要求估价结果不得明显偏离与估价对象相似的房地产在同等条件下的正常价格。

房地产估价之所以要遵循替代原则，是因为根据经济学的替代原理，同一个市场上相同的商品具有相同的价格。具体地说，如果同一个市场上有两个及以上相同的商品同时存在时，则理性的买者会购买价格最低的；反之，如果同一个市场上有两个及以上价格相同的相似的商品同时存在时，则理性的买者会购买效用最大的。卖者为了使其产品能够卖出去，相互之间也会进行价格竞争。由于市场竞争的影响，必然使同一市场上效用相同或相似的商品价格趋于一致。

尽管房地产具有个别性、差异性，使得完全相同的房地产几乎没有，但在同一个房地产市场上，相似的房地产会有相似的价格。依据替代原理，在评估房地产价格时，在同一供需圈内的房地产，可以通过调查近期发生交易的、与待估房地产有替代可能的房地产，对待估房地产与已交易的房地产进行房地产状况（区位、权益、实物）和交易情况等的调整与修正，从而确定待估房地产的价格。

替代原则对具体的房地产估价工作指明了两点：一是如果存在着一定数量与估价对象相似的房地产并已知它们的价格时，则可以通过这些相似的房地产的价格推算出估价对象的价格。二是不能孤立地思考估价对象的价值，应考虑相似房地产的价格牵掣，特别是同一个估价机构，在同一个城市、同一个时期，为了同一种估价目的，对不同区位、不同档次的房地产的评估价值应有合理的价差。

当把替代原则的思想用于某个参数的测算和确定时，替代原则就转化为替代原理。替代原理在比较法、收益法、成本法、假设开发法等估价方法中都会用到。例如，比较法是以替代原理为基础的。成本法中的客观成本；收益法中的客观净收益、潜在毛收入、有效毛收入、运营费用；假设开发法中要从未来开发完成后的房地产价值中扣除的未来开发成本、税费、开发利润等，都是遵循替代原理来求取的。

第五节　价值时点原则

价值时点原则要求估价结果是在由估价目的决定的某个特定时间的价值。

房地产估价之所以要遵循价值时点原则，是因为：①影响房地产价格的因素是不断变化的；②房地产市场是不断变化的；③随着时间的推移，房地产本身也可能发生变化，如建筑物本身存在陈旧过时。因此，同一宗房地产在不同的时点上往往会有不同的价格。另外，房地产估价通常只是评估估价对象在某个特定时间的价值。这就要求在估价时必须根据估价目的确定评估价值对应的时间点。

价值时点可以是进行估价的当时，即“现在”；也可以是“过去”，如为处理房地产纠纷案件的需要而估价；还可以是“将来”，如为房地产开发可行性研究而估价等。如果是评估“现在”的价值，委托方如无特殊要求则选现场查勘日期为价值时点。

在一个具体的房地产估价项目中，价值时点究竟是现在、过去还是未来，是由估价目的决定的，并且所对应的估价对象状况和房地产市场状况也会有所不同，具体见表 3-1。

表 3-1　价值时点、估价对象状况和房地产市场状况的关系

价值时点	估价对象状况	房地产市场状况
过去（回顾性估价）	①过去	过去
现在	②过去	现在
	③现在	
	④未来	
未来（预测性估价）	⑤未来	未来

上述表 3-1 中：

第①种情况大多出现在房地产纠纷案件中，特别是出现在对估价结果有异议而引起的估价鉴定或复核估价、重新估价中。

第②种情况大多出现在房地产损害赔偿和保险理赔案件中。例如，投保了火灾险的建筑物被烧毁后，评估其价值损失或损失程度时，通常是估计将损毁后的状况恢复到损毁前的状况（到实地勘查，估价对象已不存在），在现行的国家财税制度和市场价格体系下的必要费用。

第③种情况是估价中最常见、最大量的，如房地产抵押估价、房屋征收评估、司法拍卖估价，包括在建工程估价。

第④种情况如评估期房的价值。在房屋征收中，补偿方式为房屋产权调换且用于产权调换房屋为期房的，为计算被征收房屋价值与用于产权调换房屋价值的差价而评估用于产权调换房屋的价值就属于这种情形。

第⑤种情况多出现在房地产市场预测、为房地产投资分析提供价值依据的情况下，特别是预测房地产在未来开发完成后的价值。在假设开发法中，预测估价对象开发完成后的价值就属于这种情形。

【例 3-3】　某估价机构于 2015 年 6 月 10 日至 20 日为某房地产抵债进行了评估，价值时

点为 2015 年 6 月 15 日。因估价结果有争议，2015 年 8 月 15 日进行复估，则复估的价值时点为（ ）。

A. 2015 年 6 月 15 日　　B. 2015 年 8 月 15 日

C. 签订估价委托合同之日　　D. 估价人员与委托人商定的某日

【答案】A。

【例 3-4】 甲房地产估价机构（以下简称甲机构）于 2007 年 8 月出具了一份房地产抵押估价报告，银行据此发放了抵押贷款。2009 年 1 月，因借款人不能如期偿还贷款，处置该抵押房地产时实现的价格比甲机构当时的评估价值低很多，银行认为甲机构存在高估，并委托乙房地产估价机构对甲机构 2007 年 8 月出具的估价报告进行复核估价。

请问：复核估价时应如何确定价值时点、估价对象状况及房地产市场状况？

【答案】复核估价时，若甲机构在确定价值时点时无误，应以甲机构的价值时点为复核估价的价值时点。估价对象的产权性质、使用性质、建筑物状况、周围环境等估价对象状况以及房地产市场状况，也应以原估价价值时点时的状况为准。

第六节 谨慎原则

谨慎原则是房地产抵押估价时应当遵守的一项原则。根据《房地产抵押估价指导意见》，房地产抵押估价是指为确定房地产抵押贷款额度提供价值参考依据，对房地产抵押价值进行分析、估算和判定的活动。房地产抵押价值是抵押房地产在价值时点的市场价值，等于假定未设立法定优先受偿权利下的市场价值减去房地产估价师知悉的法定优先受偿款。

谨慎原则要求在存在不确定性因素的情况下做出估价相关判断时，应当保持必要的谨慎，充分估计抵押房地产在抵押权实现时可能受到的限制、未来可能发生的风险和损失，不高估假定未设定法定优先受偿权利下的市场价值，不低估房地产估价师知悉的法定优先受偿款，并在估价报告中做出必要的风险提示。

房地产抵押估价之所以要遵循谨慎原则，是因为需要处分抵押物的时间与价值时点一般间隔较长，届时抵押房地产的价值有可能下降，其他相关不确定因素也较多，为确保抵押贷款的清偿，拟接受抵押担保的债权人对变现风险高度关注，所以房地产抵押估价还应遵守谨慎原则。《房地产抵押估价指导意见》规定：“房地产抵押估价应当关注房地产抵押价值未来下跌的风险，对预期可能导致房地产抵押价值下跌的因素予以分析和说明。”

在实际估价中，如果面临的是不确定因素，当对该因素的乐观、保守和折中判断会导致对抵押价值的相对偏高、偏低和居中估计时，应采取导致抵押价值相对偏低的估计。比如，选用估价方法时，尽量将成本法作为一种方法；采用收益法评估房地产的抵押价值时，当对未来的净收益存在乐观估计、保守估计和折中（最可能）估计时，遵循谨慎原则应采用保守的较低的收益估计值；对于有价无市或存在长期低租金租约的房地产，则应更加重视收益价格。

《房地产抵押估价指导意见》针对不同的估价方法，提出了遵守谨慎原则的要求。具体内容见第十二章的第二节中“房地产抵押估价的注意事项”。

本章小结

房地产估价原则主要有：独立、客观、公正原则；合法原则；最高最佳利用原则；替代原则；价值时点原则；谨慎原则。

独立、客观、公正原则要求估价机构和估价师站在中立立场上评估出对各方当事人来说都是公平合理的价值。房地产估价之所以要遵循独立、客观、公正原则，是因为如果评估出的价值不公平合理，就会损害相关当事人中某一方的利益，也有损于估价机构与估价师乃至整个估价行业的公信力和声誉。

合法原则要求估价结果是在依法判定的估价对象状况特别是权益状况下的价值。房地产估价之所以要遵循合法原则，是因为房地产状况不同，特别是实物状况、区位状况相同的房地产，如果权益状况不同，评估价值会有所不同。

最高最佳利用原则要求房地产估价结果是在估价对象最高最佳利用下的价值。房地产估价之所以要遵守最高最佳利用原则，是由于房地产可以有不同的用途，每一种用途为利用者带来的收益可能不同，因此人们都期望选择最佳用途，以达到获取最大收益的目的。最高最佳利用原则要求在合法的前提下，以待估房地产最有效利用的方式为估价基础进行估价。

替代原则要求估价结果不得明显偏离与估价对象相似的房地产在同等条件下的正常价格。房地产估价之所以要遵循替代原则，是因为根据经济学的替代原理，在同一市场上效用相同或相似的房地产，由于市场竞争的影响，必然使其价格趋于一致。

价值时点原则要求估价结果是在由估价目的决定的某个特定时间的价值。房地产估价之所以要遵循价值时点原则，是因为：①影响房地产价格的因素是不断变化的；②房地产市场是不断变化的；③随着时间的推移，房地产本身也可能发生变化。另外，房地产估价通常只是评估估价对象在某个特定时间的价值。这就要求在估价时必须根据估价目的确定评估价值对应的时间点。

谨慎原则要求在存在不确定性因素的情况下做出估价相关判断时，应当保持必要的谨慎，充分估计抵押房地产在抵押权实现时可能受到的限制、未来可能发生的风险和损失，不高估假定未设定法定优先受偿权利下的市场价值，不低估房地产估价师知悉的法定优先受偿款，并在估价报告中做出必要的风险提示。房地产抵押估价之所以要遵循谨慎原则，是因为抵押的房地产存在变现风险，在抵押估价中要采取客观、谨慎，甚至偏保守的做法。

本章练习题

一、单选题（每题的备选答案中只有一个最符合题意）

1. 如果某房地产现状价值大于新建房地产的价值减去拆除现有建筑物的费用及建造新

建筑物的费用之后的余额，则应以（　　）进行估价。

A. 保持现状前提　　B. 装修改造前提

C. 转换用途前提　　D. 重新利用前提

2. 近日出具的一份估价报告中的价值时点，估价对象状况和房地产市场状况所对应的时间均为一年前的某个日期，其估价类型可能是（　　）。

A. 在建工程抵押估价　　B. 房地产损害赔偿估价

C. 期房市场价值评估　　D. 房地产估价的复核估价

3. 某房屋被火灾烧损，现需评估其损失，此时估价对象状况应为（　　）。

A. 被烧损前的状况　　B. 被烧损前与被烧损后的差异状况

C. 被烧损后的状况　　D. 未来修复或重建后的状况

4. 房地产估价中，遵循独立、客观、公正原则的核心是估价机构和估价人员应当站在（　　）的立场上，评估出一个对各方当事人来说都是公平合理的价值。

A. 委托人　　B. 估价报告预期使用者

C. 管理部门　　D. 中立

5. 回顾性房地产估价，其估价对象状况和房地产市场状况常见的关系是（　　）。

A. 估价对象状况为过去，房地产市场状况为现在

B. 估价对象状况为现在，房地产市场状况为现在

C. 估价对象状况为过去，房地产市场状况为过去

D. 估价对象状况为现在，房地产市场状况为过去

6. 房地产估价原则是为了使不同的估价人员对房地产估价的基本前提具有认识上的一致性，对同一估价对象在（　　）下的估价结果具有近似性。

A. 同一估价原则、同一价值时点

B. 同一估价目的、同一估价方法

C. 同一估价目的、同一价值时点

D. 同一估价原则、同一估价目的

7. 下列关于房地产估价原则的表述中，错误的是（　　）。

A. 独立、客观、公正原则属于基本原则

B. 合法原则属于技术性原则

C. 最高最佳利用原则属于技术性原则

D. 谨慎原则属于一般性原则

8. 某估价机构接受保险公司的委托，对被火灾完全烧毁的房屋进行价值鉴定，为保险理赔提供参考价值，价值时点为现在，则其估价对象状况和房地产市场状况分别为（　　）。

A. 估价对象状况为过去，房地产市场状况为过去

B. 估价对象状况为现在，房地产市场状况为现在

C. 估价对象状况为过去，房地产市场状况为现在

D. 估价对象状况为现在，房地产市场状况为过去

二、多选题（每题的备选答案中，有两个或两个以上符合题意的答案）

1. 合法原则要求房地产估价应以估价对象的合法权益为前提进行估价。合法权益包括（　　）等方面。

A. 合法收益　　B. 合法产权　　C. 合法使用　　D. 合法处分
E. 依法判定的其他权益

2. 在合法使用方面，应以（　　）等为依据。

A. 设计图纸　　B. 城市规划　　C. 开发计划　　D. 土地用途管制
E. 市场研究

3. 最高最佳利用是指（　　），经过充分合理的论证，能使估价对象的价值达到最大化的一种最可能的利用。

A. 法律上许可　　B. 技术上可能　　C. 经济上可行　　D. 投资最省
E. 价值最大化

4. 当估价对象已做了某种利用，则在估价时应根据最高最佳利用原则对估价对象做下列之一的判断和选择，并应在估价报告中予以说明。这些相关的前提有（　　）等。

A. 保持现状前提　　B. 装饰装修改造前提
C. 转化用途前提　　D. 重新利用前提
E. 估价假设前提

5. 现状为在建工程的房地产，可能同时存在着（　　）几种估价。

A. 价值时点为现在，估价对象为过去状况下的估价
B. 价值时点为现在，估价对象为现时状况下的估价
C. 价值时点为现在，估价对象为未来状况下的估价
D. 价值时点为未来，估价对象为未来状况下的估价
E. 价值时点为过去，估价对象为现在状况下的估价

三、判断题（用“√”表示正确，用“×”表示错误）

1. 在房地产损害赔偿估价中，一般来说，价值时点为过去，估价对象为历史状况下的情形。（　　）

2. 不论是何种估价目的，估价对象价值所依据的市场状况一定是价值时点时的状况，但估价对象状况不一定是价值时点时的状况。（　　）

3. 房地产作价入股估价应当采用谨慎价值标准。（　　）

4. 房地产估价原则是为了使不同的房地产估价师对房地产估价的基本前提具有认识上的一致性，对同一估价对象的估价目的具有相似性。（　　）

5. 在合法产权方面，应以房地产产权证明和有关证件为依据。（　　）

6. 城市规划规定了某宗土地的用途、建筑高度、容积率、建筑密度等，那么对该土地进行估价时就必须以其使用符合这些规定为前提。（　　）

7. 在城市某一地块，规划用途为居住用地，但其周围是繁华的商业区，如果改作商业用地，其收益远远大于居住用地，因此这类土地的评估，其最高最佳用途应为商业。（　　）

8. 某宗房地产，城市规划既可用作商业用途，又可能作居住用途。目前该宗房地产已作了居住用途，但如果用作商业用途会取得更大收益，对该宗房地产进行评估时，最高最佳使用应为商业。（　　）

9. 替代原则要求房地产估价结果不得明显偏离与估价对象房地产的类似房地产在同等条件下的正常价格。（　　）

10. 房地产估价结果如果不够公平合理，必然会损害当事人中某一方的利益，也有损于

房地产估价机构的社会声誉和权威性。（　　）

四、简答题

1. 怎样理解合法原则？
2. 怎样理解最高最佳利用原则？
3. 怎样理解替代原则？
4. 怎样理解价值时点原则？
5. 怎样理解独立、客观、公正原则？
6. 怎样理解谨慎原则？

五、案例分析题

1. 某工厂为企业改制进行资产重组，委托估价机构将其划拨土地上建成的两幢房屋进行估价。该工厂的房屋所有权证上记载，两幢房屋均为工业用途。根据估价人员现场勘查的结果，两幢房屋中，一幢为厂房，另一幢原为厂房，后自行改为办公楼用于出租。

（1）应根据（　　）用途对该两幢房屋进行估价。

A. 房屋所有权证上记载的

B. 估价人员现场勘查结果的现状

C. 企业改制、资产重组后该两幢房屋拟确定的

D. 该两幢房屋可以获利最多的

（2）将该两幢房屋的用途由工业改为其他，应通过的途径是（　　）。

A. 自行改变

B. 经上级主管部门批准改变

C. 经政府房屋管理部门批准，并办理变更手续

D. 经政府规划主管部门批准，并按法定程序办理变更手续

（3）该工厂若为扩大经营而筹集资金将该两幢房屋抵押，则为抵押目的评估的价值应为（　　）。

A. 该两幢建筑物的抵押评估价值之和

B. 该两幢建筑物及其土地的抵押评估价格之和扣除划拨土地改为出让土地时应补交的土地使用权出让金

C. 该两幢建筑物的抵押评估价值之和乘以银行抵押率后的价格

D. 该两幢建筑物及其土地的抵押评估价格之和乘以银行抵押率后的价格

2. 甲方于2014年7月委托乙方建设两幢（A座和B座）8层共5000m^2的商品房，至2014年12月止甲方共支付乙方工程款1500万元，此时A座建至四层，B座建至五层，工程到此停工。甲乙双方此后为工程款发生纠纷，甲方认为工程款实际发生1400万元，乙方尚应返还100万元；乙方则认为工程款实际发生1580万元，甲方尚应再付80万元。双方争执不下，至2015年7月甲方向法院起诉，法院委托估价机构对甲方实际应支付给乙方的工程款进行评估。

（1）确定评估结论的依据应该是（　　）。

A. 以1500万元为估价值

B. 以（1400+1500）/2=1450万元为估价值

C. 以2014年7月至12月的预算定额、材差等资料为依据，按两幢商品房到停工之日

止实际发生的工程量计算估价值

D. 以 2015 年 7 月的预算定额、材差等资料为依据，按两幢商品房到停工之日止实际发生的工程量计算估价值

(2) 如果该开发公司拥有全部合法开发手续，欲将整体项目转让，价值时点应为（　　）。

A. 2014 年 12 月　　B. 2015 年 7 月　　C. 转让时点　　D. 项目建成时点

(3) 该商品房预计 2018 年 5 月建成，要评估届时的售价，估价对象状况及房地产市场状况应该选择（　　）。

A. 估价对象状况及房地产市场状况均为 2018 年 5 月的状态

B. 估价对象状况为 2018 年 5 月、房地产市场状况为 2015 年 7 月的状态

C. 估价对象状况为 2015 年 7 月、房地产市场状况为 2018 年 5 月的状态

D. 估价对象状况及房地产市场状况均为 2015 年 7 月的状态

第四章

比 较 法

章前引言

比较法是房地产估价方法中最常用的方法之一。比较法是选取一定数量的可比实例，将它们与估价对象比较，根据其间的差异对可比实例成交价格进行处理后得到估价对象的价值或价格。比较法适用于房地产市场发达、活跃和完善的地区，而且有广泛市场交易的房地产类型；对于很少交易的房地产，则不宜采用比较法估价。

本章主要介绍比较法的含义、理论依据、适用的估价对象、比较法的操作步骤及每个操作步骤的具体内容和要点。

学习目标

1. 了解比较法的理论依据和适用范围。

2. 掌握建立比较基础、交易情况修正、市场状况调整、房地产状况调整和最终估价结果的确定。

3. 熟悉比较法的含义、搜集交易实例的内容和选取可比实例的要求。

第一节　比较法的基本原理

一、比较法的概念

比较法是房地产估价方法中最常用的方法之一，也是目前国内外广泛应用的经典评估方法。比较法又称买卖实例比较法、交易实例比较法、现行市价法等。

比较法是选取一定数量的可比实例，将它们与估价对象比较，根据其间的差异对可比实例成交价格进行处理后得到估价对象的价值或价格。采用比较法测算出的估价对象价值或价格称为比较价值。

比较法的关键是选择类似房地产。类似房地产是指与估价对象处在同一供求圈内，并在用途、规模、档次、建筑结构、权利性质等方面与估价对象相同或相近的房地产。这里所说的同一供求圈是指与估价对象具有替代关系，价格会相互影响的适当范围，包括邻近地区和类似地区。

二、比较法的理论依据

比较法的理论依据是经济学中的替代原理。根据经济学的基本原理，市场经济中经济主体的行为普遍遵循理性原则，即追求效用最大化。由于商品购买者正常的或理性的购买行为是为了满足其一定的效用需求，当同一市场上出现两种或两种以上效用相同或可以替代的商品时，购买者将选择价格较低的商品；而当价格相同效用不等时，购买者将选择效用较大的商品。通过市场竞争机制的作用，效用相同或相近的商品之间将产生替代效应，最终使得市场上相同或相近效用的商品之间具有相同的价格，这就是替代原理。

替代原理作用于房地产市场，表现为某宗房地产的交易价格必然受到与其具有同等效用的替代房地产价格的影响，在相互竞争的条件下，会使价格水平趋于一致。因此，利用与待估房地产具有替代关系的已经发生交易的房地产价格来推测和判断待估房地产的市场价格是可行的。当然，由于房地产市场的不完全性和房地产商品的差别性，已经发生交易的房地产与待估房地产之间总是存在一定的差异，这些差异将会使待估房地产与已经发生交易的房地产之间存在价格差异。另外，在现实房地产交易中，由于交易者的心态、偏好、对市场的了解程度、讨价还价能力等的不同，使得已成交房地产的成交价格可能偏离正常的市场价格。因此，采用比较法进行房地产估价时，必须精心挑选足够的交易实例，分别比较各交易实例与待估房地产之间的差异及对待估房地产价格的影响程度，进而估算估价对象房地产的市场价格。

三、比较法的适用范围

比较法适用于房地产市场发育程度较高，近期内有较多交易实例发生的地区，而且有广泛市场交易的房地产类型，如普通住宅、商铺、写字楼、厂房、空地等。这些房地产由于数量众多，交易频繁，可搜集到充足的交易实例资料，使比较法具有使用基础。

下列情况一般不宜采用比较法：

1）没有发生房地产交易先例或在房地产交易发生较少的地区。

2）某些类型很少见的房地产或交易实例很少的房地产，如古建筑等。

3）一些很难成为交易对象的房地产，如教堂、寺庙等。

总之，只有在邻近地区或同一供求圈内的类似地区中，能够寻找足够数量的与估价对象房地产相类似的交易实例时，比较法才是有效的估价方法。

第二节 比较法的操作步骤

运用比较法估价应按以下步骤进行：①搜集交易实例。②选取可比实例。③建立比较基础。④进行交易情况修正。⑤进行市场状况调整。⑥进行房地产状况调整。⑦求取比准价值。

一、搜集交易实例

比较法的运用建立在大量的交易实例资料和其他市场资料基础上，如果资料不足，则评估出的价格难免武断，不够客观，甚至会使比较法无法运用。因此，要获得准确的评估结果，首先应尽可能搜集较多的真实可靠的交易实例，掌握正常的市场价格行情。这些交易实例的搜集要在平时的工作中逐步积累。

（一）搜集交易实例的途径

1）查询政府有关职能部门的房地产交易登记资料，如房地产产权转让时成交价格的资料、交易登记资料、近期政府出让土地使用权的地价资料、政府公布的基准地价、标定地价和房屋重置价格资料等。

2）查阅各种报刊、杂志上有关房地产出售、出租的信息。

3）参加房地产交易展示会，了解房地产价格行情，搜集价格信息资料。

4）向房地产交易当事人、四邻、经纪人、金融机构、司法机关等调查了解有关房地产交易的情况。

5）以房地产购买者的名义，与房地产开发商、代理商等洽谈，取得真实的房地产价格资料。

6）同行之间相互提供信息资料。

7）其他途径。

所有渠道获取的交易实例资料，都要进行核实，以保证评估结果的可信性。

（二）搜集交易实例的内容

搜集交易实例的内容包括：

（1）交易双方的情况及交易目的　交易双方情况包括交易者的名称、性质、法人代表、住址等基本情况，还要说明交易双方是否在公开的市场状况下进行公平自愿的交易，以便判断交易是否属于正常交易。交易目的包括买卖、入股、抵债等。

（2）交易实例房地产状况　房地产状况包括：①坐落位置、形状与面积。②地质条件。③购物、交通等环境条件。④土地利用现状与规划用途。⑤有关地上建筑物的基本情况。⑥权利状况。

（3）成交价格　成交价格包括房地产总价、房屋总价、土地总价及相应单价等内容，同时应说明价格类型、价格水平及货币种类和货币单位等情况。

（4）成交日期　交易实例的成交时间与估价对象的评估基准日间隔时间不能过长，在一个适度的间隔时间内，时间对资产价值的影响才是可以调整的。

(5) 付款方式　付款方式包括一次付款、分期付款、抵押贷款、租金支付等方式。

(6) 交易情况　如交易税费的负担方式，有无隐价瞒价、急买急卖、亲友间的交易、人为抬价等特殊交易情况。

搜集房地产交易实例时，估价人员最好针对不同类型的房地产，事先制订统一的交易实例调查表格，既避免遗漏重要事项的调查，又利于数据库的建立，估价时便于查询和调用。房地产交易实例调查表，见表 4-1。

二、选取可比实例

可比实例即可用于比较参照的交易实例。选取可比实例就是从已搜集和积累的大量交易实例中，选取交易实例中交易方式适合估价目的、成交日期接近价值时点、成交价格为正常价格或可修正为正常价格的估价对象的类似房地产等财产或相关权益。运用比较法估价，应根据估价对象的状况和估价目的，从搜集的交易实例中选取 3 个以上（含 3 个）10 个以下（含 10 个）的可比实例，以保证估价结果的客观性、准确性。同时，所选取的可比实例应符合下列基本要求。

表 4-1　房地产交易实例调查表

<table>
<tr><td rowspan="6">房地产基本状况</td><td>名称</td><td colspan="4"></td></tr>
<tr><td>坐落</td><td colspan="4"></td></tr>
<tr><td>四至</td><td colspan="4"></td></tr>
<tr><td>规模</td><td colspan="4"></td></tr>
<tr><td>用途</td><td colspan="4"></td></tr>
<tr><td>权属</td><td colspan="4"></td></tr>
<tr><td rowspan="5">交易基本情况</td><td>卖方</td><td colspan="4"></td></tr>
<tr><td>买方</td><td colspan="4"></td></tr>
<tr><td>成交日期</td><td colspan="4"></td></tr>
<tr><td>成交价格</td><td>总价</td><td></td><td>单价</td><td></td></tr>
<tr><td>付款方式</td><td colspan="4"></td></tr>
<tr><td colspan="2">交易情况说明</td><td colspan="4"></td></tr>
<tr><td rowspan="3">房地产状况说明</td><td>区位状况说明</td><td colspan="4"></td></tr>
<tr><td>实物状况说明</td><td colspan="4"></td></tr>
<tr><td>权益状况说明</td><td colspan="4"></td></tr>
<tr><td colspan="3">位置图</td><td colspan="2">外观图片</td><td>其他图片</td></tr>
</table>

调查人员：　　　　　　　　　　　　调查日期：　　　年　　月　　日

1. 与估价对象类似的房地产

（1）与估价对象房地产的用途应相同 用途是指房地产的具体利用方式，可按大类和小类划分。大类用途如：商店、办公楼（写字楼）、酒楼、旅馆、住宅、工业厂房、仓库等。小类是在大类用途的基础上进一步细分，例如，住宅可进一步划分为普通住宅、高档公寓、豪华别墅等。

（2）与估价对象房地产的建筑结构应相同 这里主要指钢结构、钢筋混凝土结构、砖混结构、砖木结构、简易结构等大类结构。如果在大类建筑结构下再细分出的小类建筑结构也相同则更好。

（3）与估价对象房地产所处地段应相同 即可比实例与估价对象房地产应处于具有相同经济、社会、环境特征的同一区域或邻近地区，或处于同一供求圈内或同一级别土地范围内。

（4）可比实例的规模应与估价对象的规模相当 选取的可比实例规模一般应在估价对象规模的0.5～2倍的范围内，即：0.5≤（可比实例规模÷估价对象规模）≤2。

（5）可比实例在档次上应与估价对象的档次相当 档次是按照一定的标准划分出来的不同等级，是由房地产的建筑设计标准、装修、设施设备情况等因素确定。

（6）可比实例的权利性质应与估价对象的权利性质相同 当两者不相同时，一般不能作为可比实例。例如，如果估价对象是出让国有建设用地使用权或出让国有建设用地使用权土地上的房地产，则应选取出让国有建设用地使用权或出让国有建设用地使用权土地上的房地产的交易实例。

2. 成交日期与估价对象房地产的价值时点应相近

所选择的可比实例房地产的成交日期距价值时点的间隔越短，在进行交易日期修正时的准确性越高。因此，最好选择近期1年内成交的房地产作为可比实例。

3. 成交价格为正常价格或可修正为正常价格

所谓正常价格是指在公开的房地产市场上，交易双方均充分了解市场信息，以平等自愿的方式达成的交易价格。这类交易实例应当首选为可比实例。如果市场上正常交易实例较少，不得不选择非正常交易实例作为可比实例时，则也可选择交易情况明了且可修正为正常价格的交易实例作为可比实例。

4. 可比实例的交易类型应与估价目的吻合

交易类型主要有一般买卖、拍卖、租赁、土地使用权协议出让等。属于上述目的的估价，应选取相对应的交易类型的交易实例作为可比实例。如为抵债、抵押、房屋拆迁目的的估价，应选取一般买卖的交易实例作为可比实例。

三、建立比较基础

在对比较实例进行修正前，应先把各比较实例的成交价格调整为在比较实例之间、比较实例与待估房地产之间具有可比基础的价格。建立比较基础是使可比实例成交价格与估价对象价值与价格之间、各个可比实例的成交价格之间口径一致、相互可比的处理。如统一调整为土地单价或楼面地价、统一调整为建筑面积或使用面积、统一调整为以人民币表示或以美元表示。

建立比较基础通常包括以下内容。

1. 统一房地产范围

在寻找可比实例时，有时很难直接选取到与估价对象范围完全相同的类似房地产。因此，需要对可比实例和估价对象进行范围一致的对比，来消除范围上的差异带来的价格上的差异。

在实际的估价活动中，房地产范围的不同可能存在下列几种情况：

第一种是带有债权债务的房地产，如可比实例可能设立了抵押权、存在欠费等情况。这种情况的换算方式为

房地产价格＝带有债权债务的房地产价格－债权＋债务

第二种是可比实例交易价格中含有非房地产成分，如交易实例附送有家电或其他有利的因素。这种情况的换算方式为

房地产价格＝含有非房地产成分的房地产价格－非房地产成分的价格

第三种是房地产实物范围不同，如某些交易实例是带有可用夹层、可封闭阳台或可使用露台等。这种方式需要对可比实例或估价对象的成交价格进行加价或减价处理。

2. 统一付款方式

由于房地产价值量大，因此房地产的成交价格往往采用分期付款的方式支付。由于付款期限的长短不同，付款数额在付款期内的分布不同，即使名义价格相同，实际价格也会有所不同。所以，要将分期付款可比实例的成交价格修正为在其成交日期时一次付清的价格。具体方法是资金时间价值中的折现计算。

3. 统一采用单价

通常为单位面积上的价格。单价可以分为土地单价、建筑物单价、房地单价、楼面地价等。

4. 统一币种和货币单位

房地产价格有时用人民币作为货币单位，有时用美元、港元作为货币单位，在比较修正以前都要把它们换算成统一的货币单位（一般以人民币作为基准）。在通常情况下，采用交易日期时的市场汇价来进行不同币种之间的价格换算，但如果先按原币种的价格进行交易日期修正，则对进行了交易日期修正后的价格，应采用价值时点时的市场汇价来换算。

5. 统一面积单位

在我国大陆通常采用平方米作为面积单位（土地的面积单位有时采用公顷、亩）。其他面积单位有平方英尺、坪等。平方米与亩、公顷、平方英尺、坪之间的换算如下：

平方米下的价格＝亩下的价格÷666.67

平方米下的价格＝公顷下的价格÷10000

平方米下的价格＝平方英尺下的价格×10.764

平方米下的价格＝坪下的价格×0.303

6. 统一面积内涵

面积内涵包括建筑面积和使用面积等，估价时要换算成相同内涵的面积。它们之间的换算如下：

$$\text{建筑面积下的价格}=\text{使用面积下的价格}\times\frac{\text{使用面积}}{\text{建筑面积}}$$

$$\text{使用面积下的价格}=\text{建筑面积下的价格}\times\frac{\text{建筑面积}}{\text{使用面积}}$$

【例 4-1】 有甲、乙两宗交易实例，甲交易实例的建筑面积 $100m^2$，成交总价 80 万元人民币，分两期付款，首付 40 万元，余款 40 万元于一年后付清。乙交易实例的使用面积 $1000ft^2$，成交总价 15 万美元，于成交时一次付清。如果选取此两宗交易实例为可比实例，在对其成交价格作有关修正之前应先做哪些处理？

【答案】1）统一付款方式。如果以在成交日期时一次付清为基准，假设当时人民币的年利率为 5%，则

$$\begin{aligned} \text{甲总价} &= \left(40 + \frac{40}{1+5\%}\right)\text{万元(人民币)} \\ &= 78.095\ \text{万元(人民币)} \end{aligned}$$

$$\text{乙总价} = 15\ \text{万(美元)}$$

2）统一采用单价。

$$\text{甲单价} = \frac{780950}{100}\text{元}/m^2\ (\text{人民币/建筑面积}) = 7809.50\ \text{元}/m^2\ (\text{人民币/建筑面积})$$

$$\text{乙单价} = \frac{150000}{1000}\text{元}/ft^2\ (\text{美元/使用面积}) = 150\ \text{元}/ft^2\ (\text{美元/使用面积})$$

3）统一币种和货币单位。如果以人民币元为基准，则需要将乙交易实例的美元换算为人民币元。假设乙交易实例成交当时的人民币与美元的市场汇率为 1 美元＝6.3 元人民币，则

$$\text{甲单价} = 7809.50\ \text{元}/m^2\ (\text{人民币/建筑面积})$$

$$\begin{aligned} \text{乙单价} &= 150 \times 6.3\ \text{元}/ft^2\ (\text{人民币/使用面积}) \\ &= 945\ \text{元}/ft^2\ (\text{人民币/使用面积}) \end{aligned}$$

4）统一面积内涵。如果以建筑面积为基准，另通过调查得知乙交易实例的建筑面积与使用面积之比为 1∶0.75，则

$$\text{甲单价} = 7809.50\ \text{元}/m^2\ (\text{人民币/建筑面积})$$

$$\begin{aligned} \text{乙单价} &= 945 \times 0.75\ \text{元}/ft^2\ (\text{人民币/建筑面积}) \\ &= 708.75\ \text{元}/ft^2\ (\text{人民币/建筑面积}) \end{aligned}$$

5）统一面积单位。如果以平方米为基准，由于 $1m^2 = 10.764ft^2$，则

$$\text{甲单价} = 7809.50\ \text{元}/m^2\ (\text{人民币/建筑面积})$$

$$\begin{aligned} \text{乙单价} &= 708.75 \times 10.764 \\ &= 7628.99\ \text{元}/m^2\ (\text{人民币/建筑面积}) \end{aligned}$$

四、进行交易情况修正

1. 交易情况修正的含义

交易情况修正是排除交易行为中的某些特殊因素所造成的可比实例的成交价格偏差，将其成交价格修正为正常价格。

2. 造成成交价格偏差的因素

由于房地产的特殊性和房地产市场的不完全性，交易价格往往在交易过程中受当时当地一些特殊因素的影响而发生偏差，不宜直接作为基准用于估价对象，必须预先对交易中的某些不正常情况加以修正，使其成为正常的交易价格后，才能作为估价对象价格的比准值。

造成成交价格偏差的因素概括起来主要有：

1）有利害关系人之间的交易。如父子之间、亲友之间、有利害关系的公司之间、公司与其职工之间的房地产交易，成交价格通常低于正常的市场价格。

2）急于出售或者购买情况下的交易。如为偿还债务急于出售，其成交价格往往偏低；相反，急于购买的，成交价格往往偏高。

3）受债权债务关系影响的交易。如附带着抵押、典当或拖欠工程款等的交易。

4）交易双方或一方获取的市场信息不完全。如果买方不了解市场信息，盲目购买，成交价格往往偏高；如卖方不了解市场信息，盲目出售，成交价格往往偏低。

5）交易双方或一方有特别动机或特别偏好的交易。如买方或卖方对其所买卖的房地产有特别的爱好、感情，买方执意要购买，或者卖方惜售，其成交价格往往偏高。

6）相邻房地产的合并交易。相邻房地产的合并交易的成交价格往往要高于其单独存在、与其不相邻者交易时的正常市场价格。

7）特殊方式的交易。如以拍卖、招标等方式成交的价格往往导致非正常价格，一般拍卖价格多高于正常市场价格；招标则注意其整体方案效用，故招标的成交价格可能偏高，也可能偏低。

8）交易税费非正常负担的交易。在房地产交易中往往需要缴纳一些税费。按照有关规定，有的税费如增值税、土地增值税应由卖方缴纳；有的税费如契税、补交土地使用权出让金应由买方缴纳；有的税费如印花税、交易手续费应由双方各负担一部分。正常的成交价格是指在买卖双方各自缴纳自己应缴纳的交易税费下的价格。但在现实交易中，往往出现本应由卖方缴纳的税费如土地增值税，买卖双方协议由买方缴纳；或者本应由买方缴纳的税费如契税，买卖双方协议由卖方缴纳等。这些都会造成交易价格的不正常。

以上各种特殊交易情况都需要修正。如何进行修正，修正多少，要根据具体情况而定。有些可以通过计算得出，有些则需要测定特殊交易情况使正常价格发生偏差的程度如何。

3. 交易情况修正的方法

有上述特殊交易情况的交易实例不宜选为可比实例，但当可供选择的交易实例较少而不得不选用时，则应对其进行交易情况修正。

交易情况修正的方法主要有百分率法和差额法。百分率法是将可比实例与估价对象房地产在某一方面的差异折算为价格差异的百分率来修正可比实例价格的方法。差额法是将可比实例与估价对象房地产条件的差异所导致的价格差异大小求出来，并在可比实例的价格上直接加上或减去这一数额，而求得估价对象房地产价格的方法。

实际估价中常采用百分率法进行交易情况修正。采用百分率法进行交易情况修正的一般公式为

$$正常价格=可比实例的成交价格\times 交易情况修正系数$$

在百分率法中，交易情况修正系数应以正常价格为基准来确定。交易情况修正系数$=\dfrac{1}{1\pm S\%}=\dfrac{100}{100\pm S}$，其中，$\pm S\%$是指可比实例的成交价格比其正常价格高低的百分率，当可比实例的成交价格比其正常价格高时，用$+S\%$，反之则用$-S\%$；100 是指正常交易情况下的值，当可比实例的成交价格比其正常价格高时，用 $100+S$，反之则用 $100-S$。

对于交易税费非正常负担的交易，修正时只要调查、了解清楚交易税费非正常负担的情

况，将交易价格调整为依照政府有关规定（无规定的依照当地习惯），交易双方负担各自应负担的税费下的价格。主要是把握以下两点：

正常交易价格－应由卖方负担的税费＝卖方实际得到的价格

正常交易价格＋应由买方负担的税费＝买方实际付出的价格

其中：应由买方负担的税费＝正常交易价格×应由买方负担的税费比率

应由卖方负担的税费＝正常交易价格×应由卖方负担的税费比率

【例 4-2】 某宗房地产交易，买卖双方在合同中写明，买方付给卖方 6790 元/m^2，买卖中涉及的税费均由买方负担。据调查，该地区房地产交易中应由卖方负担的税费为正常交易价格的 7%，应由买方负担的税费为正常交易价格的 5%。求该宗房地产的正常交易价格。

【答案】正常交易价格－应由卖方负担的税费＝卖方实际得到的价格

应由卖方负担的税费＝正常交易价格×应由卖方负担的税费比率

正常交易价格＝卖方实际得到的价格÷(1－应由卖方负担的税费比率)

＝6790 元/m^2÷(1－7%)

＝7301.08 元/m^2

五、进行市场状况调整

1. 市场状况调整的含义

市场状况调整是将可比实例在其成交日期的价格调整到待估房地产价值时点时的价格。

因为可比实例的成交价格是该实例在成交日期时的市场状况下形成的价格，待估房地产的价格是该房地产在价值时点的市场状况下形成的价格。可比实例的成交日期与待估房地产的价值时点往往有一定的差异（通常成交日期早于价值时点），在这段间隔的期间内，如果房地产价格相对稳定就可以不进行交易日期修正；反之，无论房地产价格上涨或下跌，都要进行市场状况调整。经过市场状况调整后，就将可比实例在成交日期时的价格变成了在价值时点时的价格。

2. 市场状况调整的方法

市场状况调整通常采用百分率法来修正，其一般公式为

可比实例在价值时点时的价格＝可比实例在成交日期时的价格×市场状况调整系数

在百分率法中，市场状况调整系数应以成交日期时的价格为基准来确定。假设从成交日期到价值时点可比实例价格上涨（下跌）的百分率为$+T\%$（$-T\%$），则

$$\text{市场状况调整系数}=1\pm T\%$$

或

$$\text{市场状况调整系数}=\frac{100\pm T}{100}$$

市场状况调整的具体方法有价格指数法、价格变动率法，还可以由估价人员根据当地房地产市场情况及自己的经验积累进行判断修正等。

1）利用房地产价格指数进行调整。价格指数有定基价格指数和环比价格指数。如果是以某个固定时期作为基期，称为定基价格指数；如果是以上一时期作为基期，称为环比价格指数。

采用定基价格指数进行市场状况调整的公式为

$$\text{修正到价值时点的可比实例价格}=\text{可比实例在成交日期时的价格}\times\frac{\text{价值时点时的价格指数}}{\text{成交日期时的价格指数}}$$

采用环比价格指数进行市场状况调整的公式为

$$\text{修正到价值时点的可比实例价格}=\text{可比实例在成交日期时的价格}\times\text{成交日期的下一时期的价格指数}\times\text{再下一时期的价格指数}\times\cdots\times\text{价值时点时的价格指数}$$

【例 4-3】 某地区某类房地产 2013 年 7 月至 12 月的价格指数分别为 78.6，75.8，84.0，89.6，93.6，98.4（以 2013 年 1 月为 100）。其中某宗房地产在 2013 年 7 月的价格为 5400 元/m²，对其进行市场状况调整，计算调整到 2013 年 12 月的价格。

【答案】调整到 2013 年 12 月的价格为

$$5400\text{元}/m^2\times\frac{98.4}{78.6}=6760.31\text{元}/m^2$$

【例 4-4】 某地区某类房地产 2013 年 7 月至 12 月的价格指数分别为 94.7，96.7，105.0，109.2，112.5，118.1（均以上个月为 100）。其中某宗房地产在 2013 年 10 月的价格为 6600 元/m²，对其进行市场状况调整，计算调整到 2013 年 12 月的价格。

【答案】调整到 2013 年 12 月的价格为

$$6600\text{元}/m^2\times1.125\times1.181=8768.93\text{元}/m^2$$

2）采用房地产价格变动率进行调整。房地产价格变动率有逐期递增或逐期递减的价格变动率和期内平均上升或下降的价格变动率两种。

采用逐期递增或逐期递减的价格变动率进行市场状况调整的公式为

$$\text{修正到价值时点的可比实例价格}=\text{可比实例在成交日期的价格}\times(1\pm\text{价格变动率})^{\text{期数}}$$

采用期内平均上升或下降的价格变动率进行市场状况调整的公式为

$$\text{修正到价值时点的可比实例价格}=\text{可比实例在成交日期的价格}\times(1\pm\text{价格变动率}\times\text{期数})$$

【例 4-5】 评估某宗房地产 2013 年 9 月末的价格，选取了下列交易实例：成交价格为 6000 元/m²，成交日期为 2012 年 10 月 30 日。另据调查，该类房地产的价格 2012 年 6 月末至 2013 年 5 月末平均每月比上月上涨 1.5%，2013 年 5 月末至 9 月末平均每月比上月下降 2%。对该可比实例进行市场状况调整，计算调整到 2013 年 9 月末的价格。

【答案】调整到 2013 年 9 月末的价格为

$$6000\text{元}/m^2\times(1+1.5\%)^7\times(1-2\%)^4=6142.11\text{元}/m^2$$

【例 4-6】 某可比实例房地产的成交价格为 6000 元/m²，该地区同类房地产价格上涨幅度平均每月为 1.4%，估价日期离交易日期 9 个月。对该可比实例进行市场状况调整，计算调整到估价日期的价格。

【答案】调整到估价日期的价格为

$$6000\text{元}/m^2\times(1+1.4\%\times9)=6756.00\text{元}/m^2$$

3）估价人员根据市场情况及自己的经验积累进行调整。在无房地产价格指数或变动率的情况下，估价人员可以根据当地房地产价格的变动情况和发展趋势及自己的经验积累进行调整。

在实际的市场状况调整中，价格指数或价格变动率的选择要看具体的估价对象和有关情况而定。可供选用的价格指数或价格变动率有：①一般物价指数或变动率。②建筑造价指数或变动率。③建筑材料价格指数或变动率。④建筑人工费指数或变动率。⑤房地产价格指数或变动率。房地产价格指数或变动率又可细分为：全国房地产价格指数或变动率、本地区房地产价格指数或变动率、全国同类房地产价格指数或变动率、本地区同类房地产价格指数或变动率。在上述可供选用的价格指数或价格变动率中，最适用的房地产价格指数或变动率是本地区同类房地产的价格指数或变动率。

六、进行房地产状况调整

1. 房地产状况调整的含义

房地产状况调整是指将可比实例房地产与估价对象房地产进行全面比较，将两者房地产自身状况的差异进行合理对比，将可比实例的房地产状况下的价格调整到估价对象房地产状况下价格。

2. 房地产状况调整的内容

房地产状况可以分为区位状况、实物状况和权益状况，相应的调整分为区位状况调整、实物状况调整和权益状况调整。

（1）区位状况调整的内容

进行区位状况调整时，应将可比实例在自身区位状况下的价格调整为在估价对象区位状况下的价格，且调整的内容应包括位置、交通条件、外部配套设施、周围环境等因素，单套住宅的调整内容还应包括所处楼幢、楼层和朝向。

（2）实物状况调整的内容

进行实物状况调整时，应将可比实例在自身实物状况下的价格调整为在估价对象实物状况下的价格。实物状况调整的内容主要涉及影响房地产价格水平的实物因素，包括土地的实物状况和建筑物的实物状况。土地实物状况调整的内容应包括土地面积、形状、地形、地势、地质条件、开发程度等因素；建筑物实物状况调整的内容应包括建筑规模、建筑结构、设施设备、装饰装修、层高、空间布局、建筑功能、工程质量、外观、新旧程度、物业管理等因素。

（3）权益状况调整的内容

进行权益状况调整时，应将可比实例在自身权益状况下的价格调整为在估价对象权益状况下的价格，且调整的内容应包括规划条件、土地使用期限、共有情况、用益物权设立情况、担保物权设立情况、租赁或占有情况、拖欠税费情况、查封等形式限制权利情况、权属清晰情况等因素。

3. 房地产状况调整的思路和方法

房地产状况调整的基本思路是：首先列出对估价对象这类房地产的价格有影响的房地产状况各方面的因素，包括区位方面的、权益方面的和实物方面的；其次判定估价对象房地产和可比实例房地产在这些因素方面的状况；然后将可比实例房地产与估价对象房地产在这些因素方面的状况进行逐项比较，找出它们之间的差异所造成的价格差异程度；最后根据价格差异程度对可比实例价格进行调整。总的来说，如果可比实例房地产优于估价对象房地产，则应对可比实例价格做减价调整；反之，则应做增价调整。

具体进行房地产状况调整的方法有直接比较调整、间接比较调整和采用比率法进行调整等方法。

（1）直接比较调整

直接比较调整一般是采用评分的办法，以估价对象房地产状况为基准（通常定为100

分），将可比实例房地产状况与它逐项进行比较、打分。如果可比实例房地产状况比估价对象房地产状况差，则打的分数就低于 100；相反，打的分数就高于 100。然后将所得的分数转化为调整价格的比率。直接比较调整参见表 4-2。

表 4-2　房地产状况直接比较表

房地产状况	权重	估价对象	可比实例 A	权重举例	取值举例
因素 1	$f1$	100		20%	102
因素 2	$f2$	100		30%	105
…	…	…		20%	100
因素 n	fn	100		30%	102
综合	1	100		100%	103

采用直接比较进行房地产状况调整的公式为

$$\text{可比实例在自身房地产状况下的价格}\times 100/(\quad)=\text{可比实例在估价对象房地产状况下的价格}$$

上式括号内填写的数字为可比实例房地产状况相对于估价对象房地产状况的得分。

（2）间接比较调整

间接比较调整与直接比较调整相似，所不同的是设想一个标准房地产状况，然后以此标准房地产状况为基准（通常定为 100 分），将估价对象及可比实例的房地产状况均与它逐项进行比较、打分。如果估价对象、可比实例的房地产状况比标准房地产状况差，则打的分数就低于 100；相反，打的分数就高于 100。间接比较调整参见表 4-3。

表 4-3　房地产状况间接比较表

房地产状况	权重	权重举例	标准状况	估价对象（取值举例）	可比实例 A（取值举例）
因素 1	$f1$	20%	100	101	102
因素 2	$f2$	30%	100	103	105
…	…	20%	…	100	100
因素 n	fn	30%	100	104	102
综合	1	100%	100	102	103

采用间接比较进行房地产状况调整的公式为

$$\text{可比实例在自身房地产状况下的价格}\times\frac{100}{(\quad)}\times\frac{(\quad)}{100}=\text{可比实例在估价对象房地产状况下的价格}$$

上式位于分母的括号内应填写的数字为可比实例房地产状况相对于标准房地产状况的得分，位于分子的括号内应填写的数字为估价对象房地产状况相对于标准房地产状况的得分。

（3）采用比率法进行房地产状况调整

采用比率法进行房地产状况调整的一般公式为

$$\text{可比实例在估价对象状况下的价格}=\text{可比实例在自身状况下的价格}\times\text{房地产状况调整系数}$$

其中，房地产状况调整系数应以估价对象状况为基准来确定。假设可比实例在自身状况下的价格比在估价对象状况下的价格高或低的百分率为 $\pm R\%$（价格高时为 $+R\%$；价格低时为 $-R\%$），则房地产状况调整系数为

$$\text{房地产状况调整系数}=\frac{1}{1\pm R\%}$$

另外，土地使用年期调整是房地产权益状况调整中较为特殊的调整，可以单独进行调整。我国实行有限年期的土地使用权有偿使用制度。土地使用年限的长短，直接影响利用土地及房地获得收益的大小。土地的年收益确定以后，土地的使用期限越长，使用土地及房地可获得的收益越多，房地产价格越高。通过使用年期调整，可以消除由于使用年期不同而对房地产价格造成的影响。

土地使用年期调整系数按下列公式计算：

$$k=\frac{1-\frac{1}{(1+r)^m}}{1-\frac{1}{(1+r)^n}}$$

式中 k——土地使用年期调整系数；

r——还原利率；

m——待估对象的剩余使用年期；

n——可比实例在成交日期的剩余使用年期。

土地使用年期调整后的地价=可比实例价格×土地使用年期调整系数

【例 4-7】 如果选择的可比实例成交地价为 2000 元/m²，其土地剩余使用年期为 30 年，而待估地块出让年期为 20 年，土地还原利率为 8%，求年期调整后的地价。

【答案】

$$\text{土地使用年期调整后的地价}=2000\text{ 元/m}^2\times\frac{1-\frac{1}{(1+8\%)^{20}}}{1-\frac{1}{(1+8\%)^{30}}}=1744.24\text{ 元/m}^2$$

进行交易情况修正、市场状况调整、区位状况调整、实物状况调整、权益状况调整时，对可比实例成交价格的单项修正或调整幅度不宜超过 20%，综合修正和调整幅度不宜超过 30%；经修正和调整后的各个可比实例价格中，最高价与最低价的比值不宜大于 1.2。当幅度或比值超出本规定时，宜更换可比实例；当因估价对象或市场状况特殊，无更合适的可比实例替换时，应在估价报告中说明并陈述理由。

七、求取比准价值

（一）求取单个可比实例的比准价值

在完成前面的修正、调整步骤后，按照比较法的思路，需要对交易情况、市场状况、房地产状况三个大方面的调整汇总。以百分率法为例，三个大方面的修正汇总形成下列计算公式：

$$\text{某一可比实例的比准价值}=\text{可比实例成交价格}\times\text{交易情况修正系数}\times\text{市场状况调整系数}\times\text{房地产状况调整系数}$$

（二）求取最终比准价值

按照比较法修正思路，每个可比实例的成交价格经过三方面修正后均会得到一个比准价值。这些比准价值可能存在一些差异，不完全一致，需要综合成一个最终的比准价值，以此作为比较法的估算结果。理论上常用的综合的方法有：

1. 简单算术平均法

简单算术平均法是把修正、调整出的若干个具有同等重要性的价格直接相加，再除以其个数，求出综合价格的方法。例如：可比实例 A、B、C 经比较修正后的价值时点价格分别为 1080 元/m^2、1078 元/m^2、1110 元/m^2，如果认为这三个价格具有同等重要性，则可求得一个综合结果，即：综合结果$=\frac{1080+1078+1110}{3}$元/$m^2$=1089 元/$m^2$。

2. 加权算术平均法

加权算术平均法是在把修正、调整出的各个价格综合成一个价格时，考虑到每个价格的重要程度不同，先赋予每个价格不同的权数，然后综合出一个价格。通常给类似程度较高的可比实例以较大的权数，依此类推。例如：上例中，若认为可比实例 C 与估价对象房地产的情况最接近，A 次之，B 最差，赋予的权数分别为 45%、35%、20%，则可求得一个综合结果，即：综合结果=（1080×35%+1078×20%+1110×45%）元/m^2÷100%=1093 元/m^2。

3. 中位数法

中位数法是把修正出的各个价格按从高到低或从低到高的顺序排列，当项数为奇数时，位于正中间位置的那个价格为综合价格；当项数为偶数时，位于正中间位置的那两个价格的简单算术平均数为综合价格的方法。例如：上例中的三个可比实例的价格按从大到小的顺序排列分别为 C、A、B，即 1110、1080、1078，位于中间位置上的为 B，则可确定综合结果为 1080 元/m^2。

4. 众数法

众数法和中位数法一样，是一种位置平均数法，是指将各总体单位按某一标志排序后整理成分布数列，如果其中有某一标志值出现的次数最多，即为众数值。在房地产估价中，需要选择 10 个以上的可比实例才能用这种方法确定综合结果，目前采用较少。

第三节 比较法应用举例

一、估价对象概况

（一）实物状况描述与分析

1. 土地实物状况描述

估价对象共用土地面积为 534.1 平方米，土地使用权取得方式为出让，共有情况为单独所有，土地用途为住宅，土地形状呈方形，地势坡度小于 10%，地势总体较平坦，土壤地基承载力一般，无不良地质现象，所在土地东临建设六马路，南临建设横马路，西近建设五马路，土地开发程度达到红线内外“五通”即通上水、通下水、通电、通讯和通路，场地平整，地面道路水泥硬化及绿化带。

2. 建筑物实物状况描述

经现场勘查，估价对象所在楼宇为一幢 7 层混合结构楼梯楼，总楼高约 21 米，外墙喷涂料、有一部楼梯上下，设拉闸防盗门、简易木门、木窗，铺地砖，天花与内墙抹灰，内有单独卫生间，室内维护一般，朝向为东南向。

估价对象所在楼宇基础无沉降情况，估价对象室内空间布局合理，采光、通风较好，有噪音，经实地查看，估价对象能正常使用，为基础完好房。

（二）权益状况描述与分析

1. 土地权益状况描述

根据估价委托人提供的《房地产登记簿查册表》复印件记载：估价对象土地性质为国有，土地用途为住宅用地，土地图 22215，幅 77，地号 147-49，土地使用权取得方式为出让，土地使用权终止日期为 2069 年 11 月 1 日，共用地面积为 534.1 平方米，此共有土地面积是整幢楼房的产权人共同使用。

2. 建筑物权益状况描述

根据估价委托人提供的《房地产登记簿查册表》复印件记载：房产登记号为 2009 登记字 11066759 号，建筑面积为 37.7 平方米，其中套内建筑面积为 34.06 平方米，共有情况为单独所有，房屋性质为房改房，规划用途为住宅，共 7 层，结构为混合（乙石），产权人为叶××，占有部分为全部（权属人），权证号码为 557919637 号，房屋所有权性质为所有房产，所有权来历为继承，房屋所有权取得方式为继承，纳税情况为免税。

登记附注：房改售房，房款付清（成本价）。

（三）区位状况描述与分析

1. 位置描述（略）

2. 交通条件描述（略）

3. 周围环境和景观描述（略）

4. 外部配套设施描述（略）

二、估价目的与价值时点

根据本次估价委托人的要求，估价目的是为估价委托人进行投资购买决策提供市场价值参考依据。价值时点为 2013 年 11 月 1 日。

三、估价方法选择

房地产评估最基本的估价方法有比较法、收益法、成本法。估价方法的选择应按照《房地产估价规范》，根据当地房地产市场发育状况并结合估价对象的具体特点及估价目的等，选择适当的估价方法。

估价对象所在区域住宅市场成熟，周边类似房地产成交较活跃，市场交易案例较多，故可采用比较法进行评估。

四、估价技术路线

经过对周边房地产市场的调查，结合估价对象的特点，选取了三个类似房地产作为比较实例，采用比较法进行评估。评估中需要对比较案例的交易情况修正、市场状况修正和房地产状况修正等方面与估价对象进行比较和修正，最终求取待估房地产的价值。

五、比较法测算过程

（一）比较法测算公式

比准单价＝可比实例单价×交易情况修正系数×市场状况调整系数×房地产状况调整系数

（二）选取可比实例

1）根据估价对象区位、权益、实物状况等情况，经估价人员对估价对象附近房地产市场的调查，按时间接近、用途相同、地段相似的原则，确定A、B、C三个可比实例，具体情况见表4-4。

表4-4 可比实例情况表

可比实例	可比实例A	可比实例B	可比实例C
位置	略	略	略
交易情况	二手成交价	二手成交价	二手成交价
交易日期	2013年9月	2013年9月	2013年8月
建筑面积/m^2	48	57	51
所在楼层/总楼层	1/7	1/7	2/7
装修情况	普通装修	简单装修	普通装修
朝向	南	南	南
建筑结构	混合	混合	混合
土地使用权年限	土地使用权终止日期为2069年10月20日	土地使用权终止日期为2069年10月25日	土地使用权终止日期为2069年10月30日
总价/万元	60	58	64
单价/（元/m^2）	12500	10176	12543

2）建立价格比较基础（表4-5）。一般分为统一房地产范围、统一付款方式和统一价格三个方面，经估价人员市场调查，三个实例均为居住用房，按建筑面积计价，总价水平不高，一般采用一次性付款交易方式。

表4-5 可比实例价格比较基础调整表

修正项目	估价对象	可比实例A	可比实例B	可比实例C
统一房地产范围	单套住宅	单套住宅	单套住宅	单套住宅
统一付款方式	一次性付款	一次性付款	一次性付款	一次性付款
统一单位	按建筑面积计价	按建筑面积计价	按建筑面积计价	按建筑面积计价

故可比实例价格比较基础调整系数见表4-6。

表4-6 可比实例价格比较基础修正系数表

修正项目	估价对象	可比实例A	可比实例B	可比实例C
统一房地产范围	0%	0%	0%	0%
统一付款方式	0%	0%	0%	0%
统一单位	0%	0%	0%	0%
合计	0%	0%	0%	0%

（三）交易情况修正

根据估价人员对周边类似房地产调查，可比实例A、B、C均为正常成交价格，不考虑修正。

（四）市场状况调整

2013年8月至11月，A市××区估价对象的可比实例住宅的定基价格指数见表4-7。

表 4-7 估价对象的可比实例住宅的定基价格指数表

时间	2013 年 8 月	2013 年 9 月	2013 年 10 月	2013 年 11 月
价格指数	97	100	103	105

可比实例 A 市场状况调整系数

＝价值时点价格指数/可比实例 A 成交时点价格指数

＝105/100＝1.05

可比实例 B 市场状况调整系数

＝价值时点价格指数/可比实例 B 成交时点价格指数

＝105/100＝1.05

可比实例 C 市场状况调整系数

＝价值时点价格指数/可比实例 C 成交时点价格指数

＝105/97＝1.08

(五) 房地产状况调整

1. 区位状况

区位状况描述（略）。

三个可比实例与估价对象区域因素大致相同，不需要进行修正。

2. 实物状况

(1) 土地实物状况分析 土地实物状况分析见表 4-8 和表 4-9。

表 4-8 土地实物状况调整项目表

修正项目	估价对象	可比实例 A	可比实例 B	可比实例 C
占地面积	一般	较大	较大	较大
土地形状	规则四边形	较规则	较规则	较规则
地形地势	地势平坦，坡度小于 10%	地势平坦，坡度小于 10%	地势平坦，坡度小于 10%	地势平坦，坡度小于 10%
地质地基	地基承载力一般，无不良地质现象	地基承载力一般，无不良地质现象	地基承载力一般，无不良地质现象	地基承载力一般，无不良地质现象
基础设施完善度	五通即：通上水、通下水、通电、通讯、通路	五通即：通上水、通下水、通电、通讯、通路	五通即：通上水、通下水、通电、通讯、通路	五通即：通上水、通下水、通电、通讯、通路
场地平整程度	地面平整，地面道路水泥硬化	地面平整，地面道路水泥硬化	地面平整，地面道路水泥硬化	地面平整，地面道路水泥硬化

表 4-9 土地实物状况调整系数表

修正项目	估价对象	可比实例 A	可比实例 B	可比实例 C
占地面积	0%	+2%	+2%	+2%
土地形状	0%	−2%	−2%	−2%
地形地势	0%	0%	0%	0%
地质地基	0%	0%	0%	0%
基础设施完善度	0%	0%	0%	0%
场地平整程度	0%	0%	0%	0%
合计	0%	0%	0%	0%

（2）建筑物实物状况　建筑物实物状况包括建筑结构、楼层、层高、评估楼层、室内装修、朝向、成新率、采光通风、噪音、设备设施、平面布置、物业管理、建筑面积等因素，见表 4-10 和表 4-11。

表 4-10　建筑物实物状况调整项目表

修正项目	估价对象	可比实例 A	可比实例 B	可比实例 C
建筑结构	混合结构	混合结构	混合结构	混合结构
总楼层	7 层	7 层	7 层	7 层
层高	约 3m	约 3m	约 3m	约 3m
评估楼层	第 5 层	第 1 层	第 1 层	第 2 层
室内装修	简单装修（简易木门，铺地砖，天花、内墙抹灰，设有卫生间，室内维护一般）	普通装修（实木门，铺地砖，天花、内墙刷乳胶漆，设有卫生间，室内维护较好）	简单装修（简易木门，铺地砖，天花、内墙抹灰，设有卫生间，室内维护一般）	普通装修（实木门，铺地砖，天花、内墙刷乳胶漆，设有卫生间，室内维护较好）
朝向	东南	南	南	南
成新率	楼龄约 30 年，外墙面批荡部分脱落，成新率约五成	楼龄约 25 年，外墙面近期刷新，室内维持较好，成新率约六成	楼龄约 25 年，外墙面近期刷新，室内维持较好，成新率约六成	楼龄约 25 年，外墙面近期刷新，室内维持较好，成新率约六成
采光通风	日照较充足，通风性较好	楼层较低，日照、通风性一般	楼层较低，日照、通风性一般	楼层稍低，日照、通风性稍好
噪音	临近马路，车流量大，受噪音影响	临近马路，车流量小，受噪音较小	临近马路，车流量大，受噪音影响	位于大院内部，噪音小
设备设施	供水、排水、供电设施齐备，楼梯上下	供水、排水、供电设施齐备，楼梯上下	供水、排水、供电设施齐备，楼梯上下	供水、排水、供电设施齐备，楼梯上下
平面布局	布局合理	一房一厅	二房一厅	一房一厅
物业管理	无	无	无	无
建筑面积/m^2	37.7	48	57	51

表 4-11　建筑物实物状况调整系数表

修正项目	估价对象	可比实例 A	可比实例 B	可比实例 C
建筑结构	0%	0%	0%	0%
总楼层	0%	0%	0%	0%
层高	0%	0%	0%	0%
评估楼层	0%	−6.8%	−6.8%	−3.8%
室内装修	0%	+5%	0%	+5%
朝向	0%	−5%	−5%	−5%
成新率	0%	+3%	+3%	+3%
采光通风	0%	−2%	−2%	−1%
噪音	0%	+2%	0%	+3%
设备设施	0%	0%	0%	0%
平面布局	0%	0%	+1%	0%
物业管理	0%	0%	0%	0%
建筑面积	0%	+1%	+2%	+1%
合计	0%	−2.8%	−7.8%	+2.2%

3. 权益状况修正

三个可比实例与估价对象土地、建筑物权益状况大体一致，不需调整，见表4-12。

表4-12　权益状况调整系数表

修正项目	估价对象	可比实例A	可比实例B	可比实例C
合计	0%	0%	0%	0%

4. 房地产状况调整汇总（表4-13）

表4-13　房地产状况调整系数表

修正项目	估价对象	可比实例A	可比实例B	可比实例C
区位状况	0%	0%	0%	0%
实物状况	0%	−2.8%	−7.8%	+2.2%
权益状况	0%	0%	0%	0%
合计	0%	−2.8%	−7.8%	+2.2%

（六）求取比准价值（表4-14）

表4-14　可比实例比准价值汇总表

项　　目	可比实例A	可比实例B	可比实例C
名称	略	略	略
建筑面积/m^2	48	57	51
总价/万元	60	58	64
建立比较基准	100/(100+0)	100/(100+0)	100/(100+0)
建立比较基准后/（元/m^2）	12500	10176	12543
交易情况修正系数	100/(100+0)	100/(100+0)	100/(100+0)
市场状况修正系数	(100+5)/100	(100+5)/100	(100+8)/100
房地产状况修正系数	100/(100−2.8)	100/(100−7.8)	100/(100+2.2)
单个可比实例的比准价值/（元/m^2）	13503	11589	13255

经估价人员专业分析，上述影响因素应作为比较法中对估价对象与可比实例进行修正的因素，经上述因素修正后的比准价格能客观、公正、科学、全面地反映估价对象的市场价值。

（七）确定估价对象的客观合理价值

根据对三个可比实例价格的修正、调整，采用简单算术平均法确定估价对象的客观合理价值为

评估对象单价＝(可比实例A的比准价值＋可比实例B的比准价值＋可比实例C的比准价值)÷3

＝(13503＋11589＋13255）元/m^2÷3＝ 12782元/m^2

评估对象总价值＝12782元/m^2×37.7m^2＝481881元

本章小结

比较法是选取一定数量的可比实例，将它们与估价对象比较，根据其间的差异对可比实例成交价格进行处理后得到估价对象价值或价格的方法。采用比较法测算出的估价对象价值或价格称为比较价值。这一估价方法的理论依据是房地产价格形成的替代原理。

比较法适用于房地产市场发达、活跃和完善的地区，而且有广泛市场交易的房地产类型；对于很少交易的房地产，则不宜采用比较法估价。比较法适用的条件是在同一地区或同一供求范围内的类似地区中，与待估房地产相类似的房地产交易实例较多。

比较法的操作步骤是：搜集交易实例；选取可比实例；建立比较基础；进行交易情况修正；进行市场状况调整；进行房地产状况调整；求取比准价值。

本章练习题

一、单选题（每题的备选答案中只有一个最符合题意）

1. 某宗地的面积为 1000m²，采用比较法进行评估。通过三宗可比实例求出的比准价格分别为 2130 元/m²，2190 元/m² 和 2220 元/m²，如果赋予这三个价格的权重分别为 0.3，0.4 和 0.3，则采用加权算术平均法得到的比准价格为（　　）元/m²。

A. 2160　　B. 2175　　C. 2181　　D. 2205

2. 甲、乙两宗相邻土地，价格均为 50 万元，若将该两宗土地合并为一宗土地，合并后的市场价格为 150 万元。在这种情况下，如果乙宗地的拥有者购买甲宗地，则甲宗地的拥有者合理的索价范围是（　　）元。

A. 0～50 万　　B. 50 万～75 万　　C. 50 万～100 万　　D. 100 万～150 万

3. 某套 200m²、单价 4000 元/m² 的住宅，要求成交时首付 20 万元，余款在 3 年内分 3 期支付，每期末支付 20 万元。如果折现率为 5%，则该套住宅的实际价格为（　　）万元。

A. 71.84　　B. 74.47　　C. 75.23　　D. 80.00

4. 某房地产 2013 年 4 月的价格为 6500 元/m²，已知该类房地产 2013 年 3 月至 10 月的价格指数分别为 105.53、103.85、100.04、99.86、98.28、96.45、92.17、90.08（均以上个月为基数 100），该房地产 2013 年 10 月的价格为（　　）元/m²。

A. 5110.51　　B. 5307.26　　C. 5549.95　　D. 5638.13

5. 下列土地状况中，不属于土地权益状况的是（　　）。

A. 土地使用期限　　B. 土地使用管制　　C. 土地面积大小　　D. 土地权利性质

6. 评估某底层商铺的价格时，估价师选取的可比实例甲和乙均为底层商铺，丙为二层商铺（其成交价格经调整后为底层商铺价格），在求取最终价格时，对甲、乙、丙三个可比实例比准价格依次选取的权重，最合适的是（　　）。

A. 0.4、0.4、0.2　B. 0.3、0.4、0.3　C. 0.4、0.2、0.4　D. 0.4、0.3、0.3

二、多选题（每题的备选答案中，有两个或两个以上符合题意的答案）

1. 下列关于可比实例的说法中，正确的有（　　）。

A. 可比实例一定是交易实例

B. 可比实例不一定是交易实例

C. 交易实例一定是可比实例

D. 交易实例不一定是可比实例

E. 可比实例可以是交易实例，也可以不是交易实例

2. 选取可比实例时，应符合的要求包括（　　）等。

A. 可比实例与估价对象所处的地区必须相同

B. 可比实例的交易类型与估价目的吻合

C. 可比实例的规模与估价对象的规模相当

D. 可比实例的成交价格是正常价格或可修正为正常价格

E. 可比实例大类用途与估价对象的大类用途相同

3. 运用比较法时，估价人员根据基本要求选取可比实例后，需要建立价格可比基础，主要包括(　　)等。

A. 统一采用总价　B. 统一采用单价

C. 统一币种和货币单位　D. 统一面积内涵和大小

E. 统一付款方式

4. 比较法中实物状况比较和调整的内容包括（　　）。

A. 环境　B. 地形地势

C. 外部配套设施　D. 内部基础设施完备程度

E. 装饰装修

5. 下列房地产中，一般情况下适用比较法估价的有（　　）。

A. 标准厂房　B. 房地产开发用地

C. 行政办公楼　D. 写字楼

E. 在建工程

6. 评估某套住宅价格中，进行区位状况调整时，比较、调整的内容包括（　　）等。

A. 环境景观　B. 离市中心距离

C. 朝向　D. 城市规划限制条件

E. 地势

三、判断题（用"√"表示正确，用"×"表示错误）

1. 交易税费非正常负担的房地产交易，其成交价格比正常价格可能偏高也可能偏低。（　　）

2. 对于估价人员搜集的交易实例，只要是估价对象的类似房地产就可以作为可比实例。（　　）

3. 运用比较法求取房地产的价格时，选取的可比实例的规模一般应在估价对象规模的0.5～2范围内。（　　）

4. 在搜集实例资料时，应考察它们是否受到不正常或人为因素的影响，受到这些因素影响的实例资料在估价时不可以采用。（　）

5. 比较法的理论依据是房地产价格形成的替代原理。因此，只要有足够多的类似房地产的交易实例，对其成交价格进行适当处理后得到的结果就可以作为正常市场价格的最佳参照值。（　）

四、简答题

1. 什么是比较法？比较法的理论依据是什么？
2. 比较法的适用范围是什么？
3. 比较法的操作步骤是什么？
4. 选取可比实例应符合哪些要求？
5. 如何确定比较法的最终估价结果？

五、计算题

1. 评估人员采用比较法评估某宗土地在2013年10月31日的市场价值。现搜集到与待估宗地类似的3个交易实例，具体情况见表4-15。

表4-15　可比实例情况表

宗地	成交价格/（元/m^2）	交易时间	交易情况
A	1050	2013年5月	5%
B	1000	2013年7月	1%
C	1080	2013年9月	3%

表中的交易情况是可比实例宗地与待估宗地比较，负号表示可比实例宗地条件比待估宗地条件差，正号表示可比实例宗地条件比待估宗地条件优，数值大小表示对宗地地价的修正幅度。

该城市同类土地2013年5月至10月的价格指数分别为：101，102，103，103，103.8，105（以2013年1月为100）。

房地产状况的比较判断结果见表4-16。

表4-16　房地产状况比较判断结果

房地产状况	权重	估价对象	可比实例1	可比实例2	可比实例3
实物状况	0.3	100	100	110	100
权益状况	0.3	100	105	100	100
区位状况	0.4	100	110	100	103

要求：利用上述资料评估该房地产2013年10月31日的市场价值（计算结果保留到小数点后两位；涉及取平均数时，用简单算术平均法）。

2. 估价对象为一住宅楼，价值时点为2013年12月31日。选取的交易实例情况见表4-17。

表 4-17 交易实例情况表

实例		A	B	C	D	E
成交价格/（元/m^2）		5200	6000	5300	5500	5100
成交日期		2013.4.30	2012.6.30	2013.1.31	2011.7.31	2013.5.31
交易情况		+2%	+23%	0	0	−3%
房地产状况	区位状况	0	−3%	+3%	+1%	0
	权益状况	−2%	0	+2%	−1%	−1%
	实物状况	−4%	−5%	−2%	+2%	+1%

上表中，交易情况、房地产状况中的各正、负值都是按直接比较所得结果。其中，房地产状况中的三个方面因素产生的作用程度相同。另据调查得知：从 2011 年 7 月 1 日至 2012 年 1 月 1 日该类住宅楼市场价格每月比上月递增 1.5%，其后至 2012 年 11 月 1 日则每月比上月递增 1%，而从 2012 年 11 月 1 日至 2013 年 4 月 30 日每月比上月递减 0.5%，以后每月比上月递增 0.5%。

要求：根据估价相关要求选取最合适的 3 个交易实例作为可比实例，并估算该住宅楼 2013 年 12 月 31 日的正常市场价格（最后估价结果用简单算术平均法计算，以元为单位，保留到小数点后两位）。

第五章

收 益 法

章前引言

根据预期收益原理，决定房地产当前价值的不是过去的因素而是未来的因素，也就是说，房地产当前的价值通常不是基于历史价格、开发建设已花费的成本或者过去的房地产市场状况，而是基于市场参与者对房地产未来所能带来的收益或者能够获得的满足程度等的预测。因此，对于有收益或有潜在收益并且收益和风险都能量化的房地产价值评估，适宜把收益法作为一种估价方法。

本章主要介绍收益法的含义、理论依据、适用范围、估价操作步骤、估价公式、收益法计算中各项经济指标的确定。

学习目标

1. 了解收益法的理论依据和适用范围。

2. 掌握净收益的基本计算公式、出租型房地产净收益的求取方法及报酬率的确定方法。

3. 熟悉收益法的概念、操作步骤和计算公式。

第一节 收益法的基本原理

一、收益法的概念

收益法又称收益资本化法、收益现值法。在收益法用于土地估价时，一般又称为地租资本化法。

收益法是预计估价对象未来的正常净收益，利用报酬率或资本化率、收益乘数将未来收益转换为价值得到估价对象价值或价格的方法。采用收益法测算出的估价对象价值或价格称为收益价值。

二、收益法的理论依据

收益法的理论依据是房地产价格形成的预期收益原理，即某宗房地产的客观合理价格或价值为该房地产的产权人在拥有该房地产的期间内从中所获得的各年净收益的现值之和。

这是由房地产具有使用长期性的特点决定的。对于购买收益性房地产的投资者而言，占有收益性房地产不仅现在能获得一定的净收益，而且能期望在未来持续地取得这种净收益。为了获得这种收益的权利，投资者现在所愿意支付的价格取决于该房地产未来各年收益大小、收益期限的长短以及所需的投资回报率的预期。当我们把房地产未来收益期间内每年所产生的净收益，按一定的报酬率折算为现在价值的总额，就可以看作是该房地产现时的购买价格。

按照这种方法评估的房地产价格，相当于有这样一个货币额：如果把它存入银行就会源源不断地得到与某一房地产的纯收益相当的利息收入，此时房地产的价格就相当于这一货币额，即

$$\text{利息额（净收益）}=\text{某一货币额}\times\text{利率}$$

$$\text{房地产价格}=\frac{\text{净收益}}{\text{利率}}$$

例如，假设某人有一处房地产，每年可产生5万元的净收益，同时，此人有100万元资金以5%的年利率存入银行，则此投资者每年可以得到5万元的资本利息收入。那么，对此人来说，他所拥有的房地产与100万元的货币等值，可以认为该房地产值100万元。

用具体例子所描述的收益法的基本思想是一种为了便于人们理解的表达，不能涵盖收益法的全部内涵。$\text{房地产价格}=\frac{\text{净收益}}{\text{利率}}$包含这样几个假设：房地产净收益每年不变；资本化率固定，并且获取房地产净收益的风险和获取银行利息的风险相当；收益为无限年期。准确地说，收益法的基本思想可以表述为：将价值时点视为现在，那么在现在购买有一定年限收益的房地产，预示着在其未来的收益年限内可以源源不断地获取净收益，如果现在有某一货币额可与这未来源源不断的净收益的现值之和等值，则这一货币额就是待估房地产的价格。

三、收益法的适用范围

一般而言，收益法只适用于有收益或有潜在收益并且收益和风险都能量化的房地产价格

评估，如商场、写字楼、公寓、旅馆等。对于没有收益的房地产，如政府的物业、学校、公共设施等，或不作出租经营的房地产，如企业自用房地产、住宅等，不宜采用收益法。

收益法还可用于验证比较法、成本法等估价方法的估价结果的可靠性。

四、收益法的估价步骤

运用收益法估价应按下列步骤进行：

1）搜集有关估价对象或类似估价对象房地产的经营收入、费用、投资收益率等相关资料。

2）估算估价对象预期每年的潜在毛收入。

3）估算每年的有效毛收入。

4）估算年经营费用。

5）估算年净收益。

6）选用适当的报酬率。

7）选用适当的计算公式求出收益价格。

五、收益法的估价公式

根据收益法的基本原理，假设净收益和报酬率都已知的条件下，讨论收益法的各种计算公式。有关净收益和报酬率的确定，将在第二节和第四节中介绍。

（一）基本计算公式

根据收益法的基本原理，收益法的基本计算公式为

$$P=\sum_{i=1}^{n}\frac{R_i}{(1+r)^i}$$

$$=\frac{R_1}{(1+r)}+\frac{R_2}{(1+r)^2}+\frac{R_3}{(1+r)^3}+\cdots+\frac{R_{n-1}}{(1+r)^{n-1}}+\frac{R_n}{(1+r)^n}$$

式中 P——评估值；

i——年序号；

R_i——未来第 i 年的预期净收益；

r——报酬率；

n——收益年期，指房地产的收益期限，是从价值时点开始，未来可以获得收益的持续时间。

在该公式中，假设房地产产生的净收益在年度间各不相同，房地产的报酬率固定不变且大于零。如果房地产的收益期限较长，未来各年度不等额的净收益无法准确预测，该公式就只有理论分析的意义，在实务中难以操作。

（二）净收益不变的公式

1. 收益年期为有限年的公式

$$P=A\sum_{i=1}^{n}\frac{1}{(1+r)^i}$$

$$=A\,\frac{(1+r)^n-1}{r(1+r)^n}$$

$$=\frac{A}{r}\left[1-\frac{1}{(1+r)^n}\right]$$

式中 A——年金。

以上公式在估价实务中经常运用。其成立的条件是：

1）净收益每年不变。

2）报酬率固定且大于零。

3）收益年期有限（n年）。

【例 5-1】 某房地产预计未来每年房租净收入均为 20 万元，尚可使用 20 年，若房地产的报酬率为 12%，求该房地产的收益价格。

【答案】该房地产的收益价格为

$$P=\frac{20}{12\%}\times\left[1-\frac{1}{(1+12\%)^{20}}\right]\text{万元}=149\text{ 万元}$$

2. 收益年期为无限年的公式

$$P=\frac{A}{r}$$

该公式成立的条件是：

1）净收益每年不变。

2）报酬率固定且大于零。

3）收益年期无限。

该公式可直接用于估算土地的收益价格，因为土地的收益年期可能是无限期的。

【例 5-2】 某幅土地正常情况下的年净收益为 10 万元，若报酬率为 10%，收益年限为无限年，求该土地的收益价格。

【答案】该土地的收益价格为

$$P=\frac{A}{r}=\frac{10}{10\%}\text{万元}=100\text{ 万元}$$

（三）净收益在前若干年有变化，若干年后保持不变的公式

1. 收益年期为有限年的公式

$$P=\sum_{i=1}^{t}\frac{R_i}{(1+r)^i}+\frac{A}{r(1+r)^t}\left[1-\frac{1}{(1+r)^{n-t}}\right]$$

式中 t——收益年期，指从价值时点开始，房地产净收益有变化的期限。

该公式成立的条件是：

(1) 净收益在 t 年（含第 t 年）以前有变，在 t 年（不含第 t 年）以后保持不变。

(2) 收益年期有限（n 年）。

(3) 报酬率固定且大于零。

【例 5-3】 某土地使用年限尚有 35 年，预计未来前 5 年预期年净收益分别为 50 万元、53 万元、55 万元、56 万元、58 万元，若从第六年开始到第 35 年止，该土地预期年净收益为 60 万元，若土地报酬率为 10%，求该土地的收益价格。

【答案】该土地的收益价格为

$$P=\left\{\frac{50}{1+10\%}+\frac{53}{(1+10\%)^2}+\frac{55}{(1+10\%)^3}+\frac{56}{(1+10\%)^4}+\frac{58}{(1+10\%)^5}+\frac{60}{10\%\times(1+10\%)^5}\times\left[1-\frac{1}{(1+10\%)^{35-5}}\right]\right\}\text{万元}$$

$$= 556 \text{万元}$$

2. 收益年期为无限年的公式

$$P = \sum_{i=1}^{t} \frac{R_i}{(1+r)^i} + \frac{A}{r} \times \frac{1}{(1+r)^t}$$

该公式成立的条件是：

(1) 净收益在 t 年（含第 t 年）以前有变化，在 t 年（不含第 t 年）以后保持不变。

(2) 收益年期无限。

(3) 报酬率固定且大于零。

(四) 净收益按等差级数变化的公式

1. 净收益按等差级数递增，收益年期为有限年的公式

$$P = \left(\frac{A}{r} + \frac{B}{r^2}\right)\left[1 - \frac{1}{(1+r)^n}\right] - \frac{B}{r} \times \frac{n}{(1+r)^n}$$

该公式成立的条件是：

1) 净收益未来第一年为 A，此后按等差级数递增且逐年递增额为 B。

2) 收益年期有限（n 年）。

3) 报酬率固定且大于零。

【例 5-4】 某房地产预计未来第一年的净收益为 200 万元，以后每年的净收益将在上一年的基础上递增 3 万元，收益年限为 20 年，该类房地产的报酬率为 15%，求该房地产的收益价格。

【答案】该房地产的收益价格为

$$P = \left\{\left(\frac{200}{15\%} + \frac{3}{(15\%)^2}\right) \times \left[1 - \frac{1}{(1+15\%)^{20}}\right] - \frac{3}{15\%} \times \frac{20}{(1+15\%)^{20}}\right\} \text{万元}$$

$$= 1353 \text{万元}$$

2. 净收益按等差级数递增，收益年期为无限年的公式

$$P = \frac{A}{r} + \frac{B}{r^2}$$

该公式成立的条件是：

1) 净收益未来第一年为 A，此后按等差级数递增且逐年递增额为 B。

2) 收益年期无限。

3) 报酬率固定且大于零。

【例 5-5】 某房地产预计未来第一年的净收益为 200 万元，以后每年的净收益将在上一年的基础上递增 3 万元，收益年限为无限年，该类房地产的报酬率为 15%，求该房地产的收益价格。

【答案】该房地产的收益价格为

$$P = \left[\frac{200}{15\%} + \frac{3}{(15\%)^2}\right] \text{万元} = 1467 \text{万元}$$

3. 净收益按等差级数递减，收益年期为有限年的公式

$$P = \left(\frac{A}{r} - \frac{B}{r^2}\right)\left[1 - \frac{1}{(1+r)^n}\right] + \frac{B}{r} \times \frac{n}{(1+r)^n}$$

该公式成立的条件是：

1）净收益未来第一年为 A，此后按等差级数递减且逐年递减额为 B。

2）收益年期有限（n 年），且 $n\leqslant\frac{A}{B}+1$。

3）报酬率固定且大于零。

在净收益按等差级数递减的情况下，不存在收益年期为无限年的计算公式。因为资产产权主体会根据替代原则，在资产收益递减为零以前停止使用该资产或变现资产。

（五）净收益按等比级数变化的公式

1. 净收益按等比级数递增，收益年期为有限年的公式

$$P=\frac{A}{r-s}\left[1-\left(\frac{1+s}{1+r}\right)^{n}\right]$$

该公式成立的条件是：

1）净收益未来第一年为 A，此后按等比级数递增且逐年递增比率为 s。

2）收益年期有限（n 年）。

3）报酬率固定不变，且 $r>s>0$。

【例 5-6】 某房地产预计未来第一年净收益为 200 万元，今后每年的净收益按 2%的比率递增。已知该房地产的土地使用权年限为 40 年，目前已使用 10 年，若报酬率为 11%，求该房地产的收益价格。

【答案】该房地产的收益价格为

$$P=\frac{200}{11\%-2\%}\times\left[1-\left(\frac{1+2\%}{1+11\%}\right)^{40-10}\right]\text{万元}=2046\text{ 万元}$$

2. 净收益按等比级数递增，收益年期为无限年的公式

$$P=\frac{A}{r-s}$$

该公式成立的条件是：

1）净收益未来第一年为 A，此后按等比级数递增且逐年递增比率为 s。

2）收益年期无限。

3）报酬率固定不变，且 $r>s>0$。

【例 5-7】 某幅土地预计未来第一年的净收益为 20 万元，以后每年的净收益将在上一年的基础上递增 2%，收益年限为无限期，该类房地产的报酬率为 12%，求该土地的收益价格。

【答案】该土地的收益价格为

$$P=\frac{20}{12\%-2\%}\text{万元}=200\text{ 万元}$$

3. 净收益按等比级数递减，收益年期为有限年的公式

$$P=\frac{A}{r+s}\left[1-\left(\frac{1-s}{1+r}\right)^{n}\right]$$

该公式成立的条件是：

1）净收益未来第一年为 A，此后按等比级数递减且逐年递减比率为 s。

2）收益年期有限（n 年）。

3）报酬率固定且大于零。

4）$0<s\leqslant1$。

【例 5-8】 某房地产预计未来第一年的净收益为 200 万元，由于建筑物逐年折旧，以后每年的净收益将在上一年的基础上递减 2%，该房地产的剩余使用年限为 20 年，如果该房地产的报酬率为 15% ，求该房地产的收益价格。

【答案】该房地产的收益价格为

$$P=\frac{200}{15\%+2\%}\times\left[1-\left(\frac{1-2\%}{1+15\%}\right)^{20}\right]\text{万元}=1129\text{ 万元}$$

4. 净收益按等比级数递减，收益年期为无限年的公式

$$P=\frac{A}{r+s}$$

该公式成立的条件是：

1）净收益未来第一年为 A，此后按等比级数递减且逐年递减比率为 s。

2）收益年期无限。

3）报酬率固定不变，且 $r>s>0$。

（六）预知未来若干年后房地产价格的公式

$$P=\frac{A}{r}\left[1-\frac{1}{(1+r)^t}\right]+\frac{P_t}{(1+r)^t}$$

该公式成立的条件是：

1）净收益在第 t 年（含 t 年）前保持不变。

2）预知房地产在第 t 年末的价格为 P_t。

3）报酬率固定且大于零。

预知未来若干年后房地产价格的公式适用条件：

一是适用于房地产目前的价格难以确定，但根据发展前景比较容易预测其未来的价格，特别是在某地区将会出现较大改观或者房地产市场行情预期有较大变化的情况下。

二是对于收益期限较长的房地产，有时不是按照其收益期限来估价，而是先确定一个合理的持有期，然后预测持有期间的净收益和持有期末的价值，再将它们折算为现值。

【例 5-9】 某出租的旧办公楼的租约尚有 2 年到期，在最后 2 年的租约中，每年可收取净租金 80 万元，到期后要拆除作为商业用地。预计作为商业用地的价值为 1100 万元，拆除费用为 50 万元，该类房地产的报酬率为 10%。请计算该旧办公楼的价值。

【答案】该旧办公楼的价值为

$$P=\left\{\frac{80}{10\%}\times\left[1-\frac{1}{(1+10\%)^2}\right]+\frac{1100-50}{(1+10\%)^2}\right\}\text{万元}$$
$$=1006.61(\text{万元})$$

【例 5-10】 某写字楼过去的市场价格是 12000 元 / m^2，目前房地产市场不景气，其市场租金为每天 3 元 / m^2。该类写字楼的净收益为市场租金的 70%。预测房地产市场 3 年后会回升，那时该写字楼的市场价格将达 12500 元 / m^2，转让该写字楼的税费为市场价格的 6%。如果投资者要求该类投资的报酬率为 10%，请计算该写字楼目前的价值。

【答案】该写字楼目前的价值为

$$P=\frac{A}{r}\left[1-\frac{1}{(1+r)^n}\right]+\frac{P_n}{(1+r)^n}$$

$$=\left\{\frac{3\times365\times70\%}{10\%}\times\left[1-\frac{1}{(1+10\%)^3}\right]+\frac{12500(1-6\%)}{(1+10\%)^3}\right\}\text{元}/\text{m}^2$$
$$=10734\text{元}/\text{m}^2$$

第二节　净收益的确定

一、净收益的概念

净收益是指归属于房地产的除去各种费用后的收益，一般以年为单位计算。

在实际经济生活中，以收益为目的的房地产总是与其他生产要素如资金、劳动力、管理等相结合而产生总收益。作为房地产估价依据的收益，是指从总收益中扣除资金、劳动力、管理等生产要素对总收益的贡献程度应该得到的收益部分以及收益中不能由业主自由支配的部分（如需要缴纳的税金），而仅属于房地产所带来的收益。

二、净收益的种类

1. 实际净收益和客观净收益

房地产的实际净收益是指待估房地产在目前的使用状态下所取得的净收益，它与经营者的经营能力、房地产的用途等有很大的关系。在房地产估价中，通常不能把房地产的实际净收益作为收益法评估中的收益额。例如，某城市繁华地段有一块空地，目前没有作任何使用，实际收益为零，甚至为负数（因为要交纳各种税费），但这并不表示该空地无价值。

作为房地产估价依据的净收益应当是客观净收益。房地产的客观净收益是房地产在正常的市场条件下，用于法律允许的最佳利用方向上的净收益。它排除了实际收益中特殊的、偶然的因素对净收益的影响。

2. 有形净收益和无形净收益

房地产的有形净收益是由房地产带来的能够直接用货币来表示的净收益。无形净收益是指由房地产带来的间接利益，如安全感、自豪感、提高个人的声誉和信用、增强企业的融资能力等。严格地说，作为估价依据的净收益不仅包括有形净收益，也应该包括无形净收益。因为无形净收益虽然不直接形成经济利益，但无形净收益能提高房地产投资者的社会名望，而社会名望对经济利益有着重要的影响，可以给人以信任感，促进经济利益的增加。但无形净收益的确定比较困难。

三、净收益的计算

1. 计算净收益的基本公式

净收益＝潜在毛收入－空置等造成的收入损失－运营费用
＝有效毛收入－运营费用

潜在毛收入、有效毛收入、运营费用、净收益通常以年度计算。

潜在毛收入是假设房地产在充分利用、无空置（即100%出租）和收租损失状态下可获得的归因于估价对象的总收入。

有效毛收入是潜在毛收入扣除空置、拖延租金（延迟支付或不支付）以及其他原因造成的收入损失后所得的收入。

运营费用是维持房地产正常生产、经营或使用必须支付的费用及归属于其他资本或经营的收益。

净收益是有效毛收入扣除运营费用后的归属于房地产的净收益。

相关知识链接：

运营费用是从估价角度出发的，与会计上的成本费用有所不同，通常不包括房地产抵押贷款还本付息额、房地产折旧额、房地产改扩建费用和所得税。

2. 不同类型房地产净收益的估算

净收益的具体计算应根据估价对象的收益类型来确定。

（1）出租型房地产净收益的估算　出租的房地产净收益等于其预期租赁收入减去维修费、管理费、保险费、税金等。

租赁收入包括有效毛租金收入和租赁保证金、押金等的利息收入。

在实际估算时，维修费、管理费、保险费、税金是否需扣除，应根据租赁契约确定。如果保证房地产正常使用的费用均由出租方承担，则应将它们全部扣除；如果维修、管理等费用全部或部分由承租方承担，则扣除的项目就不包括这些应由承租方承担的费用。

（2）商业经营型房地产净收益的估算　用于商业经营的房地产净收益等于商品销售收入扣除商品销售成本、经营费用、商品销售税金及附加、管理费用、财务费用和商业利润。

（3）生产型房地产净收益的估算　生产型房地产净收益等于产品销售收入减去生产成本、产品销售费用、销售税金及附加、管理费用、财务费用和厂商利润。

（4）自用或尚未使用的房地产净收益的估算　自用或尚未使用的房地产，可以根据同一市场上有收益的类似房地产的有关资料按上述相应的方式计算净收益，或者通过类似房地产的净收益直接比较得出净收益。

在估算净收益时，应根据净收益在过去、现在、预期未来的变动情况，以及估价对象的可获收益年限，确定估价对象未来各期的净收益流量，并判断净收益流量属于哪种类型，以便选用相应的报酬资本化公式进行计算。

3. 估算房地产净收益应注意的问题

1）作为房地产估价依据的净收益是由房地产产生的。由其他生产要素如资金、管理、经营等发挥作用而产生的收益应予剔除。

2）净收益必须能持续、稳定地产生。也就是说，净收益在时间上是持续产生的，在数据上是稳定的。短期的租赁收入、房地产的一次性转让收入等都不能作为报酬资本化的基础。

3）由于用于估价的房地产净收益是客观净收益，因此估价中采用的潜在毛收入、有效毛收入、运营费用都应采用正常客观的数据。如果利用估价对象本身的资料推算出的潜在毛收入、有效毛收入、运营费用与正常客观情况不符，应进行适当的修正调整，使其成为正常客观的。

4）房地产有租约的，应考虑租约对房地产价格的影响。租赁期限内的租金应采用租约约定的租金，租约期限外的租金应采用正常客观的租金。

【例 5-11】 某商店的土地使用权年限为 40 年，从 2010 年 5 月 1 日起计算。该商店共有两层，每层可出租面积为 $200m^2$。一层于 2011 年 5 月 1 日租出，租赁期限为 5 年，月租金为 180 元/m^2，且每年不变；二层现暂空置。附近类似商场一、二层可出租面积的正常租金分别为 200 元/m^2 和 120 元/m^2，每月的运营费用为月租金的 25%。该类房地产的报酬率为 10%。试估算该商场 2014 年 5 月 1 日带租约出售时的价格。

【答案】商店一层价格的估算：

租约期内年净收益 $=180$ 元/$m^2\times 200m^2\times(1-25\%)\times 12=32.40$ 万元

租约期外年净收益 $=200$ 元/$m^2\times 200m^2\times(1-25\%)\times 12=36.00$ 万元

$$\text{商店一层价格}=\left\{\frac{32.4}{1+10\%}+\frac{32.4}{(1+10\%)^2}+\frac{36.00}{10\%\times(1+10\%)^2}\times\left[1-\frac{1}{(1+10\%)^{40-4-2}}\right]\right\}\text{万元}$$

$$=342.11\text{ 万元}$$

商店二层价格的估算：

年净收益 $=120$ 元/$m^2\times 200m^2\times(1-25\%)\times 12=21.60$ 万元

$$\text{商店二层价格}=\frac{21.60}{10\%}\times\left[1-\frac{1}{(1+10\%)^{40-4}}\right]\text{万元}=209.01\text{ 万元}$$

该商店的正常价格 = 商店一层价格 + 商店二层价格

$=(342.11+209.01)$ 万元

$=551.12$ 万元

第三节 收益年限的确定

一、收益年限的含义

收益年限是估价对象自价值时点起至未来可获收益的年数。

收益年限一般根据建筑物剩余经济寿命和建设用地使用权剩余期限来确定。建筑物剩余经济寿命是指自价值时点起至建筑物经济寿命结束的时间。建筑物经济寿命是指建筑物对房地产价值有贡献的时间，具体是指建筑物自竣工日期起至其对房地产价值不再有贡献之日止的时间。对收益性房地产来说，建筑物经济寿命具体是指建筑物自竣工日期起，在正常市场和运营状态下，房地产产生的收入大于运营费用，即净收益大于零的持续时间。建设用地使用权剩余期限是自价值时点起至建设用地使用权使用期限结束的时间。

二、收益年限的确定

建筑物剩余经济寿命与建设用地使用权剩余期限可能同时结束，也可能不是同时结束。因此，房地产收益年限的确定归纳起来有下列几种情况。

1）对于单独土地和单独建筑物的估价，应分别根据土地剩余使用年限和建筑物剩余经济寿命确定收益年限，选用相应的收益年限为有限年的公式进行计算。

2）对于土地和建筑物合成体的估价对象，如果建筑物剩余经济寿命与建设用地使用权剩余期限同时结束，收益年限为建筑物剩余经济寿命或建设用地使用权剩余期限。

3）对于土地和建筑物合成体的估价对象，如果建筑物剩余经济寿命长于建设用地使用权剩余期限结束。分为两种情况：①出让合同约定建设用地使用权期间届满需要无偿收回建设用地使用权时，根据收回时建筑物的残余价值给予土地使用者相应补偿。对于这种情况，房地产的价值等于以建设用地使用权剩余期限为收益年限计算的房地产价值，加上建设用地使用权剩余期限结束时建筑物的残余价值折算到价值时点的价值。②出让合同约定建设用地使用权期间届满需要无偿收回建设用地使用权时，建筑物也无偿收回。在这种情况下，以建设用地使用权剩余期限为收益年限，选用相应的收益年限为有限年的公式计算房地产的价值。

4）对于土地和建筑物合成体的估价对象，如果建筑物剩余经济寿命短于建设用地使用权剩余期限结束。在这种情况下，房地产的价值等于以建筑物剩余经济寿命为收益年限计算的房地产价值，加上建筑物剩余经济寿命结束后的剩余期限建设用地使用权价值的折现值。

第四节　报酬率的确定

一、报酬率的实质

报酬率是将估价对象未来各年的净收益转换为估价对象价值或价格的折现率。

收益性房地产的购买实际上是一种投资行为，这种投资的资本是购买房地产所支付的价格，这笔投资在将来获得的收益是房地产每年产生的净收益。因此，报酬率实质上是一种资本的投资收益率。对投资行为来说，几乎所有的投资都存在着不同程度的风险。在正常情况下，资本投资收益率的高低与资本投资风险的大小成正相关的关系，即风险大，收益率就高；风险小，收益率也低。例如，期货、股票类投资的风险一般较大，但其收益率也往往较高；而将资本存入银行，风险极小，其收益率也相对较低。

既然报酬率实质上是一种投资的收益率，那么房地产的报酬率原则上应等同于在同等风险条件下给房地产投资者带来同等净收益的资本投资收益率。

不同地区、不同时期、不同类型、不同用途的房地产，投资的风险各不同，因而报酬率也不尽相同。评估时必须根据具体的评估对象类型、用途、地区及评估时市场投资的风险状况等因素确定适合评估对象的报酬率。

二、报酬率的确定方法

报酬率是决定房地产评估价格的关键因素。因为在房地产的净收益既定的情况下，报酬率的微小变化会导致评估结果出现很大的差异。

在房地产估价实践中，主要运用以下方法确定报酬率。

1. 市场提取法

市场提取法是通过搜集市场上三宗以上类似房地产的价格、净收益等资料，选用相应的收益法计算公式，反求出报酬率。

在房地产的收益年限为无限期时，通过公式 $P=\frac{A}{r}$ 转换成 $r=\frac{A}{P}$，求出类似房地产的报酬率 r，然后进行简单算术平均或加权平均求出待估房地产的报酬率。

在房地产的收益年限为有限期时，通过公式 $P=\frac{A}{r}\left[1-\frac{1}{(1+r)^n}\right]$ 转换成 $P-\frac{A}{r}\left[1-\frac{1}{(1+r)^n}\right]=0$ 求出报酬率 r。在手工计算的情况下，先采用试错法试算，计算到一定精度后，再采用线性内插法求取。在利用计算机的情况下，只要输入 P、A、n，其他工作可让计算机来运行完成。

市场提取法以市场数据为依据。在实际估价中，如果房地产市场比较发达，容易获得可靠的市场资料，则市场提取法是一种有效而实用的方法。运用市场提取法求报酬率时，首先要求搜集到近期发生的三宗以上与待估价房地产类似的交易实例。交易实例的区位、大小、已使用年限、目前状况、容积率等都应与待估房地产类似。其次，认真分析初选的交易实例，确保其交易条件符合公开市场原则。如果交易实例中有不正常的融资条件应予以修正。最后，对各交易实例的净收益应予以分析，要考虑交易实例租金是否等于市场租金，其有关费用计算是否正确等。

【例 5-12】 通过可比实例资料求待估房地产的报酬率。

在市场上搜集到与待估房地产类似的交易实例资料，具体见表 5-1。

表 5-1 类似交易实例及相关资料

实 例	净收益/（万元/年）	价格/万元	报酬率（%）
1	35	347	10.09
2	43	435	9.89
3	39	398	9.80
4	28	272	10.29

【答案】假设收益期为无限期，利用公式 $r=\frac{A}{P}$ 分别求出每个交易实例的报酬率（见表 5-1）。如果以上交易实例与待估房地产均具相似性，则可以采用简单算术平均法求出待估房地产的报酬率 r，即

$$r=\frac{10.09\%+9.89\%+9.80\%+10.29\%}{4}=10.02\%$$

2. 安全利率加风险调整值法

安全利率加风险调整值法是以安全利率加上风险调整值作为报酬率的方法，又称为累加法。其计算公式为

报酬率＝安全利率＋风险调整值

安全利率即无风险投资的收益率，一般可以选用同一时期的相对无风险的报酬率去代替安全率。在我国，可选用同一时期定期存款利率或国债利率作为安全利率。

风险调整值应根据评估时估价对象所在地区的经济状况及未来预测、估价对象的用途、新旧程度等，确定出在安全利率基础上增加或减小的风险利率（风险调整值）。具体是将房地产的风险调整值分解成投资风险补偿、管理负担补偿、缺乏流动性补偿和投资带来的优惠，然后确定出它们各自的百分比，最后通过公式求出待估房地产的报酬率。

报酬率＝安全利率＋风险调整值
　　＝安全利率＋投资风险补偿＋管理负担补偿＋缺乏流动性补偿－投资带来的优惠

这种方法对市场要求不高，但是风险调整值的确定主观性较强，不容易掌握。在不考虑时间和地域范围差异的情况下，风险调整值主要与房地产的类型相关，通常情况下，商业零售用房、写字楼、住宅、工业用房的投资风险依次降低，风险调整值也相应下降。

3. 投资收益率排序插入法

投资收益率排序插入法是指找出相关投资类型及其收益率、风险程度，按风险大小排序，将估价对象与这些投资的风险程度进行比较，判断、确定报酬率。

该方法依据的是具有同等风险的投资应该有相似的投资收益率的原理，所以可以通过同等风险投资的收益率来求取估价对象房地产的收益率。其具体步骤是：

1）调查、搜集估价对象所在地区的房地产投资、相关投资的收益和风险程度的资料，如各种类型的银行贷款、存款、政府债券、企业债券、股票以及其他投资的收益率等。

2）将搜集的各种类型投资的收益率按从大到小的顺序排列，制成图表如图 5-1 所示。

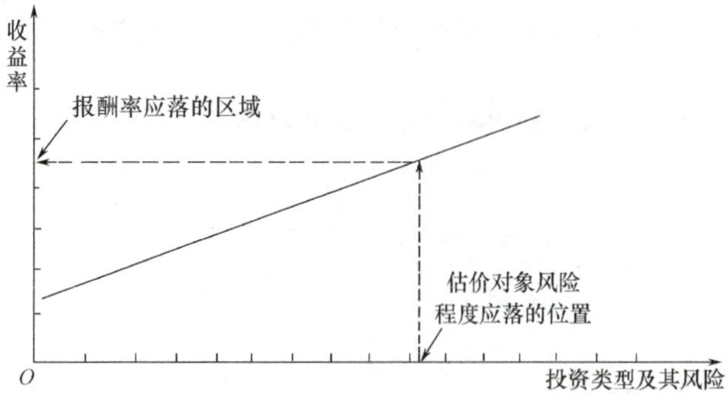

图 5-1　投资收益率排序插入法示意图

3）评估人员将估价对象与这些类型投资的风险程度进行比较，判断估价对象房地产的报酬率应在哪个范围内，从而确定出所要求出的报酬率。

上述各种确定报酬率的方法都带有一定的主观选择性，需要估价人员运用自己掌握的关于报酬率的理论知识、实际估价经验和对当地房地产市场情况的充分了解等，确定出准确可靠的报酬率。

第五节　投资组合技术和剩余技术

一、投资组合技术

投资组合技术主要有土地与建筑物的组合、抵押贷款与自有资金的组合。

（一）土地与建筑物的组合

房地产按照其存在形态可分为土地、建筑物和房地合一的房地产，与其相对应，房地产的资本化率可以分为土地资本化率、建筑物资本化率、房地综合资本化率。

资本化率是房地产未来第一年的净收益与其价值或价格的百分比。

1. 土地资本化率

土地资本化率是将待估土地的预期净收益转化为价值时点时的土地价格的比率。此时的估价对象是单纯的土地，选用的净收益应该是由待估土地产生的。

2. 建筑物资本化率

建筑物资本化率是将待估建筑物的预期净收益转化为价值时点时的建筑价格的比率。此时的估价对象是单纯的建筑物，选用的净收益应该是由待估建筑物产生的。

3. 房地综合资本化率

房地综合资本化率是将待估房地产的预期净收益转化为价值时点时的房地产价格的比率。此时的估价对象是房地综合体，选用的净收益应该是由房地一体产生的。

通常情况下，建筑物的投资风险要高于土地的投资风险，所以建筑物资本化率一般要高于土地资本化率。

4. 土地资本化率、建筑物资本化率、房地综合资本化率之间的关系

在已知建筑物和土地价格以及土地资本化率、建筑物资本化率、房地综合资本化率中的两个资本化率的情况下，土地资本化率、建筑物资本化率、房地综合资本化率之间可以换算，用公式表示为

$$r=\frac{r_L L+r_B B}{L+B}$$

或

$$r_L=\frac{r(L+B)-r_B B}{L}$$

或

$$r_B=\frac{r(L+B)-r_L L}{B}$$

式中 r——房地综合资本化率；

r_L——土地资本化率；

r_B——建筑物资本化率；

L——土地价格；

B——建筑物价格。

【例 5-13】 如果某房地产的房地综合资本化率为 9%，建筑物资本化率为 10%，其中建筑物价格为 3000 万元，地价为 2000 万元，求土地资本化率。

【答案】该土地资本化率为

$$r_L=\frac{9\%\times(2000+3000)\text{万元}-10\%\times3000\text{万元}}{2000\text{万元}}=7.5\%$$

运用上述公式必须确切地知道土地价格和建筑物价格。但实际上只要知道土地价格和建筑物价格分别占房地产总价格的比率，在土地资本化率、建筑物资本化率、房地综合资本化率之间同样可以换算。如果分别用 α、β 表示土地价格、建筑物价格在房地产价格中的比率（$\alpha+\beta=100\%$），则求房地产资本化率的公式为

$$\begin{aligned} r &= r_L\alpha+r_B\beta \\ &= r_L\alpha+r_B(1-\alpha) \\ &= r_L(1-\beta)+r_B\beta \end{aligned}$$

【例 5-14】 某房地产所占土地的价格是其总价格的 30%，土地资本化率为 5%，建筑物资本化率为 7%，求房地产综合资本化率。

【答案】该房地产综合资本化率为

$$r = 30\% \times 5\% + (1-30\%) \times 7\% = 6.4\%$$

（二）抵押贷款与自有资金的组合

投资者购买房地产的资金通常来源于自有资本和银行抵押贷款两部分。在这一前提下，房地产的价格就等于抵押贷款金额与自有资本之和；投资房地产每年获得的净收益应该等于自有资本要求的收益与银行抵押贷款利息之和。由于抵押贷款通常是分期偿还的，所以抵押贷款与自有资本组合通常不是利用抵押贷款利率和自有资本报酬率来求取房地产的资本化率，而是利用抵押贷款常数和自有资本报酬率来求取房地产的综合资本化率，用公式表示为

$$r = Mr_{\mathrm{M}} + (1-M)r_{\mathrm{E}}$$

式中　r——综合资本化率（%）；

M——抵押贷款比率（%），抵押贷款占房地产价值的比率；

r_M——抵押贷款常数；

r_E——自有资本要求的正常收益率（%）。

上述公式中的抵押贷款常数一般采用年抵押贷款常数，它是每年的还款额（还本付息额）与抵押贷款本金的比率。如果抵押贷款是按月偿还的，那么年抵押贷款常数是将每月的偿还额乘以 12，然后除以抵押贷款本金；或者将月抵押贷款常数（每月的偿还额与抵押贷款本金的比率）乘以 12。在分期等额偿还贷款本息的情况下，抵押贷款常数的计算公式为

$$r_{\mathrm{M}} = \frac{Y_{\mathrm{M}}(1+Y_{\mathrm{M}})^n}{(1+Y_{\mathrm{M}})^n - 1} = Y_{\mathrm{M}} + \frac{Y_{\mathrm{M}}}{(1+Y_{\mathrm{M}})^n - 1}$$

式中　Y_{M}——抵押贷款报酬率，即抵押贷款利率（%）；

n——抵押贷款期限。

【例 5-15】 某类房地产在其购买中抵押贷款占 70%，抵押贷款的年利率为 6%，自有资金要求的年收益率为 15%，求该类房地产的资本化率。

【答案】该类房地产的资本化率为

$$\begin{aligned} r &= Mr_{\mathrm{M}} + (1-M)r_{\mathrm{E}} \\ &= 70\% \times 6\% + (1-70\%) \times 15\% \\ &= 8.7\% \end{aligned}$$

【例 5-16】 购买某类房地产，通常抵押贷款占 70%，抵押贷款年利率为 6%，贷款期限为 30 年，按月等额偿还本息，通过可比实例房地产计算出自有资本的正常收益率为 12%，求该类房地产的资本化率。

【答案】该类房地产的资本化率为

$$r_{\mathrm{M}} = \frac{Y_{\mathrm{M}}(1+Y_{\mathrm{M}})^n}{(1+Y_{\mathrm{M}})^n - 1}$$

$$=\frac{\frac{6\%}{12}\times\left(1+\frac{6\%}{12}\right)^{30\times12}}{\left(1+\frac{6\%}{12}\right)^{30\times12}-1}\times12$$

$$=7.19\%$$

$$r=Mr_{\rm M}+(1-M)r_{\rm E}$$

$$=70\%\times7.19\%+(1-70\%)\times12\%$$

$$=8.63\%$$

另外，抵押贷款与自有资金的组合技术还可以帮助房地产投资者就购买某一具体房地产做出投资决策。在投资者自有资本额、自有资本要求的收益率和银行抵押贷款收益率已知并且能够准确地预测某一房地产未来的年净收益的情况下，就可以计算出房地产投资者能够支付的该房地产的最高价格。当房地产卖方的要价低于或等于投资者能够支付的最高价格时，投资者可以考虑购买。

【例 5-17】 某房地产的年净收益为 10000 元，购买者的自有资金为 30000 元，购买者自有资金要求的年收益率为 10%，抵押贷款常数为 0.08，求该房地产的价格。

【答案】 购买者要求的收益额＝30000 元×10%＝3000 元

偿还抵押贷款利息能力＝(10000－3000)元＝7000 元

抵押贷款金额＝7000 元÷0.08＝87500 元

该房地产价格＝(30000＋87500)元＝117500 元

二、剩余技术

在收益法中，根据土地的净收益求取土地的价格，根据建筑物的净收益求取建筑物的价格，或者根据房地一体的净收益求取房地产价格，这是收益法的基本运用。但当需要利用土地与建筑物共同产生的净收益单独求取土地价格或建筑物价格时，则要采用剩余技术。

1. 土地剩余技术

土地剩余技术是从房地一体产生的净收益中，扣除归属于建筑物的净收益，得到归属于土地的净收益，再用土地资本化率进行资本化，从而确定土地价格的方法。

土地剩余技术的估价步骤是：

1）用收益法以外的方法（多数情况下采用成本法）求出建筑物的价格。

2）用建筑物价格乘以建筑物资本化率得到归属于建筑物的年净收益。

3）从房地一体的净收益中扣除建筑物的年净收益，得到归属于土地的年净收益。

4）利用公式求出土地的价格。

在净收益每年不变、可获收益无限期的情况下，土地剩余技术的估价公式为

$$L=\frac{a-Br_{\rm B}}{r_{\rm L}}$$

式中 a——房地一体产生的年净收益。

当净收益每年不变、收益期限为有限年的情况下，土地剩余技术的计算思路是：从房地总收益中扣除有限年期的建筑物净收益，得到土地的净收益，然后利用净收益每年不变、有限年期的公式求取土地的价值。计算过程中需要注意净收益与报酬率的对应关系。

在土地价格难以采用其他方法评估时，土地剩余技术是一种有效的方法。例如，在城市

商业区内的土地，有时缺乏可供比较参照的交易实例，难以采用比较法进行评估，成本法往往也不适用，但存在大量的房产出租、商业经营行为，此时可以采用土地剩余技术估价。此外，使用土地剩余技术时，要求待估房地产的建筑物代表了其基地的最有效使用。比如，要估算一宗市中心商业用地的价格，该商业用地的建筑物仅为三层楼房，显然不是该地块的最有效使用。此时该房地产本身的净收益并不适合求取该土地的价格，因为土地利用不充分，在土地使用方式不变的情况下，会降低土地的价格。

2. 建筑物剩余技术

建筑物剩余技术是从房地一体产生的净收益中，扣除归属于土地的净收益，得到建筑物的净收益，再用建筑物资本化率进行资本化，从而确定建筑物价格的方法。

建筑物剩余技术的估价步骤是：

1）用收益法以外的方法（一般采用比较法）求出土地的价格。

2）用土地价格乘以土地资本化率得到归属于土地的年净收益。

3）从房地一体的净收益中扣除土地的年净收益，得到归属于建筑物的年净收益。

4）利用公式求出建筑物的价格。

在净收益每年不变、可获收益无限期的情况下，建筑物剩余技术的估价公式为

$$B=\frac{a-Lr_{\mathrm{L}}}{r_{\mathrm{B}}}$$

在净收益每年不变、收益期限为有限年的情况下，建筑物剩余技术的计算思路是：从房地总收益中扣除有限年期的土地净收益，得到建筑物的净收益，然后利用净收益每年不变、有限年期的公式求取建筑物的价值。计算过程中需要注意净收益与报酬率的对应关系。

建筑物剩余技术适用于处于最有效使用状态的较新建筑物的估价。对于已陈旧的建筑物，由于房地一体的租金收入或收益较低，以至于租金收入或收益难以满足土地对其净收益的要求，就无法评估建筑物价格。

第六节　收益法应用举例

【案例一】

某房地产在正常情况下每年可获总收益 55 万元，需支出总费用 30 万元。在附近选取了四宗类似房地产，其价格和纯收益见表 5-2。试用所给资料估计该房地产的价格（如需计算平均值，请采用简单算术平均法）。

表 5-2　类似房地产资料

类似房地产	价格/万元	净收益/(万元/年)
A	252	30
B	294	35
C	238	28
D	166	20

【答案】该题的关键是利用类似房地产的净收益和价格资料求取估价对象的报酬率。

1. 按净收益每年不变、收益年限为无限年的公式求该房地产的价格，其公式为

$$P=\frac{A}{r}$$

2. 求估价对象的年净收益

估价对象的年净收益＝(55－30)万元＝25 万元

3. 由所给资料求估价对象的报酬率

$$A\text{ 房地产的报酬率}=\frac{30}{252}=11.90\%$$

$$B\text{ 房地产的报酬率}=\frac{35}{294}=11.90\%$$

$$C\text{ 房地产的报酬率}=\frac{28}{238}=11.76\%$$

$$D\text{ 房地产的报酬率}=\frac{20}{166}=12.05\%$$

估价对象的报酬率＝(11.90%＋11.90%＋11.76%＋12.05%)÷4＝11.90%

4. 求房地产价格

$$\text{房地产价格}=\frac{25}{11.90\%}\text{万元}=210\text{ 万元}$$

【案例二】

某房地产公司于 2012 年底以出让的方式取得一块土地 50 年的使用权，并于两年后建成一座商业用房 。该房地产 2015 年底至 2016 年底分别获得净收益 90 万元、93 万元；预计 2017 年底至 2019 年底每年可获得净收益 93 万元、94 万元、95 万元，从 2020 年底起预计每年的净收益稳定在 95 万元。该类房地产的报酬率为 10%，试利用上述资料计算该房地产 2016 年底的收益价格。

【答案】该题主要是注意区分过去收益和未来收益：房地产的收益价格是未来的净收益折现到价值时点的现值之和。

该房地产 2016 年底的收益价格计算过程如下：

1. 计算公式为

$$P=\sum_{i}^{t}\frac{R_i}{(1+r)^i}+\frac{A}{r(1+r)^t}\left[1-\frac{1}{(1+r)^{n-t}}\right]$$

2. 确定未来各年的预期净收益

$R_1=93$ 万元

$R_2=94$ 万元

$R_3=95$ 万元

$A=95$ 万元

$n=(50-2-2)$ 年 $=46$ 年

$t=3$ 年

3. 该房地产 2016 年底的收益价格为

$$P=\left\{\frac{93}{1+10\%}+\frac{94}{(1+10\%)^2}+\frac{95}{(1+10\%)^3}+\frac{95}{10\%(1+10\%)^3}\times\left[1-\frac{1}{(1+10\%)^{46-3}}\right]\right\}\text{万元}$$

$$=935.5\text{ 万元}$$

【案例三】

一、估价对象概况

待估房地产是一座 2011 年 5 月建成并用于出租的写字楼，总建筑面积 5000m²，建筑结构为钢筋混凝土结构。该房地产所占土地总面积 1000m²，是以出让的方式于 2009 年 5 月取得，土地使用年限为 50 年。

二、估价要求

要求评估该房地产 2014 年 5 月的公平市场价格。

三、估价过程

1. 选择估价方法

该宗房地产是用于出租的写字楼，为收益性房地产，故选用收益法估价。具体是选用收益法中的年净收益和报酬率不变、收益年期有限的估价公式

$$P=\frac{A}{r}\left[1-\frac{1}{(1+r)^n}\right]$$

2. 搜集有关资料

通过调查研究，搜集的资料如下：

1）该写字楼建成时的造价为 8000 元/m²，目前该类写字楼的造价为 9000 元/m²。

2）该写字楼的总建筑面积全部用于出租。当地同类写字楼的租金一般为每天每平方米 3 元，空置率在 10%左右。

3）每年需支付的管理费用一般为年租金的 3.5%；维修费用为建筑物重置价格的 1.5%；房产税为年租金的 12%；其他税为年租金的 6%；保险费为建筑物重置价格的 0.2%。

4）通过安全利率加风险调整值的方法确定该房地产的综合报酬率。安全利率取银行存款利率 3.25%，再根据估价对象所在地区社会经济环境及市场上相似风险的投资所要求的收益率，认为风险调整值取 5.75%比较合理，所以，综合报酬率确定为 9%。

3. 具体计算过程

1）估算年有效毛收入：

年有效毛收入 = 3 元/(d·m²)×365d×5000m²×(1−10%) = 4927500 元

2）估算年运营费用：

年管理费用 = 4927500 元×3.5% = 172463 元

年维修费用 = 9000 元/m²×5000m²×1.5%元 = 675000 元

年保险费用 = 9000 元/m²×5000m²×0.2%元 = 90000 元

年税金=4927500 元×(12%+6%)=886950 元

年运营费用=(172463+675000+90000+886950)元=1824413 元

3) 估算年净收益:

年净收益=年有效毛收入-年运营费用

=(4927500-1824413)元=3103087 元

4) 计算房地产价格。该房地产的剩余使用期限为 45 年,则:

$$房地产价格=\frac{3103087}{9\%}\times\left[1-\frac{1}{(1+9\%)^{45}}\right]元=33765302\ 元$$

四、估价结果

根据计算结果,该房地产在 2014 年 5 月的总价格为 33765302 元,每平方米建筑面积单价为 6753 元。

本章小结

收益法是运用适当的报酬率,将待估房地产的未来正常净收益额转换为价值,从而确定待估房地产在价值时点的客观合理价格或价值的方法。该方法的理论依据是房地产价格形成的预期收益原理,主要用于收益性房地产的估价。

收益法应用的关键是对估价对象年净收益的估算和报酬率的选用。其中,年净收益是有效毛收入扣除运营费用后的归属于房地产的净收益,一般以年为单位计算;而报酬率是将房地产的预期净收益转化为价值时点时该房地产价格的比率,其实质是一种投资收益率。在估价实务中,净收益的具体计算应根据估价对象的收益类型来确定;报酬率的确定可根据估价对象的实际情况选用市场提取法、安全利率加风险调整值法和投资收益率排序插入法。

在净收益不同的情况下,收益法的具体运用方法也有所不同。因此,应根据净收益在过去、现在、预期未来的变动情况,以及估价对象的可获收益年限,确定估价对象未来各期的净收益流量,并判断净收益流量属于哪种类型,以便选用相应的公式进行计算。

本章练习题

一、单选题(每题的备选答案中只有一个最符合题意)

1. 判定一宗房地产是否为收益性房地产,关键是看该房地产(　　)。

A. 目前是否有经济收入　　B. 过去是否带来了经济收益

C. 是否具有产生经济收益的能力　　D. 目前的收入是否大于运营费用

2. 运用收益法评估房地产价值时,要求利用与估价对象所在区域相同或相似房地产的客观收益来推算估价对象预期收益，这主要是依据房地产估价中的（　　）。

A. 合法原则　　B. 最高最佳利用原则

C. 替代原则　　D. 公平原则

3. 某商铺建筑面积为 500m^2，建筑物的剩余经济寿命和剩余土地使用年限为 35 年；市场上类似商铺按建筑面积计的月租金为 120 元/m^2；运营费用率为租金收入的 25%；该类房地产的报酬率为 10%。该商铺的价值为（　　）万元。

A. 521　　B. 533　　C. 695　　D. 711

4. 某宗房地产的用地通过有偿出让方式获得，土地使用期限为 50 年，已使用 10 年，不可续期（土地使用权期满，土地使用权及其他地上建筑物、其他定着物所有权由国家无偿取得），建筑物剩余经济寿命为 55 年。预计该宗房地产正常情况下每年可获得净收益 8 万元，报酬率为 8%，则该房地产的收益价格为（　　）万元。

A. 95.40　　B. 97.87　　C. 98.55　　D. 99.33

5. 某商场的正常月租金按可出租面积计为 40 元/m^2，出租率为 85%，运营费用占有效毛收入的 35%，报酬率为 2%，商场建筑面积为 40000m^2，可供出租的比例为 95%，运营期为 38 年，该商场的收益价值为（　　）万元。

A. 690.40　　B. 8284.79　　C. 8720.83　　D. 9746.81

6. 某宗房地产年净收益为 60 万元，建筑物价值为 200 万元，建筑物报酬率为 12%，土地使用期限为 30 年，土地报酬率为 6%，该房地产的价值为（　　）万元。

A. 489.99　　B. 495.53　　C. 695.53　　D. 800.00

7. 某商场建成于 2009 年 10 月，收益期限从 2009 年 10 月到 2049 年 10 月，预计未来正常运行年潜在毛收入为 120 万元，年平均空置率 20%，年运营费用 50 万元。目前该类物业无风险报酬率为 5%，风险报酬率为安全利率的 60%，则该商场在 2014 年 10 月的价值最接近于（　　）万元。

A. 536　　B. 549　　C. 557　　D. 816

二、多选题（每题的备选答案中，有两个或两个以上符合题意的答案）

1. 收益性房地产的价值主要取决于（　　）。

A. 已经获得净收益的大小　　B. 未来获得净收益的风险

C. 未来获得净收益的大小　　D. 目前总收益的大小

E. 未来获得净收益期限的长短

2. 下列适用于收益法评估其价值的房地产有（　　）。

A. 商业大厦　　B. 政府办公楼　　C. 写字楼　　D. 旅馆

E. 酒店

3. 租赁收入包括（　　）。

A. 有效毛租金收入　　B. 租赁保证金收入

C. 押金收入　　D. 租赁保证金和押金的利息收入

E. 潜在毛租金收入

4. 在运用收益法求取净收益时，要考虑房地产的（　　）。

A. 客观收益　　B. 实际收益　　C. 有形收益　　D. 无形收益

E. 潜在收益

5. 某写字楼的租金为每日每平方米3元，电费、物业管理费由承租人负担，水费、供暖费、房地产税由出租人负担。由该租金减去运营费用求取该写字楼的净收益，应减去的运营费用包括（　　）。

A. 电费　　B. 物业管理费　　C. 水费　　D. 供暖费

E. 房地产税

6. 估价中采用的（　　），除了有租约限制的以外，都应该采用正常客观的数据。

A. 潜在毛收入　　B. 有效毛收入　　C. 运营费用　　D. 净收益

E. 租赁保证金、押金

7. 收益法中确定报酬率的基本方法有（　　）。

A. 市场提取法　　B. 累加法

C. 指数调整法　　D. 投资收益率排序插入法

E. 收益乘数法

三、判断题（用"√"表示正确，用"×"表示错误）

1. 应用收益法评估出租型房地产价格时，净收益的确定必须从租赁收入中扣除维修费、管理费、保险费、房地产税、租赁代理费等。（　　）

2. 房地产收益可分为有形收益和无形收益，无形收益通常难以货币化，难以在计算净收益时予以考虑，但可通过选取较高的报酬率或资本化率予以考虑。（　　）

3. 收益法不限于估价对象本身是否有收益，只要估价对象所属的这类房地产有获取收益的能力即可。（　　）

4. 收益法适用的条件是房地产的净收益和报酬率或资本化率都能量化。（　　）

5. 从全社会来看，报酬率与投资风险负相关，风险大的投资，其报酬率低；风险小的投资，其报酬率高。（　　）

四、简答题

1. 收益法的含义及其理论依据是什么？

2. 收益法的估价步骤是什么？

3. 收益法的各种计算公式及其应用条件分别是什么？

4. 什么是净收益？计算净收益时应注意哪些问题？

5. 如何求取出租型房地产的净收益？

五、计算题

1. 某房地产可用于出租，预计未来的年净收益为25万元，土地的剩余使用年限为30年，建筑物的寿命期为20年，建筑物的净残值不计，在建筑物报废后土地尚能以30万元的价格转让。如果房地综合报酬率为12%，土地报酬率为8%。试根据以上资料估计该房地产的现时价格。

2. 某房地产土地使用年限为40年，从2009年5月1日起计。该房地产1～6层为商场，整体出租，每层$2000m^2$，从2011年5月1日租出，租期为6年，月平均租金为120元/m^2，附近类似商场正常租金为130元/m^2；7～30层为写字楼，每层面积为$1000m^2$，出租率为80%，正常月租金为100元/m^2。商场和写字楼的运营费用率均为30%。该类房地产的报酬率为10%。试根据上述资料估算该房地产2014年5月1日带租约出售时的价格。

3. 某宗出租的房地产，建筑面积为$40000m^2$，容积率为4，土地使用期限为40年，自

2008年10月1日起计算，约定不可续期。建筑物为钢筋混凝土结构，于2010年10月1日建成，可供出租的面积占总建筑面积的70%。根据市场调查得知2013年10月1日该类房地产的租金为每月40元/m^2，年平均空置率为20%，平均每月除税费外的运营费用为30万元，出租人承担的税费约占租金收入的8%，该房地产现时土地单价为2100元/m^2，土地报酬率为8%，建筑物报酬率为10%。请计算该房地产在2013年10月1日的价值。

第六章

成本法

章前引言

成本法是以房地产价格各个组成部分之和为基础来求取房地产价值的方法。这里的“成本”通常包括开发建设中的费用、税费和正常利润。对于那些很少发生交易而限制了比较法的运用，又没有稳定的经济收益或没有潜在经济收益而限制了收益法运用的房地产，如学校、医院、图书馆、公园、行政公用事业用房等，特别适合用成本法估价。成本法主要用于评估建筑物是新的或者比较新的房地产的价值，不宜用于评估建筑物过于老旧的房地产的价值。

本章主要介绍成本法的含义、理论依据、适用范围、估价公式、重新购建价格的确定以及建筑物折旧的估算。

学习目标

1. 了解成本法的理论依据和适用范围。

2. 掌握成本法的估价公式、重新购建价格的含义和建筑物折旧的求取方法。

3. 熟悉成本法的含义、成本法的估价步骤和建筑物折旧的内涵。

第一节　成本法的基本原理

一、成本法的概念

成本法是求取估价对象在价值时点的重新购建价格（重置价格或重建价格），扣除折旧，以此估算估价对象的客观合理价值或价格的方法。成本法求出的估价对象价值或价格称为成本价值。

成本法概念中的“成本”并不是通常意义上的成本，它具有非常独特的含义。首先，这里所说的成本不但包括开发商的开发成本，还包括开发商的应纳税金和应得到的正常利润，它实质上是一种价格，是对于房地产购买者而言所必须支付的全部金额。其次，成本法中的成本不是历史成本或账面成本，而是当前成本，即待估房地产在价值时点的重新建造成本，因此在估价时不能以过去的成本代替价值时点的成本。再次，成本法中的成本不是房地产开发企业在开发房地产过程中实际发生的成本，而是在价值时点的经济、技术条件下重新建造该类房地产所必须花费的正常成本，它可能高于、低于或等于房地产开发所发生的实际成本。这也是成本法与商品房定价不同的地方，商品房定价一般依据某一商品房实际发生的成本来衡量。

二、成本法的理论依据

成本法的理论依据可以从买卖双方的角度加以分析。

从买方的角度看，成本法的理论依据是替代原理。根据替代原理，现有房地产的价格可以由新建一个相同效用的房地产来衡量。对于一个理性的购买者来说，如果市场上的房地产价格高于在当时的市场条件下开发同类房地产的正常代价，他还不如自己开发建设或者委托他人开发建设。因此，买方所预计的重新开发建设房地产所需花费的正常代价是他所愿意支付价格的上限。例如，某房地产是土地和建筑物合一的房地产 ，市场上的报价是 40 万元。买方在确定是否购买该房地产时通常会这样考虑：自己另外购买一块类似的土地，然后在该土地上建造类似的建筑物，如果包括购买土地、建筑安装、内外装修、通水通电通气、在建造过程中应负担的合理税费及正常利润等的所有花费之和为 35 万元，买方就会考虑自己去开发建造一个相同的房地产而不去购买该房地产。当然，如果所购买的房地产中的建筑物是旧的，还要减去建筑物的折旧部分。

从卖方的角度看，成本法的理论依据是生产费用价值论。即房地产的价格是根据其过去的“生产费用”来决定，也就是说开发出来的房地产商品的售价不能低于其开发建造过程中包括各项费用、税金及正常利润在内的全部成本。如果低于这一成本，卖方就要亏本。因此，房地产开发建造过程中的全部成本是卖方愿意接受价格的下限。

那么，一个是不能高于预计的重新开发建设房地产所需花费的正常代价，一个是不低于开发建造过程中已经花费的全部成本，买卖双方可以接受的共同点必然是包括正常费用、税金和利润在内的正常代价。因此，估价人员可以根据开发建设估价对象所需的正常费用、税金和利润之和来估算估价对象的价格。

三、成本法的适用范围

所有房地产的开发建设都要发生一定的成本或费用。因此，从理论上讲，各种房地产均可以从成本或费用角度进行评估。但成本法与其他估价方法相比具有特殊用途，它适用于：

1）无法利用比较法进行估价的狭小市场或欠发达市场或封闭市场上房地产的估价。

2）对于无收益的房地产，如政府机关办公楼、图书馆、学校的教学楼、军队营房、博物馆、纪念馆等的估价特别适合。

3）对一些很少交易的房地产，如厂房、仓库、码头、医院、公园等也较适合。

4）在房地产保险（包括投保和理赔）及其他损害赔偿中通常也采用成本法估价。因为在保险事故发生后或其他损害中，房地产的毁损往往是局部的，需要将其恢复到原有的设计、布置；对于全部发生毁损的，有时也需要用重置或重建的办法来解决。

5）在运用其他估价方法估价时，成本法也可以作为验证估价结果的一种手段。

但在运用成本法对特定的估价对象进行评估或用于特定的估价目的时，应注意现实生活中的房地产价格直接取决于其效用，而非花费的成本，成本的增加只有能够增大效用时才能形成价格。即房地产成本的增加不一定能增加房地产的价格，投入的成本不多也不一定房地产的价格就不高。经济学中所讲的价格等于“成本加平均利润”，是从全社会较长时期来看的一种趋势，是在存在自由竞争以及商品本身可以大批量重复生产的条件下才成立的，而房地产市场是一个典型的不完全竞争市场，房地产又具有地域性、差异性的特点。因此，运用成本法估价时要注意两个方面：一要区分实际成本和客观成本，并在估价中采用客观成本。实际成本是某个具体的开发商的实际花费，客观成本是假设开发建设时大多数开发商的正常花费。二要结合供求状况确定房地产评估价格。当市场供给大于需求时，价格应向下调整；当市场供给小于需求时，价格应向上调整。

四、成本法的估价步骤

运用成本法估价应按下列步骤进行：

1）搜集有关成本、税费、开发利润等资料。

2）估算重新购建价格。

3）估算折旧。

4）求出房地产价值。

五、成本法的估价公式

成本法最基本的公式为

房地产价值＝房地产重新购建价格－房地产折旧

成本法的估价对象主要有新开发的土地、新建的房地产、已有房地产。相应地，成本法的估价公式也就有三个：新开发土地的估价公式、新建房地产的估价公式和已有房地产的估价公式。

对于新开发的土地和新建的房地产，采用成本法估价时一般不需要扣除折旧，但需要根据规划设计、工程质量、房地产市场供求状况、周围环境等方面对价格的影响而予以适当的价格增减调整。对于已有房地产，采用成本法估价时则必须正确计算其应该扣除的折旧额。

（一）新开发土地估价的基本公式

新开发土地包括填海造田、开山造地、征用农地后进行“三通一平”等开发的土地以及征收国有土地上房屋并进行基础设施改造和场地平整后的土地。在这些情况下，成本法的基本公式为

新开发土地价值＝取得待开发土地的成本＋土地开发成本＋管理费用＋销售费用＋投资利息＋销售税费＋开发利润

上述公式在具体情况下又有具体形式。

（二）新建房地产估价的基本公式

对新建房地产的估价，成本法的基本公式细分为两种情况：

1）对于新建的房地，成本法的基本估价公式为

新建房地价值＝土地取得成本＋土地开发成本＋建筑物建造成本＋管理费用＋销售费用＋投资利息＋销售税费＋开发利润

2）对于新建的建筑物，成本法的基本估价公式为

新建建筑物价值＝建筑物建造成本＋管理费用＋销售费用＋投资利息＋销售税费＋开发利润

在上述单独用于新建建筑物估价的公式中，不包含土地取得成本、土地开发成本以及应归属于土地的管理费用、投资利息、销售费用、销售税费和开发利润。

（三）已有房地产估价的基本公式

已有房地产是指已经使用的建筑物和土地。对已有房地产的估价，成本法的基本公式也细分为两种情况：

1）对于已有的房地，成本法的基本估价公式为

已有房地价值＝土地的重新取得价格＋建筑物的重新购建价格－建筑物的折旧

2）对于已有的建筑物，成本法的基本估价公式为

已有建筑物价值＝建筑物的重新购建价格－建筑物的折旧

上式中的土地的重新取得价格和建筑物的重新购建价格是指在价值时点的重新取得价格和重新购建价格。

第二节　重新购建价格的确定

一、重新购建价格的概念

重新购建价格是假设在价值时点重新取得或重新开发、重新建设全新状态的估价对象所需的各项必要成本费用和应纳税金、正常利润之和。

这里所说的各项必要成本费用强调该费用不是个别企业的实际耗费，而是指在正常条件下行业的平均耗费。

建筑物的重新建造方式有两种，相应地，建筑物的重新购建价格就有重建价格和重置价格两种。

重建价格又称重建成本，是采用估价对象原有的建筑材料、建筑技术等，按价值时点的

价格水平，重新建造与估价对象相同的全新状态的建筑物的正常价格。这种重新建造方式可形象地称为“复制”。

重置价格又称重置成本，是采用价值时点的建筑材料和建筑技术等，按价值时点的价格水平，重新建造与估价对象具有同等功能效用的全新状态的建筑物的正常价格。

上述两种重新建造的方式不同，得出的重新购建价格也不同。计算重建价格时，原建筑物各部分及各特征都应予保留，原建筑所用的材料和设计也应尽可能相同，以确保反映重建（复制）完全一样的建筑物的成本。原建筑物中那些已不符合目前市场需要的部分（即已丧失的效用），留在考虑建筑物折旧时加以扣减，而不反映在重建价格的估算上。计算重置价格时，并不需要包括原有建筑物的每一部分以及每项特征，而只需要确定其当前的效用，并估算提供相同效用的建筑物的成本，即原建筑物中当前已无效用的部分将不计入重置价格。通常情况下，重置价格要低于重建价格。

在估价实务中，除了一些具有保护意义的特殊建筑物须采用重建价格外，一般情况下的估价都采用重置价格。

二、重新购建价格的构成

不同类型的房地产，其重新购建价格的构成可能有所不同。下面以取得土地并开发建成房屋销售这种典型的房地产开发类型为例，介绍房地产重新购建价格的构成。

1. 土地取得费用

土地取得费用根据土地取得途径不同，可以分为下列几种情况：

1）市场购买的土地取得费用，一般由购买土地的价款和应当由买方缴纳的税费构成。其中由买方缴纳的税费包括契税、印花税、交易手续费等，按照土地购买价格的一定比例计算。

2）征收集体土地的土地取得费用，包括土地征收补偿费用、相关税费、地上物拆除费、场地平整费、基础设施建设费、建设用地使用权出让金等。

相关知识链接：

土地征收补偿费用由五个部分组成：土地补偿费、安置补助费、农民宅基地及房屋补偿、地上附着物和青苗的补偿费、安置被征地农民的社会保障费用。

相关税费一般包括：征地管理费、耕地占用税、耕地开垦费、新菜地开发建设基金。

3）征收国有土地上房屋的土地取得费用，包括房屋征收补偿费用、相关费用、地上物拆除费、场地平整费、城市基础设施建设费、建设用地使用权出让金等。

相关知识链接：

房屋征收补偿费用包括：被征收房屋价值补偿费、搬迁补助费、安置补偿费、因征收房屋造成的停产停业损失的补偿费、补助和奖励。

相关费用包括：房屋征收服务费、房屋征收评估费、政府规定的其他费用。

以上各种途径的土地取得费用，全国各地的取费标准不尽相同，取费项目也有差异，估算时应因地而异，按当地政府及有关部门规定的标准测算。

2. 开发成本

开发成本是在取得开发用地后进行土地开发和房屋建设所需的直接费用和税金等，从理论上来说，开发成本包括土地开发成本和建筑物建造成本。开发成本一般包括以下五个方面：

1）勘察设计和前期工程费用，即可行性研究、规划、勘察、设计等工程前期所发生的费用。

2）基础设施建设费，即通常所说的“三通一平”或“七通一平”费用。

3）房屋建筑安装工程费用，包括建造房屋及附属工程所发生的建筑工程费和安装工程费。

4）公共配套设施建设费，包括所需要的非营业性的公共配套设施的建设费用。

5）开发过程中的税费，即房地产开发过程中由开发商承担的税费。

在实践中，开发成本的大小与土地取得成本有关，即取决于所取得土地的开发程度。土地的开发程度可分为生地、毛地和熟地。如果取得的土地是熟地，则开发成本不包括土地的开发成本，也就不需要再估算土地的开发成本。

3. 管理费用

管理费用包括房地产开发商开发过程中支付的管理人员工资、办公费、差旅费等，可按照土地取得费用和开发成本之和的一定比率来估算。

4. 销售费用

销售费用是指预售或销售开发完成后的房地产的必要支出，包括广告费、销售资料制作费、售楼处建设费、样板房或样板间建设费、销售人员费用或者销售代理费等。为便于投资利息的测算，销售费用应区分为销售之前发生的费用和与销售同时发生的费用。广告费、销售资料制作费、售楼处建设费、样板房或样板间建设费一般是在销售之前发生的，销售代理费一般是与销售同时发生的。销售费用通常按照开发完成后的房地产价值的一定比例来测算。

5. 投资利息

计算投资利息的基数包括土地取得费用、开发成本、管理费用和销售费用。这部分资金无论是自有资金还是借贷资金，都应该计算投资利息。具体可根据社会一般资金的投入规律和时间，依据估价对象的投资规模来测算。

6. 销售税费

销售税费是指预销售或销售开发完成后的房地产及应由开发商（卖方）缴纳的税费，主要有：

1）销售税金及附加，包括增值税、城市维护建设税和教育费附加。

2）其他销售税费，包括应当由卖方负担的印花税、交易手续费等。

销售税费一般按房地产售价的一定比率测算。

7. 开发利润

开发利润是在正常条件下开发商所能获得的平均利润，一般按一定基数乘以同一市场上类似房地产开发项目所要求的相应平均利润率来计算。开发利润的计算基数可以是土地取得费用和开发成本之和，也可以是土地取得费用、开发成本和管理费用、销售费用之和，还可以是开发完成后的房地产价值等。相应的利润率内涵分别为直接成本利润率、投资利润率、销售利润率。其中：

$$直接成本利润率=\frac{开发利润}{土地取得费用+开发成本}$$

$$投资利润率=\frac{开发利润}{土地取得费用+开发成本+管理费用+销售费用}$$

$$销售利润率=\frac{开发利润}{开发完成后的房地产价值}$$

三、重新购建价格的确定方法

1. 房地重新购建价格的确定方法

求取房地的重新购建价格，可先求取土地的重新取得价格或重新开发成本，再求取建筑物的重新购建价格，然后相加。在实际评估中，也可以采取类似于评估新建房地产价格的成本法来求取。

2. 土地重新购建价格的确定方法

求取土地的重新购建价格，通常是假设土地是一块地上没有建筑物的空地，然后采用比较法、成本法等方法求其在价值时点的价格作为重新购建价格。

3. 建筑物重新购建价格的确定方法

求取建筑物的重新购建价格，是假设旧建筑物所在的土地已取得且为空地，但除了建筑物不存在之外，其他状况均维持不变，然后在此空地上重新建造与旧建筑物完全相同或具有相同效用的新建筑物所需的一切合理、必要的费用、税金和正常利润，即为建筑物的重新购建价格。

建筑物的重新购建价格可以采用成本法、比较法求取，或通过政府有关部门公布的房屋重置价格、房地产市场价格扣除土地价格后的调整来求取，也可以按照工程造价的方法求取。

在估价实践中，采用成本法、比较法求取建筑物的重新购建价格的具体方法有四种：

（1）单位比较法　单位比较法包括单位面积法和单位体积法。

单位面积法是根据当地近期建成的类似建筑物的单位面积造价，对其与估价对象建筑物在建筑规模、建筑质量等方面的差异进行相应修正，得到估价对象建筑物的单位价格，然后乘以估价对象建筑物的面积来测算建筑物的重新购建价格。

单位体积法是根据当地近期建成的类似建筑物的单位体积造价，对其与估价对象建筑物在某些方面的差异做适当的修正，得到估价对象建筑物的单位价格，然后乘以估价对象建筑物的体积来测算建筑物的重新购建价格。这种方法适用于成本与体积关系较大的建筑物。

单位面积法和单位体积法在估算建筑物重新购建价格时，具有简便、迅速的优点，但评估的结果较粗略，准确度不高。

（2）分部分项法　该方法首先将估价对象建筑物分成若干个分部或分项工程，然后利用建筑工程概预算定额查出各分部或分项工程的单位成本，分别乘以各分部分项工程的工程量，得到各分部分项工程的成本，累加求得建筑总成本，再加上税费、利润等求得建筑物的重新购建价格。利用这种方法测算建筑物的重新购建价格时，要结合各构件和工程的特点，使用不同的计量单位，并在整个计算过程中注意不要漏项或重复计算。

（3）工料测量法　工料测量法是求取建筑物重新购建价格中最为详尽和精确的一种方法。采用这种方法时，估价人员首先利用建筑设计图或楼面布置图，详细测算出建筑工程项目所需各种材料、设备的数量和人工数量，然后逐一乘以价值时点时相应的单价和人工费标准，并加上税费、利润等，就得到建筑物的重新购建价格。该方法耗时耗资较多，并需要其他专家（如建筑师）的参与，主要用于具有历史价值的建筑物的估价。

（4）指数调整法　指数调整法是运用建筑成本（造价）指数或变动率将估价对象建筑物的原始价值调整到价值时点的现行价格的方法。该方法的准确程度取决于对建筑成本指数和历史成本估计的准确性。在估价实践中，指数调整法主要用于检验其他估价方法的估价结果。

第三节　建筑物折旧的估算

一、建筑物折旧的概念及原因

建筑物折旧是指由各种原因造成的建筑物价值减损，其金额为建筑物在价值时点的重置成本或重建成本与在价值时点的市场价值之差，包括物质折旧、功能折旧和外部折旧。

物质折旧是建筑物在物质实体方面的磨损所造成的建筑物价值的损失。主要由四个方面的因素造成建筑物物质折旧：①自然经过的老朽。②正常使用的磨损。③意外的破坏损毁。④延迟维修的损坏。

功能折旧是建筑物在功能方面的落后或过剩所造成的建筑物价值的损失。造成功能折旧的主要原因有消费观念变更、设计更新以及技术进步等，这些因素导致建筑物在功能方面相对残缺、落后或不适用。

外部折旧是建筑物以外的各种不利因素所造成的建筑物价值的损失。造成外部折旧的原因如供给过量、需求不足、自然环境恶化、环境污染、交通拥挤、城市规划改变、政府政策变化等。例如，在一个高级住宅区附近建一座工厂，该住宅区的房价就会降低，这就是外部因素造成的。外部因素的影响分为暂时性的影响和永久性的影响。

以上三种建筑物折旧，物质折旧属于有形损耗，功能折旧和外部折旧属于无形损耗。这三种折旧对建筑物价格的影响并非完全独立，物质折旧可同时引起功能折旧，物质、功能折旧也能引起外部折旧，三者之间存在一定的因果关系。计算折旧时，一般要求将三个因素的影响分别加以测算。然而，由于这些因素所造成的损耗难以明确区分，在实际评估工作中，通常统一考虑并计算折旧额。但是对有一定重要性、价值较高的建筑物，应尽可能分类计算。

二、建筑物折旧的估算方法

常用的估算建筑物折旧的方法主要有：年限法（年龄-寿命法）和分解法。

（一）年限法

1. 年限法和有关年限的含义

年限法也叫年龄-寿命法，是根据建筑物的有效年龄和预期经济寿命或预期剩余经济寿命来求取建筑物折旧的方法。

建筑物的年龄分实际年龄和有效年龄。建筑物的实际年龄是指建筑物自竣工日期起至价值时点止的年数。建筑物的有效年龄是根据价值时点的建筑物实际状况判断的建筑物年龄。建筑物的有效年龄可能等于也可能小于或大于其实际年龄。有效年龄一般是根据建筑物的施工、使用、维护情况和更新改造等情况，在实际年龄的基础上进行适当的加或减调整得出的。当建筑物的施工、使用、维护情况正常时，其实际年龄和有效年龄相当；当建筑物的施工、使用、维护比正常的施工、使用、维护好或经过更新改造，其有效年龄小于实际年龄；当建筑物的施工、使用、维护比正常的施工、使用、维护差，其有效年龄大于实际年龄。利用年限法求取建筑物折旧时，建筑物的年龄应采取有效年龄。

建筑物的寿命分为自然寿命和经济寿命。建筑物的自然寿命是指建筑物自竣工时起至其主要结构构件和设备自然老化或损坏而不能保证建筑物安全使用时止的时间。建筑物的经济寿命是指建筑物对房地产价值有贡献的时间，即建筑物自竣工时起至其对房地产价值不再有贡献时止的时间。建筑物的剩余经济寿命是其经济寿命减去有效年龄后的寿命，即自价值时点起至建筑物经济寿命结束时止的时间。因此，如果建筑物的有效年龄比实际年龄短，就会延长建筑物的剩余经济寿命；反之，就会缩短建筑物的剩余经济寿命。建筑物的有效年龄是从价值时点起向过去计算的时间，剩余经济寿命是从价值时点起到建筑物经济寿命结束时止的时间，两者之和等于建筑物的经济寿命。

利用年限法求取建筑物折旧时，建筑物的寿命应采用预期经济寿命，或者剩余寿命应采取预期剩余经济寿命。

2. 直线法

在年限法中最常用的方法是直线法。直线法也叫定额法，是假设在建筑物的经济寿命期间每年的折旧额相等。直线法年折旧额的计算公式为

$$D=\frac{C-S}{N}$$

或

$$D=\frac{C(1-R)}{N}$$

式中 D——年折旧额；

C——建筑物重新购建价格；

S——建筑物的净残值，是建筑物的残值减去清理费用后的余额；

R——建筑物的净残值率，是建筑物的净残值与重新购建价格的比率；

N——建筑物的预期经济寿命。

有效年龄为 t 年的建筑物折旧总额的计算公式为

$$E_t=Dt=(C-S)\frac{t}{N}=C(1-R)\frac{t}{N}$$

式中 E_t——第 t 年末的建筑物累计折旧额。

定额法下的建筑物现值计算公式为

$$P=C-E_t=C-(C-S)\frac{t}{N}=C\left[1-(1-R)\frac{t}{N}\right]$$

式中 P——建筑物的现值。

在直线法的应用过程中，由于土地是有限期的土地使用权，建筑物的经济寿命与土地使

用权的期限可能不一致，因此在求取建筑物折旧时应注意土地使用权期限对建筑物经济寿命的影响。计算建筑物折旧所采用的建筑物经济寿命在遇到下列情况时：

1）住宅不论其经济寿命是早于还是晚于土地使用期限而结束的，均应按照其经济寿命计算折旧，因为《物权法》规定："住宅建设用地使用权期限届满的，自动续期。"

2）非住宅建筑物经济寿命早于土地使用期限而结束的，应当按照建筑物经济寿命计算折旧。

3）非住宅建筑物经济寿命晚于土地使用期限而结束的，分为两种情况：①出让合同约定建设用地使用权期间届满需要无偿收回建设用地使用权时，根据收回时建筑物的残余价值给予土地使用者相应补偿。在这种情况下，应当按照建筑物经济寿命计算建筑物折旧。②出让合同约定建设用地使用权期间届满需要无偿收回建设用地使用权时，建筑物也无偿收回。对于这种情况，应当按照建筑物经济寿命减去其晚于土地使用期限的那部分寿命后的寿命计算建筑物折旧。

【例 6-1】 某建筑物的建筑面积为200m^2，单位建筑面积的重新购建价格 2500 元/m^2，预期经济寿命为 40 年，已使用 7 年，净残值率为 4%。试用直线法计算该建筑物的年折旧额、折旧总额及现值。

【答案】建筑物重新购建价格 $C=2500$ 元/$m^2\times200m^2=500000$ 元

年折旧额 $D=\dfrac{500000\times(1-4\%)}{40}$元$=12000$ 元

折旧总额 $E_t=12000$ 元$\times7=84000$ 元

建筑物现值 $P=(500000-84000)$ 元$=416000$ 元

3. 成新折扣法

成新折扣法是根据建筑物的建成年代、新旧程度等，确定建筑物的成新率，将建筑物的重新购建价格乘以成新率即为建筑物的现值。

建筑物成新率的评分标准可借鉴原城乡建设环境保护部于 1984 年 11 月 8 日颁布的《房屋完损等级评分标准》。它根据房屋的结构、装修、设备三个组成部分的各个项目完好、损坏程度划分为五个等级，见表 6-1。

表 6-1　房屋完损等级与成新率表

序号	房屋完损等级	房 屋 状 态	成新率水平
1	完好房	房屋的结构构件完好，装修和设备完好、齐全完整，管道畅通，现状良好，使用正常；或虽个别分项有轻微损坏，但一般经过小修就能修复	十、九、八成
2	基本完好房	房屋结构基本完好，少量构部件有轻微损坏，装修基本完好，油漆缺乏保养，设备、管道现状基本良好，能正常使用，经过一般性维修即可修复	七、六成
3	一般损坏房	房屋结构一般性损坏，部分构部件有损坏或变形，屋面局部漏雨，装修局部破损，油漆老化，设备管道不够畅通，水卫、电照管线、器具和零件有部分老化、损坏或残缺，需要进行中修或局部大修更换零件	五、四成
4	严重损坏房	房屋年年失修，结构有明显变形或损坏，屋面严重漏雨，装修严重变形、破损，油漆老化见底，设备陈旧不齐全，管道严重堵塞，水卫、电照管线、器具和零件残缺及严重损坏，需要进行大修或翻修、改建	三成以下
5	危险房	房屋承重构件已属危险构件，结构丧失稳定和承载能力，随时有倒塌可能，不能确保使用安全的房屋	三成以下

在具体进行房地产估价时，以上房屋新旧程度评定标准仅供参考，估价人员需要根据各

地区的实际情况确定房屋完损等级量化的具体指标。

在实际估价工作中，参照《经租房屋清产估价原则》中相关内容，各种结构房屋的经济寿命和残值率可参考表 6-2 来估算确定。

表 6-2 各种结构房屋的经济寿命和残值率表

序号	结构类型	生产用房	受腐蚀生产用房	非生产用房	残值率
1	钢结构	70 年	50 年	80 年	
2	钢筋混凝土结构	50 年	35 年	60 年	0
3	砖混结构	40 年	30 年	50 年	2%
4	砖木结构	30 年	20 年	40 年	3%～6%
5	简易结构	10 年	0		

在经济寿命年限和残值率参考表格的基础上，估价人员可以借助于常用的现场查勘评分表格来打分估算成新率。

（二）分解法

分解法是把建筑物折旧分成物质折旧、功能折旧和外部折旧三个组成部分，分别测算出各个组成部分后相加得到建筑物折旧的方法。

分解法求取建筑物折旧的步骤是：①求取物质折旧。先把物质折旧分解为各个项目，然后分别采用适当的方法求取其折旧后相加。②求取功能折旧。先把功能折旧分解为各个项目，然后分别采用适当的方法求取其折旧后相加。③求取外部折旧。先把外部折旧分为不同的情形，然后分别采用适当的方法求取其折旧后相加。④求取建筑物折旧总额。把上述求取的物质折旧、功能折旧和外部折旧相加，即得到建筑物折旧总额。

建筑物折旧采用的分解法如图 6-1 所示。

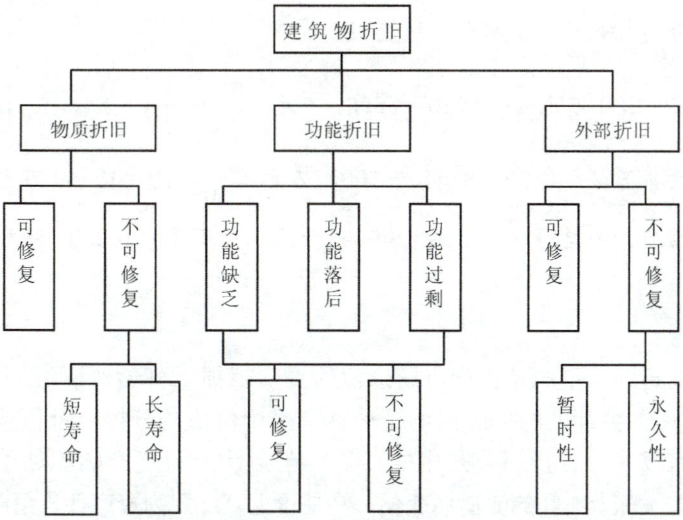

图 6-1 分解法求取建筑物折旧示意图

以物质折旧的求取为例，采用这种方法计算建筑物物质折旧时，估价人员首先将建筑物的物质折旧分为两类：可修复的项目和不可修复的项目。这里所说的修复是指恢复到新的或相当于新的状况，有的是修理，有的是更换。可修复是指修复所需的费用小于或等于修复所带来的房地产价值的增加额。反之，为不可修复的。

对于可修复项目，估算在价值时点采用最优修复方案使其恢复到新的或相当于新的状况下所必要的费用作为折旧额。如门窗损坏，通过更换或修理就可使用，其更换或修理的费用就是其折旧额。

对于不可修复项目，将其分为短寿命项目和长寿命项目两类。短寿命项目是指剩余经济寿命短于整体建筑物剩余经济寿命的设备、设施等，它们在建筑物剩余经济寿命期间迟早需要更换，甚至需要更换多次，如电梯、空调、卫生设备、装饰装修。长寿命项目是指剩余经济寿命等于或长于整体建筑物剩余经济寿命的设备、设施等，它们在建筑物剩余经济寿命期间不需要更换，如基础、墙体、管网等。

短寿命项目的折旧额应分别根据各自的重新购建价格、寿命、年龄或剩余使用寿命，利用年限法计算折旧额。

长寿命项目是合在一起的，根据建筑物重新购建价格减去可修复项目的修复费用和各短寿命项目的重新购建价格后的余额，结合建筑物的经济寿命、有效年龄或剩余经济寿命，利用年限法计算折旧。

将上述可修复项目的修复费用、短寿命项目的折旧额、长寿命项目的折旧额相加，即为物质折旧额。

【例 6-2】 某建筑物的重置价格为390万元，经济寿命为 50 年，已使用 10 年。其中，门窗等损坏的修复费用为 3 万元；装修的重置价格为 40 万元，平均寿命为 5 年，已使用 3 年；设备的重置价格为 100 万元，平均寿命为 15 年，已使用 10 年。残值率假设均为零。试计算该建筑物的物质折旧总额。

【答案】 该建筑物的物质折旧总额计算如下：

门窗等损坏的折旧额＝3 万元

装修的折旧额$=40\times\frac{1}{5}\times3$ 万元＝24 万元

设备的折旧额＝100 万元$\times\frac{1}{15}\times10=66.67$ 万元

长寿命项目的折旧额＝(390－3－40－100) 万元$\times\frac{1}{50}\times10=49.40$ 万元

该建筑物的物质折旧总额＝(3＋24＋66.67＋49.4) 万元＝143.07 万元

相关知识链接：

估价上的折旧注重的是资产市场价值的真实减损，科学地说不是“折旧”，而是“减价调整”；会计上的折旧注重的是资产原始价值的分摊、补偿或回收。以直线法为例，直线法计算折旧公式中的“C”在会计上为资产的原始价值，是当初购置时的，并不随着时间的流逝而变化；在估价上“C”为资产在价值时点时的重新购建价格，价值时点不同，其值可能不同。此外，会计上把资产的原始价值与累计折旧额之差，称为资产的账面价值，它无须与资产的市场价值一致；估价上把资产的重新购建价格与折旧总额之差，视为资产的实际价值，它必须与资产的市场价值一致。

第四节 成本法应用举例

【案例一】

某地块面积为15000m²，是通过城镇土地出让而取得的，出让金为11.67万元/亩，征收费为5万元/亩，开发费为3亿元/平方公里，其他费用（包括税费）为3万元/亩，土地开发周期为2年，第一年投入资金占总开发费的40%，开发商要求的投资回报率为10%，银行贷款年利率为6%，试评估该土地开发后的价格。

【答案】1. 估算土地取得成本

$$\begin{aligned}\text{土地取得成本} &= (11.67+5)\text{ 万元 / 亩}\\ &= 16.67\text{ 万元 / 亩}\\ &= 250\text{ 元 /}m^2\end{aligned}$$

2. 估算土地开发成本

$$\begin{aligned}\text{土地开发成本} &= 3\text{ 亿元 / 平方公里} + 3\text{ 万元 / 亩}\\ &= 300\text{ 元 /}m^2 + 45\text{ 元 /}m^2\\ &= 345\text{ 元 /}m^2\end{aligned}$$

3. 估算投资利息

假定土地取得成本一次性投入，因此计息期为两年，土地开发成本分阶段均匀投入，则

$$\begin{aligned}\text{土地取得费利息} &= 250\times[(1+6\%)^2-1]\text{ 元 /}m^2\\ &= 31\text{ 元 /}m^2\end{aligned}$$

$$\begin{aligned}\text{土地开发费利息} &= 345\times40\%\times[(1+6\%)^{1.5}-1]\text{ 元 /}m^2\\ &\quad+345\times60\%\times[(1+6\%)^{0.5}-1]\text{ 元 /}m^2\\ &= 19\text{ 元 /}m^2\end{aligned}$$

$$\begin{aligned}\text{投资利息总额} &= (31+19)\text{ 元 /}m^2\\ &= 50\text{ 元 /}m^2\end{aligned}$$

4. 估算开发利润

$$\begin{aligned}\text{开发利润} &= (250+345)\text{ 元 /}m^2\times10\%\\ &= 60\text{ 元 /}m^2\end{aligned}$$

5. 计算土地价格

$$\text{土地单价} = (250+345+50+60)\text{ 元 /}m^2 = 705\text{ 元 /}m^2$$

$$\text{土地总价} = 705\text{ 元 /}m^2\times15000m^2 = 10575000\text{ 元}$$

【案例二】

某房地产为一幢砖混结构的政府机关办公楼，其土地使用权年限为50年，从2002年10月起计算。该房地产占地面积400m²，建筑总面积1200m²，于2003年10月竣工并验收合格交付使用，以后未曾改建。要求评估该房地产2013年10月的市场价值。

现搜集到与待估宗地类似的3个交易实例，具体情况见表6-3。

表 6-3　可比实例价格修正和调整表

	可比实例 A	可比实例 B	可比实例 C
成交价格/（元/m^2）	2150	2100	2080
交易时间	2013年5月	2013年7月	2013年9月
交易情况	5%	1%	0
房地产状况	2%	−3%	2%

表中的交易情况、房地产状况值，都是可比实例宗地与待估宗地比较，负号表示可比实例宗地条件比待估宗地条件差，正号表示可比实例宗地条件比待估宗地条件优，数值大小表示对宗地地价的修正幅度。

该城市同类土地2013年5月至10月的价格指数分别为：101，102，103，103，103.8，105（以2013年1月为100）。

估价人员根据单位面积法计算出在价值时点近期与估价对象建筑物类似的不包括土地价格在内的建筑物重置价格（含合理利润、税费等）为2350元/m^2。

另外，经估价人员对该建筑物实地勘察，证实该建筑物的实际年龄与有效年龄相符。按直线法计算建筑物的折旧。

【答案】

1. 选取评估方法

由于待估房地产为政府办公楼，无直接经济收益，也很少有交易的情况，故宜采用成本法进行估价。

2. 选择计算公式

本例属已有房地产估价，应选择成本法中已有房地产估价公式。

已有房地产价格＝土地的重新取得价格＋建筑物的重新购建价格－建筑物的折旧

3. 计算土地的重新取得价格

采用比较法评估土地价格。

可比实例A的比准价值＝2150元/m^2×(105/101)×(100/105)×(100/102)
＝2087元/m^2

可比实例B的比准价值＝2100元/m^2×(105/103)×(100/101)×(100/97)
＝2185元/m^2

可比实例C的比准价值＝2080元/m^2×(105/103.8)×(100/100)×(100/102)
＝2063元/m^2

通过对可比实例A、B、C的交易情况修正、交易时间调整和房地产状况调整，采用简单算数平均法计算待估土地的价格。

待估土地单价＝(2087＋2185＋2063)÷3＝2112元/m^2

待估土地总价＝2112元/m^2×400m^2＝84.48万元

4. 计算建筑物的重新购建价格

估价人员根据单位面积法计算出在价值时点近期与估价对象建筑物类似的不包括土地价格在内的建筑物重置价格（含合理利润、税费等）为2350元/m^2，以此作为估价对象建筑物的重置价格，即2350元/m^2。则

估价对象建筑物的重新购建总价=2350 元/m^2×1200m^2=282 万元

5. 计算建筑物的折旧

根据有关规定，砖混结构的非生产用房的耐用年限为 50 年，残值率为 2%。该建筑物的土地使用权年限为 50 年，有 1 年的建设期，因此计算建筑物折旧的年限取 49 年。经估价人员对该建筑物实地勘察，证实该建筑物的实际年龄与有效年龄相符，则该建筑物的有效年龄为 10 年。

所以，按直线法计算的建筑物折旧总额为

待估建筑物的折旧总额=282 万元×(1−2%)×(10/49)=56.4 万元

6. 求该房地产在 2013 年 10 月的市场价值

房地产总价值=(84.48+282−56.4)万元=310.08 万元

房地产单价=310.08 万元÷1200m^2=2584 元/m^2

【案例三】

某房地产估价机构承接了一住宅烂尾楼转让价格的评估业务，价值时点为 2016 年 6 月 15 日。根据委托方提供的资料，该烂尾楼项目的土地是 2011 年 6 月通过出让取得，2012 年 6 月开始建设。委托方提供的实际成本价格为 6800 元/m^2，包括土地取得成本、开发成本、管理费用、销售费用、销售税金和期望利润，并计算了自 2011 年 6 月至价值时点的投资利息。估价人员经调查核实，认为委托方所列支的各项实际成本费用符合支出当时的正常市场情况，为此，在采用成本法估价时确定该房地产的重置价格为 6800 元/m^2。

请问：

1. 估价人员这样确定该房地产的重置价格有哪些错误？

2. 在此基础上还应考虑哪些因素才能得出成本价值？

【答案】1. 重置价格是指采用价值时点的建筑材料、建筑构配件、建筑设备和建筑技术等，在价值时点的国家财税制度和市场价格体系下，重新建造与估价对象建筑物具有同等效用的全新建筑物所必需的支出和应获得的利润。

这样确定重置价格错误在于：

(1) 利息计算错误，概念不清，重置价格计算投资利息应按照该类房地产客观开发周期计算。

(2) 所列实际成本费用符合当时市场状况，未说明是否与价值时点的市场状况相符。

(3) 期望利润不能作为测算用，应采用正常利润。

2. 应考虑在建工程自开始建设到价值时点这段时间内，因工程质量、规划设计、周围环境、房地产市场状况等进行的增减价调整。

本章小结

成本法是测算估价对象在价值时点的重新购建价格（重置价格或重建价格），扣除折旧，以此估算估价对象的客观合理价值或价格的方法。

成本法与其他估价方法相比具有特殊用途，它特别适用于：无法利用比较法进行估价的狭小市场或欠发达市场或封闭市场上房地产的估价；适合于无收益的房地产的估价；对一些很少交易的房地产也较适合；在房地产保险（包括投保和理赔）及其他损害赔偿中通常也采用成本法估价。在运用其他估价方法估价时，成本法也可以作为验证估价结果的一种手段。

成本法的典型估价对象是现存土地与建筑物合成体的房地产，其价格为土地价格加上建筑物的重新购建价格减去建筑物的折旧。其中，土地价格可采用成本法求取，也可采用比较法、基准地价修正法求取；建筑物重新购建价格可采取单位比较法、分部分项法、工料测量法、指数调整法等求取。

建筑物折旧是指由各种原因造成的建筑物价值减损，其金额为建筑物在价值时点的重置成本或重建成本与在价值时点的市场价值之差，包括物质折旧、功能折旧和外部折旧。建筑物折旧的估算方法主要有年限法（年龄-寿命法）和分解法。年限法也叫年龄—寿命法，是根据建筑物的有效年龄和预期经济寿命或预期剩余经济寿命来求取建筑物折旧的方法。分解法是把建筑物折旧分成物质折旧、功能折旧和外部折旧三个组成部分，分别测算出各个组成部分后相加得到建筑物折旧的方法。

本章练习题

一、单选题（每题的备选答案中只有一个最符合题意）

1. 下列各类房地产中，特别适用于成本法估价的是（　　）。

A. 某标准厂房　　B. 某酒厂厂房　　C. 某待出让土地　　D. 某写字楼

2. 下列关于建筑物寿命和年龄的说法中，正确的是（　　）。

A. 建筑物的经济寿命短于自然寿命，有效年龄也短于实际年龄

B. 建筑物的经济寿命长于自然寿命，有效年龄也可能长于实际年龄

C. 建筑物的经济寿命与自然寿命相等，有效年龄与实际年龄也相等

D. 建筑物的经济寿命短于自然寿命，有效年龄可能短于也可能长于实际年龄

3. 因技术革新、设计优化等导致建筑物变得落伍陈旧而引起的减价，属于（　　）。

A. 自然折旧　　B. 物质折旧　　C. 功能折旧　　D. 经济折旧

4. 某综合办公楼建设期为 3 年，有效经过年数为 10 年，现补办了土地使用权出让手续，土地使用权出让年限为 50 年，建筑物剩余经济寿命为 35 年，则计算该建筑物折旧的经济寿命应为（　　）年。

A. 35　　B. 45　　C. 48　　D. 50

5. 下列不属于导致建筑物经济折旧的因素是（　　）。

A. 交通拥挤　　B. 建筑技术减少　　C. 城市规划改变　　D. 自然环境恶化

6. 某房地产的土地取得成本为 1000 万元，开发成本为 3000 万元，管理费用为 200 万元，销售费用为 300 万元，开发利润为 500 万元，则该房地产的投资利润率为（　　）。

A. 10.0%　　B. 11.1%　　C. 11.9%　　D. 12.5%

7. 某宗熟地的原生地取得费为 540 元/m^2，土地开发期为 2 年，土地开发费第一年和第二年分别为 90 元/m^2 和 60 元/m^2，贷款年利率为 8%。采用成本法求取该熟地的价值时，其中的投资利息为（　　）元/m^2。

A. 55.20　　B. 103.22　　C. 109.63　　D. 114.82

二、多选题（每题的备选答案中，有两个或两个以上符合题意的答案）

1. 成本法特别适用于那些既没有收益又很少发生交易的房地产估价，这类房地产主要包括（　　）等。

A. 图书馆　　B. 钢铁厂
C. 空置的写字楼　　D. 单纯的建筑物
E. 加油站

2. 建筑物重置价格的求取方法有（　　）等。

A. 单位比较法　　B. 工料测量法
C. 指数调整法　　D. 分部分项法
E. 成新折扣法

3. 造成建筑物功能折旧的主要原因有（　　）等。

A. 意外破坏的损毁　　B. 市场供给过量
C. 建筑设计的缺陷　　D. 人们消费观念的改变
E. 周围环境条件恶化

4. 下列（　　）属于外部折旧。

A. 功能落后　　B. 功能缺乏
C. 环境污染　　D. 交通拥挤
E. 正常使用的磨损

5. 某宗房地产的价格并不是由其开发建设成本决定的，因此运用成本法估价应注意的内容包括（　　）。

A. 应采用客观成本而不是实际成本
B. 应采用实际成本而不是客观成本
C. 应结合选址、规划设计等对成本法的测算结果进行调整
D. 应结合市场供求状况对成本法的测算结果进行调整
E. 应结合估价委托人的要求对成本法的测算结果进行调整

6. 成本法中，在计算投资利息时，应计息项目包括（　　）。

A. 土地取得成本　　B. 开发成本
C. 管理费用　　D. 销售费用
E. 销售税费

7. 下列关于估价上的建筑物折旧的说法中，正确的有（　　）。

A. 估价上的折旧与会计上的折旧有本质区别
B. 建筑物的折旧就是建筑物的原始建造价格与账面价值的差额
C. 建筑物的折旧就是各种原因所造成的价值损失
D. 建筑物的折旧就是建筑物在价值时点时的重新购建价格与市场价值之间的差额
E. 建筑物的折旧包括物质折旧、功能折旧和外部折旧

三、判断题（用"√"表示正确，用"×"表示错误）

1. 成本法是根据估价对象房地产在建造时的购建价格，然后扣除折旧，以此来估算估价对象客观合理的价格或价值的方法。（　）

2. 当用成本法求得的价值大大高于用比较法或收益法求得的价值时，说明房地产市场不景气。（　）

3. 建筑物重置价格是指采用与估价对象建筑物相同的建筑材料、建筑构配件、建筑设备和建筑技术及工艺等，在价值时点的财税制度和市场价格体系下，重新建造与估价对象建筑物相同的全新建筑物的必要支出和应得利润。（　）

4. 建筑物的经济寿命早于或与土地使用期限一起结束，应根据土地剩余使用期限确定收益期限。（　）

5. 在运用成本法估价时，房地产价格直接取决于其花费的成本，成本增加则房地产的价格就相应增高。（　）

6. 成本法是先分别求取估价对象在价值时点的重新购建价格和折旧，然后将重新购建价格减去折旧来求取估计对象价值的方法。（　）

7. 建筑物的有效年龄可能等于、大于或小于其实际年龄。（　）

四、简答题

1. 什么是成本法？其理论依据和适用范围各是什么？
2. 成本法估价的步骤是什么？
3. 新开发土地估价的成本法基本公式是什么？
4. 已有房地产估价的成本法基本公式是什么？
5. 新建房地产估价的成本法基本公式是什么？
6. 求取建筑物折旧的方法有哪几种？

五、计算题

1. 现有一建筑物，建筑面积为 $1000m^2$，砖混结构，预期经济寿命 40 年。该建筑物于 1997 年 5 月竣工投入使用，当时建造时每平方米建筑面积 600 元。2013 年 5 月对该建筑物进行实地勘察，估价该建筑物尚可使用 20 年，残值率为 2%，目前建造同类建筑物的建筑造价为每平方米建筑面积 3000 元。试用定额法计算该建筑物的年折旧额、折旧总额，并估算该建筑物在 2013 年 5 月的现值。

2. 某幢写字楼，建筑物重新购建价格为 2000 万元，经济寿命为 50 年，有效年龄为 10 年。其中，门窗等损坏的修复费用为 10 万元；装修的重置价格为 200 万元。平均寿命为 5 年，有效年龄为 4 年；设备的重置价格为 250 万元，平均寿命为 15 年，有效年龄为 9 年。假设残值率均为零，该幢写字楼的物质折旧额为多少万元？

第七章

假设开发法

章前引言

假设开发法适用于具有投资开发或再开发潜力并且开发完成后的价值可以采用比较法、收益法等方法求取的房地产的估价，包括可供开发建设的土地、在建工程、可重新装饰装修改造或改变用途的旧的房地产等。

本章主要介绍假设开发法的理论依据、适用范围及应用条件、估价公式和估价步骤。

学习目标

1. 了解假设开发法的理论依据和应用条件。

2. 掌握假设开发法的基本公式、估价步骤及计算中各个项目的求取。

3. 熟悉假设开发法的概念和适用范围。

第一节　假设开发法的基本原理

一、假设开发法的概念

假设开发法又称剩余法、倒算法或预期开发法，是将预计的估价对象开发完成后的价值，扣除预计的正常开发成本、税费和利润等，以此估算估价对象的客观合理价格或价值的方法。采用假设开发法测算出的估价对象价值或价格，称为开发价值。

二、假设开发法的理论依据

假设开发法的基本理论依据与收益法相同，是预期收益原理。在评估待开发土地价值时，假设开发法应用得较为广泛。下面以某房地产开发商为取得一宗地的土地使用权而确定投标金额时的思路来说明假设开发法的理论依据。

假设政府拟出让一宗具有良好的开发和增值潜力的土地使用权，出让方式为公开招标，数位房地产开发商欲购买这一土地进行开发以获取利润。作为一个房地产开发商，为了清楚了解可获回报，首先要认真研究待售土地的内外条件，如坐落位置、面积大小、周围环境、规划允许的用途、容积率等，来确定该土地的最佳利用方式。然后根据目前的市场状况及将来趋势预测建成后的房地产售价。此外，房地产开发商还要根据目前的情况预测房地产开发所需花费的建筑费、专业费、利息、税费、销售费等以及开发商正常利润。这些数据确定之后，开发商就可用开发完成后的房地产售价减去开发成本和相应利息、利润等之后的余额作为其支付该土地使用权出让金的最大数额。如果该开发商以高于此数额的报价投标，那么该开发商从该项目中获得的利润将低于正常利润，这不符合投资者的投资期望；如果该开发商以低于此数额的报价投标，则他中标的可能性将大大降低，因为还有其他竞争者也在参加投标，所以最合理的方案是以该数额作为投标金额。

综上所述，假设开发法的理论依据，从形式上看是评估新建房地产价格成本法的倒算法。与新建房地产价格成本法的主要区别是：成本法中的土地价格是已知的，需要求取的是开发完成后的房地产价格；假设开发法中已事先通过预测的方法得到开发完成后的房地产价格，需要求取的是土地价格。假设开发法更深的理论依据类似于地租原理。

三、假设开发法的适用范围及应用条件

1. 假设开发法的适用范围

假设开发法适用于具有投资开发或再开发潜力的房地产的估价，具体来说主要适用于下列房地产的估价：

1）待开发土地（包括生地、毛地、熟地）的估价。

2）将生地或毛地开发成可以直接利用的熟地的估价。

3）再开发待拆迁的房地产的估价。

4）具有装修改造潜力的旧房地产的估价。

5）在建工程的估价。

假设开发法还可以用于房地产开发项目投资分析，为房地产开发商的投资决策提供依据。

（1）确定最高地价　开发商想要开发某块土地，必须事先计算出他可以承担的这块土地的最高价格是多少，实际购买的价格应当小于或等于这个价格，否则可能亏损或赚不到社会上同类房地产开发的正常利润。

（2）确定开发项目的预期利润　在土地的价格已经确定，或开发商已经拥有土地的情况下，开发商可以获得的利润等于房地产开发完成后的预期收入扣除土地购置费、开发成本、管理费用、销售税费、利息后的余额。这一利润如果高于或等于开发商期望的利润，项目就可行，否则就不可行。

（3）确定最高开发费用　当土地价格为已知的，并且房地产开发完成后的预期收入、税费、正常利润、投资利息等可以预测的条件下，可以测算开发过程中可能发生的费用的最高限额，这样可以有效地控制开发过程中所发生的费用，防止开发过程各阶段费用的失控。

假设开发法用于房地产估价与用于房地产开发项目投资分析的不同之处是：在选取有关参数和测算有关数据时，估价是站在一个典型的投资者的立场上，而投资分析是站在某个特定的投资者的立场上。

2. 假设开发法的应用条件

假设开发法的应用是以有关数据的预测为条件的。土地价格估算正确与否，直接取决于销售价格、有关成本、税费以及利润预测的正确性。要有效地运用假设开发法，估价人员必须遵循以下估价要求：

1）坚持房地产估价的合法原则和最高最佳利用原则，合理确定土地的最佳开发利用方式，包括用途、容积率、档次等。

2）根据房地产市场行情和供求状况，正确判断房地产开发完成后的市场价值。

3）正确估测开发费用和利润率。

假设开发法的应用效果如何，除了取决于估价人员对假设开发法本身的运用技巧外，还需要有一个良好的社会经济环境来保证。具体地说，必须具备以下基本条件：

（1）稳定而透明的房地产业政策　政策对房地产业的发展以及房地产市场行情的变化影响较大。例如紧缩银根、产业结构调整等方面的政策，将直接影响房地产商品的供求状况，从而对其销售情况和价格发生作用。

（2）健全的房地产法规　健全的法规体系是房地产市场规范化运行的有效保证。城市规划、房地产管理法、土地使用权出让政策等的相关规定对房地产价格都有一定的影响。

（3）完整的房地产资料库　如果拥有类似房地产交易价格、有关成本等的完整、公开的资料库，估价时查询资料就比较方便，估价人员可以参照类似房地产过去的交易价格、有关成本并考虑未来的变化趋势来预测房地产的开发建设成本以及开发完成后的价值。

（4）稳定、清晰、全面的房地产投资开发和交易的税费清单　有关房地产投资、交易方面的税费计征标准、计税基础都影响到房地产的价格。我国现行房地产税有房产税、城镇土地使用税、耕地占用税、土地增值税、契税。紧密相关的税有增值税、城市维护建设税、教育费附加、企业所得税以及印花税等。

（5）长远、公开及稳定的土地供给计划　我国的土地所有权有两种形式：国家土地所有权和集体土地所有权。国家对国有土地使用权实行有偿出让制度；集体土地所有权的转让只能通过政府征用的方式变为国有土地，然后根据经济发展的需要有偿转让土地使用权给建设单位。国家对土地使用权的出让计划，包括每年出让土地的数量和分布，直接影响市场上土地的供给量，从而影响房地产的价格。

四、假设开发法的估价公式

（一）假设开发法的基本公式

根据假设开发法的基本原理，假设开发法的基本公式为

待开发房地产价值＝开发完成后的房地产价值－开发成本－管理费用－投资利息－销售税费－开发利润－投资者购买待开发房地产应负担的税费

在实际估价时，对于上述公式中具体应减掉的项目和金额，要牢记“后续”两字，掌握的基本原则是：设想得到估价对象以后，到把它开发建设完成，还需要开展的各项工作及相应的必要支出和应得利润。因此，如果是已经完成的工作及相应的支出和利润，则它们已经包含在估价对象的价值内，不应作为扣除项目。例如，评估尚未完成房屋征收补偿等工作的毛地的价值，即该土地尚未完成房屋征收补偿安置，这时减掉的项目应包括房屋征收补偿费、地上物拆除费等；但是，如果评估的是已经完成房屋征收补偿的土地价值，则不应将房屋征收补偿费等作为扣除项目。

运用上述估价公式时，要把握两点：一是待开发房地产在投资开发前后的状况，二是投资开发后的房地产的经营方式。待开发房地产在开发前的状况有土地（生地、毛地、熟地）、在建工程和旧房等；投资开发后的房地产状况有熟地和房屋（含土地）等；投资开发后的房地产的经营方式有出售（含预售）、出租和营业等。

（二）假设开发法的具体计算公式

（1）将生地开发为熟地租售　这种情况下的生地价格估算公式为

生地价格＝预期开发完成后的熟地价值－由生地开发成熟地的开发成本－管理费用－销售税费－投资利息－开发利润－投资者购买生地应负担的税费

（2）将生地开发为房地租售　这种情况下的生地价格估算公式为

生地价格＝预期开发完成后的房地价值－由生地开发为房地的开发成本－管理费用－销售税费－投资利息－开发利润－投资者购买生地应负担的税费

（3）将毛地开发为熟地租售　这种情况下的毛地价格估算公式为

毛地价格＝预期开发完成后的熟地价值－由毛地开发为熟地的开发成本－管理费用－销售税费－投资利息－开发利润－投资者购买毛地应负担的税费

（4）将毛地开发为房地租售　这种情况下的毛地价格估算公式为

毛地价格＝预期开发完成后的房地价值－由毛地开发为房地的开发成本－管理费用－销售税费－投资利息－开发利润－投资者购买毛地应负担的税费

（5）将熟地开发为房地租售　这种情况下的熟地价格估算公式为

熟地价格＝预期开发完成后的房地价值－由熟地开发为房地的开发成本－管理费用－销售税费－投资利息－开发利润－投资者购买熟地应负担的税费

（6）将在建工程续建为房地租售　这种情况下的在建工程价格估算公式为

在建工程价格＝续建完成后的房地价值－续建成本－管理费用－销售税费－投资利息－续建投资利润－投资者购买在建工程应负担的税费

（7）将旧房装修改造为新房后租售　这种情况下的旧房（含土地）价格估算公式为

旧房价格＝装修改造完成后的房地产价值－装修改造成本－管理费用－投资利息－销售税费－装修改造投资利润－投资者购买旧房地产应负担的税费

第二节　假设开发法的估价步骤

运用假设开发法估价一般应按照以下操作步骤进行：

1）调查待开发房地产的基本情况。

2）选择最佳的开发利用方式。

3）估计开发经营期。

4）预测开发完成后的房地产价值。

5）估算开发成本、管理费用、投资利息、销售税费、开发利润、投资者购买待开发房地产应负担的税费。

6）进行具体计算，求出待开发房地产的价值。

下面以待开发土地的估价为例，说明假设开发法的应用步骤。

一、调查待开发土地的基本情况

1）明确待估价土地的位置。待估价土地的位置包括：土地所在城市的性质、土地在其城市内的区域的性质及土地的具体坐落位置。明确待估价土地的位置，主要是为选择最佳的土地用途服务。

2）弄清土地的面积大小、形状、地形地质、基础设施状况、生活设施状况以及公用设施状况等，为估算开发建设成本服务。

3）明确政府的规划限制。待开发土地的规划设计条件通常已事先确定，如城市规划对地块的用途、容积率、覆盖率、建筑高度等指标的规定。这些指标的规定对土地的最有效使用有很大的影响。例如，一块 $10000m^2$ 的土地，在容积率为 2 时，可以建造 $20000m^2$ 建筑面积的房屋；当容积率为 3 时，则可以建造 $30000m^2$ 建筑面积的房屋。明确政府对土地的规划限制，主要是为确定最佳的开发利用方式服务。

4）明确该土地的权利状况。土地的权利状况包括土地使用权的使用年限、是否可以续期以及对转让、出租、抵押等方面的规定。这些权利状况对确定开发完成后的房地产价值、售价以及租金水平有着非常密切的关系。

二、选择最佳的开发利用方式

根据调查的土地状况和房地产市场条件等，在城市规划及法律法规等限制所允许的范围内，确定地块的最佳利用方式，包括确定用途、建筑容积率、土地覆盖率、建筑高度、建筑装修档次等。在选择最佳的开发利用方式中，最重要的是选择最佳的土地用途。土地用途的选择，要与房地产市场的需求相结合，并且需要进行合理的预测。例如，政府对某地块的规划用途为宾馆、公寓或办公楼，在实际估价时首先需要调查比较该土地所依托的城市、地区目前对宾馆、公寓、办公楼的市场需求以及未来的发展趋势。若社会对宾馆、办公楼的市场需求开始趋于饱和，表现为客房入住率、办公楼出租率呈下降趋势，但希望能租到或买到公寓住房的人逐渐增加，而近期能提供的数量又较少时，该土地的最佳用途应该为兴建公寓。

最佳的开发利用方式决定开发完成后租售时房地产能获得最高的收益。

三、估计开发经营期

开发经营期可分为建设期和经营期。开发经营期的起点是假设取得估价对象的日期（即价值时点），终点是开发完成的房地产经营结束的日期。其中，建设期的起点是假设取得估价对象的日期（即价值时点），终点是开发完成后的房地产竣工验收完成的日期。经营期可具体划分为销售期（针对出售的房地产）和运营期（针对出租和营业的房地产）。

开发经营期的估计包括建设期估计和租售期估计。开发建设期的估计可根据同一地区已完工的类似开发项目的正常开发建设期来估计，但必须以该项目本身的人力、物力、财力的保证为基础。

在预测经营期中，销售期的预测要考虑未来房地产市场的景气状况，运营期的预测主要是考虑未来开发完成后的房地产的一般正常持有期或者经济寿命。

准确地估计开发经营期，是租售价格、建筑费用投入、投资利息等参数估计以及各项收入与支出的折现计算的基础。

四、预计开发完成后的房地产价值

在预计开发完成后的房地产价值之前，需要弄清是预计未来开发完成后的房地产状况在哪个时间的价值。如果采用静态方式估价（即传统方法），开发完成后的价值是未来开发完成后的房地产状况在价值时点的房地产市场状况下的价值。如果采用动态方式估价（即现金流量折现法），开发完成后的价值对应的时间可能是未来开发完成之时（开发完成的房地产适宜建成销售的），也可能是未来开发完成之前（开发的房地产适宜预售，预测其在预售时的房地产市场状况下的价值）或之后的某个时间（开发的房地产需要延迟销售，预测其在延迟销售时的房地产市场状况下的价值）。

开发完成后的房地产价值一般是通过预测来求取。对于销售的房地产，通常可以采用比较法和长期趋势法（长期趋势法的内容见本书第八章）相结合的方法，即根据同类用途和性质的房地产过去和现在的价格及其未来可能的变化趋势来推测。比较的单位通常是单价。对于出租和营业的房地产（写字楼和商业楼宇等），其开发完成后的房地产总价的确定，首先采用比较法并考虑未来的变化趋势，预测所开发房地产未来租赁或经营期间的租赁或经营净收益，然后采用收益法将该净收益转化为房地产总价。

五、估算各项成本费用

1. 估算开发成本

开发成本包括：前期工程费、基础设施费用、房屋建筑安装工程费用、公共配套设施费用等。可以采用比较法来估算开发成本，即通过当地同类房地产开发项目当前的开发成本来估测，如果预计建筑材料价格和建筑人工费用等在将来可能有较大的变化，还要考虑未来建筑材料价格、建筑人工费用等的变化对开发成本的影响；也可以采用类似建筑工程概预算的方法来估算开发成本。

2. 估算管理费用

管理费用主要是指开办费和开发过程中管理人员工资等，一般根据开发成本的一定比例估算。

3. 估算投资利息

应计算投资利息的项目包括：未知的地价、开发成本、管理费用、销售费用、投资者购买待开发土地应负担的税费。这些费用，不管是自有资金还是借入资金都要计算投资利息。这些费用在房地产开发建设过程中投入的时间不同。在确定投资利息额时，必须根据计息项目的投入额、各自在开发过程中占用的时间长短和当时的贷款利息率高低进行计算。未知的地价款需在开发投资前一次付清，所以，预付地价款的利息额应以全部预付的价款按整个开发建设工期计算（不考虑预售和延迟销售）。开发成本、管理费用不是发生在一个时点，而是在开发建设期内连续发生。在估价实务中，为了计算上的方便，可以假设开发成本和管理费用在开发建设期内均匀发生，在这一假设前提下，开发成本和管理费用的投资利息以全部开发成本和管理费用为基数，按开发建设期的一半计算；如果有分年度投入的数据，则可进一步细化，例如，开发建设期为两年，则第一年投入部分的计息期为一年半，第二年投入部分的计息期为半年。另外，投资利息的计息方式有单利计息和复利计息两种。

4. 估算销售税费

销售税费包括销售费用（销售广告宣传费、委托销售代理费用等）、销售税金及附加（增值税、城市维护建设税、教育费附加）和其他销售税费（应当由卖方负担的印花税、交易手续费、产权转移登记费等）。销售税金应当根据当前政府的税收政策估算。销售费用一般以开发完成后的房地产总价的一定比率计算。

5. 估算投资者购买待开发土地应负担的税费

投资者购买待开发土地应负担的税费，是假设一旦购买了待开发土地，在交易时作为买方应负担的有关税费，如契税、交易手续费等。该项税费通常是根据当地的规定，按待开发土地价值的一定比率测算。

六、确定开发商的合理利润

确定开发商合理利润的关键是确定合理利润率，这个利润率通常为同一市场上类似房地产开发项目所要求的平均利润率。在测算开发商合理利润时要注意计算基数和利润率的对应。投资利润率的计算基数一般包括土地取得成本、开发成本、管理费用、销售费用。销售利润率的计算基数一般为开发完成后的房地产价值。

七、确定待估价土地的价格

根据上述各个项目的预测、估算，代入相应的估价公式，就可以计算出待开发土地的价格。在具体计算时，由于开发完成后的房地产价格、开发成本、地价等实际发生的时间不在同一时点，而且有的时间间隔还较长，因此计算待开发土地价格时有两种计算方法：静态方式估价和动态方式估价。静态方式估价不考虑各项价格与成本费用的时间差异，即不是将它们折算到同一时间上的价值，而是直接相加减，因此需详细计算各项投资的利息，计息期通常到开发完成为止（不考虑预售和延迟销售）。动态方式估价将各项价格与成本费用都统一到同一时点（价值时点）上，即以价值时点为基准进行折现，然后再相加减。采用静态方式估价时，单独计算投资利息和开发利润；而采用动态方式估价时，不单独计算投资利息和开发利润，而是隐含在折现过程中，折现过程中选用的折现率应等同于同一市场上类似房地产开发项目所要求的平均报酬率。实际估价时宜采用动态方式估价，难以采用动态方式估价时，可以采用静态方式估价。

相关知识链接：

在实际运用假设开发法评估待开发房地产的价值时，面临着待开发房地产是继续由其拥有者或房地产开发企业开发，还是要被其拥有者或房地产开发企业自愿转让给他人开发，或者要被人民法院等强制拍卖、变卖给他人开发。在这三种情形下，预测出的开发经营期的长短和后续必要支出的多少是不同的，从而导致测算出的待开发房地产价值是不同的。

假设开发法的估价前提应根据估价目的和估价对象所处开发建设状态等情况，并经过分析，选择下列之一：①估价对象仍然由其拥有者或房地产开发企业开发，可将这种估价前提称为“业主自行开发前提”；②估价对象要被其拥有者或房地产开发企业自愿转让给他人开发，可将这种估价前提称为“自愿转让开发前提”；③估价对象要被迫转让给他人开发，可将这种估价前提称为“被迫转让开发前提”。同一估价对象在这三种不同的估价前提下运用假设开发法估价，评估出的价值往往是不同的。一般情况下，自行开发的前提下评估出的价值，要大于自愿转让下评估出的价值；自愿转让前提下评估出的价值，要大于被迫转让前提下评估出的价值。

第三节 假设开发法应用举例

【案例一】

1. 待估价对象概况

待估价对象为一块“七通一平”的待开发建筑空地，土地总面积为10000m²，形状规则，允许用途为商业居住混合，规划容积率为6，允许建筑覆盖率≤50%，土地使用权出让年限为50年，出让时间为2017年5月。

2. 估价要求

评估该土地在2017年5月出让时的正常购买价格（采用动态方式估价）。

3. 估价过程

(1) 选择估价方法　该块土地为待开发建筑空地，适合采用假设开发法估价，因此选用假设开发法。

(2) 选择最佳的开发利用方式　通过市场调查研究，得知该块土地的最佳开发利用方式如下：①用途为商业、居住混合用途。②容积率达到最大的允许程度，即为 6，故总建筑面积为 60000m^2。③建筑覆盖率为 50%。④建筑物层数确定为 12 层，各层建筑面积均为 5000m^2，其中地上一至二层为商业用房，建筑总面积为 10000m^2，地上三至十二层为住宅，建筑总面积为 50000m^2。

（3）估计开发建设期　估计开发建设期为三年，即 2020 年 5 月全部建成并投入使用。

（4）估测开发完成后的房地产价值　根据对市场的调查分析，预计商业用房在建成后即可全部售出，其平均售价为每平方米建筑面积 10000 元；住宅部分在建成后可售出 30%，半年后再售出 50%，其余 20%在建成后一年才能售出，住宅部分的平均售价为每平方米建筑面积 5000 元。

（5）估算各项成本费用　预计开发成本为 9600 万元，管理费用为开发成本的 6%；年利息率为 6%；广告宣传和销售代理等销售费用为预期楼价的 3%，建成出售时由卖方承担的增值税、印花税和交易手续费等销售税费为预期楼价的 6%，另外如果得到该土地，还需要按求得地价款的 3%缴纳有关税费。

在未来三年的开发建设期内，开发费用的投入情况为：第一年需投入 50%的开发成本和相应的管理费用；第二年需投入 30%的开发成本和相应的管理费用；第三年需投入 20%的开发成本和相应的管理费用。假设开发费用在各年度内都是均匀投入。

（6）计算地价　计算的基准时间为该土地的出让时间，即 2015 年 5 月，折现率取 15%。

1）预期楼价＝商业楼价＋住宅楼价

$$=\left[\frac{10000\times10000}{(1+15\%)^{3}}+\frac{5000\times50000\times30\%}{(1+15\%)^{3}}+\frac{5000\times50000\times50\%}{(1+15\%)^{3.5}}+\frac{5000\times50000\times20\%}{(1+15\%)^{4}}\right]\text{元}$$

$$=22029.51\text{ 万元}$$

2）开发成本$=\left[\frac{9600\times50\%}{(1+15\%)^{0.5}}+\frac{9600\times30\%}{(1+15\%)^{1.5}}+\frac{9600\times20\%}{(1+15\%)^{2.5}}\right]$万元

$$=8165.15\text{ 万元}$$

3）管理费用＝8165.15 万元×6%＝489.91 万元

4）销售费用＝22029.51 万元×3%＝660.89 万元

5）销售税费＝22029.51 万元×6%＝1321.77 万元

6）购地税费总额＝总地价×3%＝0.03 总地价

7）计算总地价

总地价＝22029.51－8165.15－489.91－660.89－1321.77－0.03×总地价

总地价$=\frac{22029.51-8165.15-489.91-660.89-1321.77}{1+0.03}$万元

＝11059.99 万元

单位地价 ＝ 11059.99 万元 ÷ 10000m^2 ＝ 11059.99 元 /m^2

楼面地价 ＝ 11059.99 元 /m^2 ÷ 6 ＝ 1843.33 元 /m^2

【案例二】

有一宗“七通一平”的待开发建筑用地，土地面积为 2000m^2，建筑容积率为 3，拟开发建设写字楼，开发建设期为 2 年，开发成本为 3000 元/m^2，管理费用为开发成本的 10%，开发成本和管理费用在建设期内均匀投入。该写字楼建成后即可出售，预计售价为 9000 元/m^2，销售费用为预期楼价的 3%，销售税费为预期楼价的 6%，当地银行年贷款利率为 6%，开发商要求的投资利润率为 15%。

试利用静态方式（按复利计息）估算该宗土地目前的单位地价和楼面地价。

【答案】 1. 确定评估方法

现已知楼价的预测值和各项开发成本及费用，可采用假设开发法评估地价。

2. 计算预期楼价

$$预期楼价=9000 元/m^2 \times 2000m^2 \times 3=5400 万元$$

3. 计算开发成本和管理费用

$$开发成本=3000 元/m^2 \times 2000m^2 \times 3=1800 万元$$

$$管理费用=1800 万元 \times 10\%=180 万元$$

4. 计算销售费用和税费

$$销售费用=5400 万元 \times 3\%=162 万元$$

$$销售税费=5400 万元 \times 6\%=324 万元$$

5. 计算投资利息

$$\begin{aligned}利息&=地价 \times [(1+6\%)^2-1]+(1800+180) \times [(1+6\%)^1-1] 万元\\&=地价 \times 0.12+118.80 万元\end{aligned}$$

6. 计算投资利润

$$\begin{aligned}投资利润&=(地价+开发成本+管理费用) \times 投资利润率\\&=地价 \times 15\%+1980 万元 \times 15\%\\&=地价 \times 0.15+297 万元\end{aligned}$$

7. 求取地价

$$地价=5400-1800-180-162-324-地价 \times 0.12-118.8-地价 \times 0.15-297$$

$$地价=\frac{5400-1800-180-162-324-118.80-297}{1+0.12+0.15}万元=1982.83 万元$$

8. 评估结果

$$单位地价=1982.83 万元 \div 2000m^2=9914.15 元/m^2$$

$$楼面地价=9914.15 元/m^2 \div 3=3304.72 元/m^2$$

本章小结

假设开发法是将预计的估价对象开发完成后的价值，扣除预计的正常开发成本、税费和利润等，以此估算估价对象的客观合理价格或价值的方法。其理论依据是预期收益原理。

假设开发法适用于具有投资开发和再开发潜力的房地产的估价，如待开发的土地、待拆迁的再开发房地产、具有装修改造潜力的旧房、在建工程等。假设开发法除适用于估价外，还可用于房地产开发项目投资分析，为房地产开发商的投资决策提供依据。该方法的运用应具备一定的条件。

假设开发法的估价步骤包括：调查待开发房地产的基本情况；选择最佳的开发利用方式；估计开发经营期；预测开发完成后的房地产价值；估算开发成本、管理费用、投资利息、销售税费、开发利润及投资者购买待开发房地产应负担的税费；进行具体计算，求出待开发房地产的价值。在具体运用该方法进行估价时，由于开发完成后的房地产价值、开发成本、地价等实际发生的时间不在同一时点，而且有的时间间隔还较长，因此计算待开发房地产价格时有两种方法，即静态方式估价和动态方式估价。静态方式估价不考虑各项价格与成本费用的时间差异，即不是将它们折算到同一时间上的价值，而是直接相加减，因此需详细计算各项投资的利息，计息期通常到开发完成为止（不考虑预售和延迟销售）。动态方式估价将各项价格与成本费用都统一到同一时点（价值时点）上，即以价值时点为基准进行折现，然后再相加减。采用静态方式估价时，单独计算投资利息和开发利润；而采用动态方式估价时，不单独计算投资利息和开发利润，而是隐含在折现过程中，折现过程中选用的折现率应等同于同一市场上类似房地产开发项目所要求的平均报酬率。实际估价时宜采用动态方式估价，难以采用动态方式估价时，可采用静态方式估价。

本章练习题

一、单选题（每题的备选答案中只有一个最符合题意）

1. 假设开发法适用于具有（　　）的房地产估价。

A. 投资开发价值　　B. 投资开发潜力

C. 投资开发前景　　D. 投资开发或再开发潜力

2. 假设开发法估价在选取估价对象最佳开发利用方式时，其中最重要的是选取(　　)。

A. 最佳用途　　B. 最佳规模

C. 最佳集约度　　D. 最佳开发时机

3. 采用假设开发法的静态方式进行房地产估价时，一般不计息的项目是（　　）。

A. 未知、需要求取的待开发房地产的价值

B. 投资者购买待开发房地产应负担的税费

C. 开发成本、管理费用、销售费用

D. 销售税费

4. 运用假设开发法评估某待开发房地产的价值时，若采用动态方式计算，则该待开发房地产开发经营期的起点应是（　　）。

A. 待开发房地产开发建设开始时的具体日期

B. 待开发房地产建设的发包日期

C. 取得待开发房地产的日期

D. 房地产开发完成并投入使用的日期

5. 运用假设开发法中的现金流量折现法（动态方式）估价时，无须做的是（　　）。

A. 估算后续开发经营期

B. 估算后续开发的各项支出、收入

C. 估算后续开发各项支出、收入在何时发生

D. 估算开发期中的利息和利润

二、多选题（每题的备选答案中，有两个或两个以上符合题意的答案）

1. 预期收益原理是（　　）等估价方法的理论依据。

A. 比较法　　B. 收益法

C. 成本法　　D. 假设开发法

E. 路线价法

2. 假设开发法适用于（　　）房地产的估价。

A. 生地、毛地、熟地　　B. 期房

C. 现房　　D. 旧房改建

E. 在建工程

3. 运用假设开发法估价，需要测算（　　）。

A. 开发成本　　B. 待开发房地产的销售税费

C. 管理费用　　D. 投资利息、销售费用、销售税费

E. 开发利润及投资者购买待开发房地产应负担的税费

4. 假设开发法中求取在建工程价值的扣除项目有（　　）。

A. 土地取得成本　　B. 续建管理费用

C. 续建投资利息　　D. 续建完成后房地产销售费用

E. 取得在建工程的税费

5. 在假设开发法的传统方法（静态方式估价）中计算投资利息时，应计息的项目包括（　　）。

A. 待开发房地产的价值　　B. 待开发房地产取得的税费

C. 续建开发成本　　D. 销售费用

E. 销售税金

三、判断题（用“√”表示正确，用“×”表示错误）

1. 假设开发法用于投资分析与用于估价的不同之处是：在选取有关参数和测算有关数值时，投资分析是站在一般投资者的立场上，而估价是站在某个特定投资者的立场上。（　　）

2. 对于有城市规划条件要求，但其城市规划设计条件尚未正式明确的地块，通常不适合采用假设开发法估价。（　　）

3. 在假设开发法估价中，估价结果的可靠程度主要取决于是否能准确预测开发完成后的房地产价值以及需支出的成本、费用和税金等，而与判断房地产的开发利用方式无关。（　　）

4. 在假设开发法的现金流量折现法（动态方式估价）中，待开发房地产取得税费、后续开发成本、管理费用、销售费用、销售税费等，主要是根据估价对象的相应生产水平估计

出的。（　　）

5. 在假设开发法中，开发完成后的价值是指开发完成后的房地产状况所对应的价值，开发完成后的价值对应的时间不一定是开发完成之时。（　　）

四、简答题

1. 什么是假设开发法？其理论依据是什么？
2. 假设开发法适用于哪些房地产的估价？
3. 假设开发法的计算公式有哪些？
4. 假设开发法的估价步骤是什么？
5. 如何估算各项成本费用和开发商的合理利润？

五、计算题

1. 有一宗“七通一平”的熟地需要评估，评估基准日是2017年3月1日。通过调查得知：该土地的面积为7000m^2，土地使用权剩余年限为45年，建筑容积率为4，适宜建造商品住宅；预计从取得土地到商品住宅建成的开发建设期为2年；建筑安装工程费为每平方米建筑面积2500元，勘察设计等专业费用及管理费用为建筑安装工程费用的8%，第一年需投入60%的建筑安装工程费用、专业费用及管理费用，第二年需投入40%的建筑安装工程费用、专业费用及管理费用；销售商品住宅时的广告宣传等费用为其售价的2%，销售商品住宅需交纳的增值税等为其交易价格的6%，购买该土地买方须交纳的税费为土地价格的3%；预计该商品住宅在建成时可全部售出，售出时的平均售价为每平方米建筑面积6000元。试利用所给资料采用动态方式估算该宗土地在2017年3月1日的正常购买总价、单价及楼面地价（折现率为15%）。

2. 有一成片荒地需要估价。获知该成片荒地的面积为5平方公里，适宜进行“五通一平”的开发后分块有偿出让，可转让土地面积的比率为60%；附近地区与之位置相当的“小块”“五通一平”熟地的单价为1000元/m^2；开发期为3年；经测算，将该成片荒地开发为“五通一平”熟地的开发成本、管理费用等需要2.8亿元/平方公里；贷款年利率为6%；投资利润率为12%；当地土地转让中卖方需要缴纳的税费为转让价格的6%，买方需要交纳的税费为转让价格的3%。试采用静态方式（按复利计息）估算该成片荒地的总价和单价。

第八章

长期趋势法

章前引言

房地产价格通常有上下波动，在短期内难以看出其变动规律和发展趋势，但从长期来看，会呈现出一定的变动规律和发展趋势。长期趋势法是依据一系列已知的房地产价格数据，运用一定的数学方法对未来房地产价格进行预测和判断的一种方法。这一方法除了用于推测、判断房地产的未来价格，还可用于假设开发法中开发完成后的房地产价值的预测、收益法中未来净收益的预测以及比较法中对可比实例成交价格进行市场状况调整等。

本章主要介绍长期趋势法的概念、特点、适用条件、估价步骤、几种主要长期趋势法的内容。

学习目标

1. 了解移动平均法和指数修匀法。

2. 熟悉长期趋势法的基本原理及直线趋势法、平均增减量法和平均发展速度法的应用。

第一节　长期趋势法的基本原理

一、长期趋势法的概念

长期趋势法是以房地产过去的价格资料为依据，通过比较分析找出其中的变化规律，从而对房地产的未来价格做出推测、判断的一种方法。

从较长时期来看，房地产价格会呈现出一定的变化规律和发展趋势。因此，人们可以根据某宗或某类房地产过去较长时期的价格资料，并按照时间顺序排列形成时间序列，从而找出该宗或该类房地产价格的变化过程、方向和趋势，然后进行类推或外延，这样就可以对该宗或该类房地产在将来某一时点的价格做出比较肯定的推测和判断，即评估出该宗或该类房地产的价格。

长期趋势法主要用于对房地产未来价格的推测和判断，如用于假设开发法中预测开发完成后的房地产价值。另外，长期趋势法还可以用来预测收益法中的未来净收益以及用于比较法中对可比实例成交价格进行市场状况调整等。

二、长期趋势法的特点

1. 估价结果带有预测性

长期趋势法是根据房地产价格的历史资料进行估价的，其前提是假设房地产价格的历史变动趋势会延伸到未来。但是，影响房地产价格的因素是错综复杂、不断变化的，房地产市场也不可能是过去的简单复制。所以，这种以预测为主的估价方法不宜单独运用，只能作为其他估价方法的补充和验证。

2. 根据时间序列排列的房地产价格不存在单一的规律性

从较长时期来看，房地产价格呈现上升或下降趋势。但从具体的数据资料看，其增减额度不可能完全相同，时而上升时而下降也是正常现象。房地产价格的变动主要表现为以下几种类型：①长期趋势变动。即从长期的时间序列看，房地产价格呈上升趋势，或呈下降趋势，或呈平稳发展趋势。②循环变动。固定资产投资和国民经济发展有一定的循环周期，这就使房地产价格出现周期性循环变动。③不规则变动。战争、政局变动、自然灾害以及心理预期等突发或偶然因素都会影响房地产价格，这种价格变动往往没有规律可循。

3. 撇开了价格变化的因果关系

房地产价格受许多因素的影响，但是长期趋势法不考虑这些因素与房地产价格之间的关系，它只是根据房地产价格的历史数据预测、判断未来的房地产价格。因此这种方法比较适合于对某类房地产价格总体水平的预计。

三、长期趋势法的适用条件及操作步骤

1. 长期趋势法的适用条件

长期趋势法的适用条件是拥有估价对象或类似房地产的较长时期的历史价格资料，而且所拥有的历史资料要真实。拥有越长时期、越真实的历史价格资料，做出的预测、

判断就越准确可信，因为越是长期越可以消除房地产价格的短期上下波动和异常波动等不规则变动。

2. 长期趋势法的操作步骤

1）搜集估价对象或类似房地产的历史价格资料。

2）分析整理价格资料并排成时间序列。对于搜集到的房地产价格资料，要进行检查鉴别，以保证其真实可靠，将其化为同一标准，并按照时间先后顺序将它们编排成时间序列，画出时间序列图。

3）分析上述时间序列，找出估价对象的价格随时间变化而呈现的规律性，并以数学模型表达。

4）以此数学模型推测、判断估价对象在价值时点的价格。

四、长期趋势法的主要方法

长期趋势法的主要方法有数学曲线拟合法、平均增减量法、平均发展速度法、移动平均法、指数修匀法。

第二节　数学曲线拟合法及其应用

数学曲线拟合法主要有直线趋势法、指数曲线趋势法和二次抛物线趋势法。其中最简单、最常用的是直线趋势法，故仅介绍直线趋势法。

一、直线趋势法的基本公式

当估价对象或类似房地产历史价格的时间序列散点图表现出明显的直线趋势时，即房地产价格表现为近似直线的上升或下降时，可用直线趋势法评估房地产的价格。

运用直线趋势法评估房地产价格的基本公式为

$$Y = a + bX$$

式中　Y——表示各时期的房地产价格（元/m^2）；

X——表示时间；

a、b——待定的参数（元/m^2）。

运用直线趋势法评估房地产价格的关键是确定 a、b 的值。根据最小二乘法，确定 a、b 值的公式为

$$a = \frac{\sum Y - b\sum X}{N}$$

$$b = \frac{N\sum XY - \sum X\sum Y}{N\sum X^2 - (\sum X)^2}$$

实际计算时，为减少计算的工作量，可使 $\sum X = 0$。其方法是当时间序列的项数为奇数时，设中间项 $X=0$，中间项之前的项依次为−1，−2，−3，…，中间项之后的项依次为1，2，3，…；当时间序列的项数为偶数时，以中间两项对称，前者依次设为−1，−3，

-5,…，后者依次设为 1，3，5，…，这样就可使 $\sum X=0$。当 $\sum X=0$ 时，确定 a、b 值的公式可以简化为

$$a=\frac{\sum Y}{N}$$

$$b=\frac{\sum XY}{\sum X^2}$$

上式中 N 表示时间序列的项数，$\sum X$、$\sum X^2$、$\sum Y$、$\sum XY$ 的数值，可以分别从价格实际值和时间数列值中求得。

采用直线趋势法时，数据点的多少决定着估价的可靠程度，所需数据点的数量又取决于房地产价格本身的性质和当时的市场情况。一般来说，数据点较多为好。

二、直线趋势法的应用

【例 8-1】 某地区某类普通商品住宅 2007～2016 年的价格资料见表 8-1 第 4 列。请运用直线趋势法预测该类普通商品住宅 2017 年的价格。

表 8-1　某地区某类普通商品住宅 2007～2016 年的价格资料

年　份	序数	X	房地产价格 Y/（元/m^2）	XY	X^2	趋势值($a+bX$)
2007	1	−9	2200	−19800	81	1974.54
2008	2	−7	2400	−16800	49	2362.42
2009	3	−5	2700	−13500	25	2750.30
2010	4	−3	3000	−9000	9	3138.18
2011	5	−1	3400	−3400	1	3526.06
2012	6	1	3800	3800	1	3913.94
2013	7	3	4200	12600	9	4301.82
2014	8	5	4700	23500	25	4689.70
2015	9	7	5300	37100	49	5077.58
2016	10	9	5500	49500	81	5465.46
		$\Sigma X=0$	$\Sigma Y=37200$	$\Sigma XY=64000$	$\Sigma X^2=330$	

【答案】$N=10$

因 $\Sigma X=0$，所以，

$a=\Sigma Y/N=37200/10=3720$

$b=\Sigma XY/\Sigma X^2=64000/330=193.94$

因此，描述该类商品住宅价格变动的长期趋势的具体方程为

$$\begin{aligned}Y&=a+bX\\&=3720+193.94X\end{aligned}$$

根据这个方程式预测该类商品住宅 2017 年的价格为

$$Y = 3720 + 193.94X$$
$$= 3720 + 193.94 \times 11$$
$$= 5853.34(\text{元}/\text{m}^2)$$

第三节　平均增减量法及其应用

一、平均增减量法的计算公式

当房地产价格随着时间的变化呈现出持续上升或下降的趋势，且各期上升或下降的数额大体接近时，可以运用平均增减量法进行预测，否则，如果各期上涨额或下降额很不均匀，就不宜采用这种方法。

平均增减量法的计算公式为

$$P_i = P_0 + d \times i$$

$$d = \frac{(P_1 - P_0) + (P_2 - P_1) + \cdots + (P_n - P_{n-1})}{n}$$

$$= \frac{P_n - P_0}{n}$$

式中　P_i——第 i 期（可为年、半年、季、月等）房地产价格的趋势值；

P_0——基期房地产价格的实际值；

i——时期序数，$i=1, 2, 3, \cdots, n$；

d——逐期增减量的平均值。

二、平均增减量法的应用

【例 8-2】 通过调查得知某地区某类住宅用地 2011～2015 年的历史价格资料，并按时间顺序排列，见表 8-2。需要预测该地区该宗住宅用地 2016 年的价格。

表 8-2　某地区某类住宅用地 2011～2015 年的历史价格资料

年份	序号	住宅用地价格的实际值/（元/m²）	逐年上涨额/（元/m²）	住宅用地价格的趋势值/（元/m²）
2011	0	1100	—	—
2012	1	1150	50	1147
2013	2	1195	45	1194
2014	3	1243	48	1241
2015	4	1288	45	1288

【答案】从表 8-2 所给的数字中，可以计算出该住宅用地 2011～2015 年价格的逐年上涨额大致相同，并且运用逐年上涨额的平均值计算的趋势值基本接近实际值。因此可以运用平均增减量法预测该宗住宅用地 2016 年的价格。该类住宅用地逐年上涨额的

平均值为

$$d=\frac{50+45+48+45}{4}\text{元}/\text{m}^2=47\text{元}/\text{m}^2$$

则该宗住宅用地 2016 年的价格为

$$P_5=(1100+47\times5)\text{元}/\text{m}^2=1335\text{元}/\text{m}^2$$

第四节　平均发展速度法及其应用

一、平均发展速度法的计算公式

当房地产价格随着时间的变化呈现出持续上升或下降的趋势，且各期上升或下降的幅度大体接近，可以运用平均发展速度法进行预测，否则，就不宜采用这种方法。

平均发展速度法的计算公式为

$$P_i=P_0\times t^i$$

$$t=\sqrt[n]{\frac{P_1}{P_0}\times\frac{P_2}{P_1}\times\cdots\times\frac{P_n}{P_{n-1}}}=\sqrt[n]{\frac{P_n}{P_0}}$$

式中　t——房地产价格平均发展速度。

二、平均发展速度法的应用

【例 8-3】 通过调查得知某地区某类住宅用地 2011～2015 年的历史价格资料，并按时间顺序排列，见表 8-3。需要预测该地区该宗住宅用地 2016 年的价格。

表 8-3　某地区某类住宅用地 2011～2015 年的历史价格资料

年　份	序　号	住宅用地价格的实际值/(元/m²)	逐年发展速度（%）	住宅用地价格的趋势值/(元/m²)
2011	0	1000	—	—
2012	1	1115	111.5	1109.0
2013	2	1226	110.0	1229.9
2014	3	1350	110.1	1363.9
2015	4	1515	112.2	1512.6

【答案】从表 8-3 所给的数字中，可以计算出该类住宅用地 2011～2015 年价格的逐年发展速度大体接近，据此可以计算出 4 年的平均发展速度，并用平均发展速度推算出各年的趋势值。该类住宅用地价格的平均发展速度为

$$t=\sqrt[4]{\frac{1515}{1000}}=1.109$$

则该宗住宅用地 2016 年的价格为

$$P_5=1000\text{元}/\text{m}^2\times1.109^5=1677.5\text{元}/\text{m}^2$$

第五节 其他趋势法

一、移动平均法

当房地产价格的时间序列呈现出逐期增加额或减少额为时高时低、变动较大时，运用移动平均法，可以消除价格的不规则变动。

移动平均法是对原有价格按照时间序列进行修匀，即采用逐期递移的方法分别计算一系列移动的时序价格平均数，形成一个新的派生平均价格的时间序列，借以消除价格短期波动的影响，显现出价格变动的基本发展趋势。在实际运用中，移动平均法可分为简单移动平均法和加权移动平均法。

1. 简单移动平均法

简单移动平均法是指时间序列按一定的跨越期，移动计算观察数据的算术平均数，形成一组新的数据。

在计算移动平均数时，移动平均的项数视具体情况而定，如果序数多，变动周期长，移动平均的项数选择可以大一些，如 6～12 月；如果采集的数据数量较少，移动平均的项数选择不宜过大，否则容易造成估算数据不准确。

【例 8-4】 某地区某类商品住宅 2016 年 1～12 月的价格资料见表 8-4 第 2 列。试以 5 作为移动平均的项数，预测该类商品住宅 2017 年 1 月的价格。

表 8-4 某地区某类商品住宅 2016 年 1～12 月的价格 （单位：元/m^2）

月　份	商品住宅价格实际值	每 5 个月的移动平均数	移动平均数的逐月上涨额
1	6700	—	—
2	6800	—	—
3	6900	6840	—
4	6800	6940	100
5	7000	7040	100
6	7200	7140	100
7	7300	7260	120
8	7400	7380	120
9	7400	7500	120
10	7600	7620	120
11	7800	—	—
12	7900	—	—

【答案】对于上例，采用每 5 个月的实际值计算其移动平均值。计算结果见表 8-4 第 3 列。然后根据每 5 个月的移动平均值计算其逐月上涨额，计算结果见表 8-4 第 4 列。

估测该类商品住宅 2017 年 1 月的价格，其计算方法如下：由于最后一个移动平均数与价值时点 2017 年 1 月间隔 3 个月，所以估测该类商品住宅 2017 年 1 月的价格为

$$7620\ 元/m^2 + 120\ 元/m^2 \times 3 = 7980\ 元/m^2$$

2. 加权移动平均法

一般来说，越是接近估价日期的房地产价格对待估价房地产价格的影响越大，因此，对不同时期的房地产价格赋予不同的权数，更能使估价结果符合实际。

所谓加权移动平均法，就是根据对待估价房地产影响程度的不同，对各期的房地产价格赋予不同的权数，再求其移动平均值，并以最后的移动平均值为基础计算待估房地产的价格。

二、指数修匀法

指数修匀法是以本期的实际值和本期的预测值为根据，经过修匀之后得出下一时期预测值的一种预测方法。

如果以 P_{i+1} 表示第 $i+1$ 期的预测值；P_i 表示第 i 期的预测值；P_i' 表示第 i 期的实际值；α 代表修匀常数，$0 \leqslant \alpha \leqslant 1$，则指数修匀法的计算公式为

$$P_{i+1} = \alpha P_i' + (1-\alpha) P_i$$

指数修匀法的关键在于修匀系数 α 的确定。在实际应用中，可通过试算的方法来确定 α 值。比如，对同一预测对象用 0.3、0.5、0.7、0.9 进行试算，看哪个常数修正的预测值与实际值的绝对误差最小，就以这个常数进行修正最合适。

本章小结

长期趋势法是依据一系列已知的房地产价格数据，运用一定的数学方法对未来房地产价格进行预测和判断的一种方法。长期趋势法的适用条件是拥有估价对象或类似房地产较长时期的历史价格资料，而且拥有的历史资料要真实。长期趋势法的运用步骤包括：收集价值对象或类似房地产的历史价格资料；分析整理价格资料并排成时间序列；找出估价对象价值随时间变化的规律性，并以一定的数学模型表达，并以该模型推测、判断估价对象在价值时点的价格。长期趋势法除了用于推测、判断房地产的未来价格，还可用于假设开发法中开发完成后的房地产价值的预测、收益法中未来净收益的预测以及比较法中对可比实例成交价格进行市场状况调整等。

本章练习题

一、单选题（每题的备选答案中只有一个最符合题意）

1. 当房地产价格的变动过程持续上升或者下降，并且各期上升或下降的数额大致接近时，宜采用（　　）预测房地产的未来价格。

A. 数学曲线拟合法　　　　B. 平均增减量法

C. 平均发展速度法　　　　D. 移动平均法

2. 在房地产估价中，长期趋势法运用的假设前提是（　　）。

A. 过去形成的房地产价格变动趋势在未来仍然存在

B. 市场上能找到充分的房地产历史价格资料

C. 房地产市场在过去无明显的季节变动

D. 政府关于房地产市场调控的有关政策不会影响房地产的历史价格

3. 直线趋势法 $Y=a+bX$ 中的参数 a、b，是由（　　）决定的。

A. 房地产的历史价格资料

B. 房地产的未来价格资料

C. 房地产的现实价格资料

D. 估价师选取的现时和未来的价格资料

4. 某类房地产的历史价格变动时高时低，但其历史价格的时间序列散点图表现出明显的直线趋势，现在要预测该类房地产的未来价格，应选用的预测方法是（　　）。

A. 平均发展速度法　　B. 平均增减量法

C. 直线趋势法　　D. 中位数法

二、多选题（每题的备选答案中，有两个或两个以上符合题意的答案）

1. 长期趋势法包括（　　）等方法。

A. 数学曲线拟合法　　B. 平均增减量法

C. 平均发展速度法　　D. 年限法

E. 指数修匀法

2. 长期趋势法除了用于推测、判断房地产的未来价格，还可用于（　　）。

A. 假设开发法中开发完成后的房地产价值的预测

B. 收益法中未来租金、运营费用的预测

C. 成本法中对先前发生费用的正确性的校核

D. 比较法中对房地产状况进行调整

E. 某些缺乏的房地产历史价格资料的填补

三、判断题（用“√”表示正确，用“×”表示错误）

1. 长期趋势法适用对象是价格有明显季节波动的房地产，适用的条件是拥有估价对象或类似房地产较长时期的历史价格资料，而且所拥有的历史价格资料必须真实。（　　）

2. 运用平均发展速度法进行估价的条件是，房地产价值的变动过程是持续上升或下降的，且各期上升或下降的幅度大致接近，否则就不适宜采用这种方法。（　　）

3. 移动平均法是对原有价格按照时间序列进行修匀，即采用逐项递移方法分别计算一系列移动的时序价格平均数，形成一个新的派生平均价格的时间序列，借以消除价格短期波动的影响，显现出价格变动的基本发展趋势。（　　）

4. 运用平均增减量法进行预测的条件是，房地产价格的变动过程是持续上升或下降的，并且上升或下降的幅度大致接近，否则就不宜采用这种方法。（　　）

5. 长期趋势法中拥有越长时间的历史价格资料，做出的推测、判断就越准确、可信。（　　）

四、简答题

1. 什么是长期趋势法？

2. 长期趋势法的适用条件是什么？

3. 长期趋势法的操作步骤是什么？

4. 直线趋势法、平均增减量法、平均发展速度法的应用条件分别是什么？

五、计算题

1. 通过市场调查获知，某地区 2009～2012 年普通商品住宅平均价格水平分别为 4682 元/m^2、4887 元/m^2、5037 元/m^2、5192 元/m^2。若采用平均增减量法预测，该地区普通商品住宅 2014 年的价格为多少元/m^2？

2. 某地区普通商品住宅价格自 2011～2016 年分别为 6200 元/m^2、6520 元/m^2、6850 元/m^2、7200 元/m^2、7580 元/m^2、7970 元/m^2。若采用平均发展速度法预测，该地区普通商品住宅 2017 年的价格为多少元/m^2？

第九章

土地价格评估

章前引言

一般的土地估价方法主要是本书第四~七章所介绍的估价方法，并且这些估价方法主要适用于单宗土地的估价。在有路线价的条件下，可采用路线价法求取待估价土地的价格。在有基准地价的地区，也可以通过对基准地价的修正来求取待估价土地的价格。

本章主要学习如何运用路线价法和基准地价修正法对大批量土地进行价格评估。

学习目标

1. 了解路线价法的概念、理论依据和适用范围。
2. 掌握路线价法的操作步骤和基准地价修正法的评估步骤。
3. 熟悉深度指数表的编制方法、主要路线价法及其应用。

第一节　路 线 价 法

一、路线价法的基本原理

1. 路线价法的概念

路线价法是对面临道路且可及性相当的城市土地设定标准深度，选取若干标准宗地求其平均价格，将此平均价格称为路线价，然后再配合深度指数表和其他修正率表，计算出面临该道路的其他土地价格的一种估价方法。

2. 路线价法的理论依据

路线价法的基本理论依据是，面临特定街道的土地价格与其临街深度大小关系很大，土地价格随临街深度增加而递减，一宗临街土地，越接近街道，其利用价值越大，价格越高；距街道越远，其利用价值越小，价格越低。面临同一街道的宗地根据其地价的相似性，可划分为不同的地价区段。在同一路线价区段内的宗地，虽然地价基本接近，但由于宗地的临街深度、临街宽度、形状、面积、位置等仍有差别，地价也会出现差异，所以需要制订各种修正率，对路线价进行调整。因此，路线价法的理论基础也是替代原理。在路线价法中，面临同一道路的其他土地的价格，是以路线价为基准，考虑其临街深度、临街宽度、土地形状、临街状况等，进行适当的修正求得。

3. 路线价法的适用范围

路线价法主要适用于城市商业街道两侧土地的估价。

一般的土地估价方法如收益法、比较法主要适用于单宗土地的估价，而且估价需要花费较长的时间。路线价法是一种快速、相对公平合理，能节省人力、财力，可以同时对大量土地进行估价的方法，特别适用于房地产税收、土地的重新规划、房地产征收补偿等需要在大范围内对大量土地进行估价。

路线价法的应用必须满足一定的条件，首先要求街道较规整，临街各宗土地的排列较整齐；其次，要有完善合理的深度指数表和其他修正率表，因为在路线价确定以后，各幅土地的价格主要取决于该土地的深度指数和其他修正率。

二、路线价法的操作步骤

运用路线价法评估土地价格，一般分为以下几个步骤：

1. 划分路线价区段

一个路线价区段是指具有同一路线价的地段。划分路线价区段，就是确定具有同一路线价的地段的长度。在划分路线价区段时，一般以接近性为标准，接近性大致相等的地段，应划分为同一路线价区段。所谓接近性大致相等，是指决定土地价格的因素基本相近，原则上以地价有显著差异的地点作为两个路线价区段的分界线。一般以一条街区长度作为一个路线价区段，不同的街区，路线价也不同。但是对于一些较长的繁华街区，也可分设两个以上的路线价区段，设置不同的路线价。而某些不很繁华的地区，往往可以将多个街区合并为一个路线价区段，附设一个路线价。另外，在同一街道上，如果两侧的繁华程度、地价水平有显著的差异，应以街道中心为分界线，将该街道的两侧各自视为一个路线价区段，附设两种不同的路线价。

2. 设定标准深度

宗地的临街深度是宗地与街道垂直方向离开街道的距离。标准深度是街道对地价影响的转折点，由此接近街道的方向，受街道的影响，每单位地价逐渐升高；由此远离街道的方向，单位地价基本不变。但在实际估价中的标准深度，通常是路线价区段内临街各宗土地的临街深度的众数。例如，某路线价区段内大部分临街土地的临街深度为 18m，则该路线价区段的标准深度为 18m；如果各幅临街土地的临街深度普遍为 16m，则标准深度为 16m。

3. 确定路线价

路线价是标准宗地的单位价格。路线价的确定必须先选取标准宗地。选取标准宗地的要求是：①一面临街；②土地形状为矩形；③临街深度为标准深度；④临街宽度为标准宽度（可为同一路线价区段内临街各宗土地的临街宽度的众数）；⑤用途为所在路线价区段具有代表性的用途；⑥容积率为所在路线价区段具有代表性的容积率（可为同一路线价区段内临街各宗土地的容积率的众数）；⑦其他方面，如土地使用年限、土地生熟程度等也应具有代表性。

路线价通常是同一路线价区段内若干标准宗地单位价格的平均数或众数。若干标准宗地的单位价格可采用收益法、比较法等评估方法求取。路线价通常为土地单价，也可为楼面地价。

在英、美、日等国家以及我国的台湾省，路线价的含义有所不同。英、美国家的路线价为一块标准宗地的价格，如在美国，标准宗地是指宽 1 英尺、深 100 英尺的细长条土地。而日本、我国台湾省的路线价是指标准宗地中每平方米土地的价格，我国台湾省的标准宗地是指宽 1m、深 18m 的地块，日本的标准宗地最初是指位于街区中间宽 1 间（约 1.8m）、深 5 间（约 9m）的矩形正面地块，现在则改为宽 3.63m、深 16.36m 的长方形地块。在具体表示路线价时，美国、我国台湾省用货币单位，日本用点数。

4. 制作深度百分率表

一般来说，在同一路线价区段内，距离街道越近，土地的利用价值越大，土地价格也越高；反之，距离街道越远，土地的利用价值越小，土地价格越低。这种土地价格随土地深度的增加而呈下降的趋势若用比率表示，即为深度价格递减比率。

深度百分率又称深度指数，反映距离街道深度的不同而引起地价变化的相对程度，这种指数如编制成一张表格，就称为深度指数表，又称为深度百分率表。深度百分率表的制作是路线价法的难点和关键所在，一般需在做出大量的调查研究和进行统计分析的基础上，才能把握地价和临街深度的关系。

假设有一临街宽度 m 米，深度 n 米的长方形宗地，每平方米平均单价为 A 元，则该宗地的总价格为 mnA 元。现根据深度价格递减比率对该土地进行分析，如图 9-1a 所示。

对图 9-1a 中的宗地，沿道路的平行方向，将深度以某单位（假设以 1 米为间距）区分为 n 个细条地块。因为越接近街道，土地的利用价值越大，地价越高，所以如果从临街方向起按顺序以 a_1，a_2，a_3，…，a_{n-1}，a_n 表示各细条地块的价格，则有 $a_1>a_2>a_3>\cdots>a_{n-1}>a_n$。如果把各细条的价格转化为单价的形式，因各细条的面积相等，各细条的单价也遵从相同的规律，即随着地块距离街道越来越远，各细条之间的单位地价之差逐渐缩小，当地块距离街道的深度超过标准深度时，地块之间的单位地价之差为零，表示街道对土地利用价值的影响为零。

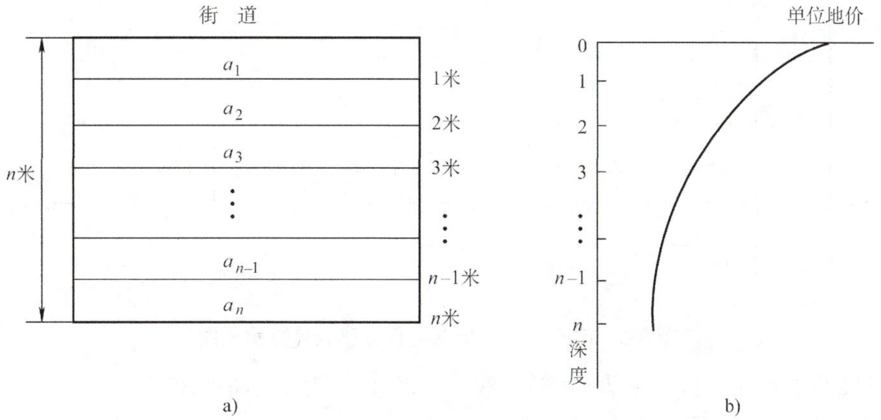

图 9-1　土地价格与地块临街距离的关系

这种现象参见图 9-1b，曲线的弯曲程度越大，表明土地价格对深度的变化越敏感；曲线的弯曲程度越小，表明土地价格对深度的变化越不敏感。如果将各细条的价格折算为相对数，便可制成深度百分率表。

深度百分率表的制作形式有三种：单独深度百分率、累计深度百分率和平均深度百分率。单独深度百分率呈递减现象，累计深度百分率呈递增现象，平均深度百分率呈递减现象。在图 9-1a 中，假设 a_1，a_2，a_3，…，a_{n-1}，a_n 也分别表示各细条的价格占整块土地价格的比率，则单独深度百分率表现为

$$a_1 > a_2 > a_3 > \cdots > a_{n-1} > a_n$$

累计深度百分率表现为

$$a_1 < (a_1 + a_2) < (a_1 + a_2 + a_3) < \cdots < (a_1 + a_2 + a_3 + \cdots + a_{n-1} + a_n)$$

平均深度百分率表现为

$$a_1 > (a_1 + a_2)/2 > (a_1 + a_2 + a_3)/3 > \cdots > (a_1 + a_2 + a_3 + \cdots + a_{n-1} + a_n)/n$$

一般来说，将标准深度的平均深度百分率设为 100%，则平均深度百分率与累计深度百分率之间的关系为

$$\text{平均深度百分率} = \text{累计深度百分率} \times \frac{\text{标准深度}}{\text{所给深度}}$$

制作深度百分率表的步骤是：①设定标准深度；②将标准深度分为若干等份；③确定单独深度百分率；④根据需要采用累计深度百分率或平均深度百分率。

根据深度百分率制作要求，以标准宗地的平均深度百分率（平均单价）作为 100%，将单独深度百分率、累计深度百分率、平均深度百分率综合制成一张表格，就得到深度百分率表。

下面以四三二一法则为例，说明深度百分率表的制作方法。如图 9-2 所示，标准深度为 100 英尺的宗地，每 25 英尺的单独深度百分率分别为 40%、30%、20%、10%、9%、8%、7%、6%，求其累计深度百分率和平均深度百分率。

50 英尺的累计深度百分率为 40%＋30%＝70%

50 英尺的平均深度百分率为(40%＋30%)×100÷50＝140%

75 英尺的累计深度百分率为 40%＋30%＋20%＝90%

图 9-2　四三二一法则深度百分率表计算示意图

75 英尺的平均深度百分率为(40%+30%+20%)×100÷75=120%

根据同样方法计算得到表 9-1。

表 9-1　深度百分率表制作示例

临街深度/英尺	25	50	75	100	125	150	175	200
单独深度百分率（%）	40	30	20	10	9	8	7	6
累计深度百分率（%）	40	70	90	100	109	117	124	130
平均深度百分率（%）	160	140	120	100	87.2	78.0	70.8	65.0

因为各国和地区在制作深度百分率方面采用的标准不尽相同，所以在采用路线价法评估地价时必须弄清楚深度百分率的含义和种类。日本和我国台湾省的深度百分率表是根据平均深度百分率原理制成的，因而随土地深度的增加呈现出递减的趋势；而美国的深度百分率表是根据累计深度百分率原理制成的，因而随土地深度的增加呈现出递增的趋势。

计算三角形等土地，还需要制订相应的其他价格修正率表。

5. 计算临街各宗土地的价格

运用路线价法计算临街各宗土地价格时，需要弄清路线价的含义、深度价格百分率的含义、标准宗地的条件，并结合所需计算价格的临街土地的形状和临街状况来确定。

(1) 一面临街矩形土地价格的估算　当以标准宗地的单价作为路线价时，一面临街的矩形土地价格的估算公式为

土地单价=路线价×平均深度百分率

土地总价格=路线价×平均深度百分率×土地临街宽度×土地临街深度

如果需要评估的土地情况特殊，如是三角形地、街角地、双面临街地等，还要做加价修正或减价修正。估算公式为

土地单价=路线价×平均深度百分率×其他价格修正率

土地总价格=路线价×平均深度百分率×其他价格修正率×土地面积

或

土地单价=路线价×平均深度百分率±单价修正额

土地总价格=路线价×平均深度百分率×土地面积±总价修正额

当以单位宽度的标准宗地（如临街宽度 1 英尺，临街深度 100 英尺）的总价作为路线价时，一面临街的矩形土地价格的估算公式为

土地总价格＝路线价×累计深度百分率×土地临街宽度

如果需要评估的土地情况特殊，则需要做加价或减价修正，计算公式为

土地总价格＝路线价×累计深度百分率×土地临街宽度×其他价格修正率

或

土地总价格＝路线价×累计深度百分率×土地临街宽度±总价修正额

我国大陆在使用路线价法估价时，多采用以标准宗地的单价作为路线价的计算公式形式。

（2）前后两面临街矩形土地价格的估算　对于前后两面临街矩形土地的估价，通常采用重叠价格估价法，即先计算高价街与低价街所影响深度的分界线，再以此分界线将土地分为前后两部分，然后按各自所面临街道的路线价和临街深度分别计算地价，再将两者合计，即为全部土地的价格。

高价街与低价街影响深度的分界线的求取公式为

$$\text{高价街影响深度}=\frac{\text{高价街路线价}}{\text{高价街路线价}+\text{低价街路线价}}\times\text{全部深度}$$

$$\text{低价街影响深度}=\text{全部深度}-\text{高价街影响深度}$$

三、主要路线价法则及其应用

路线价法很早在英美国家产生并流行，目前已经形成了许多值得参考的成熟的深度指数修正方法，如四三二一法则、苏马斯法则、霍夫曼法则、哈柏法则等。在这里对这四个路线价法则做简单介绍，并介绍我国台湾省的临街地的深度指数。

1. 四三二一法则

四三二一法则是将标准深度 100 英尺的普通临街土地，划分为与街道平行的四等份，由于离街道的远近不同，各等份的价格有所不同。从街道方向算起，第一个 25 英尺的地块价格占路线价的 40%，第二个 25 英尺的地块价格占路线价的 30%，第三个 25 英尺的地块价格占路线价的 20%，第四个 25 英尺的地块价格占路线价的 10%。如果超过 100 英尺，则需用九八七六法则来补充。即超过 100 英尺的第一个 25 英尺的地块价格为路线价的 9%，第二个 25 英尺的地块价格为路线价的 8%，第三个 25 英尺的地块价格为路线价的 7%，第四个 25 英尺的地块价格为路线价的 6%。

【例 9-1】 现有临街宗地 A、B、C、D、E，如图9-3所示，临街深度分别分为 25 英尺、50 英尺、75 英尺、100 英尺和 125 英尺，宽度分别为 10 英尺、10 英尺、20 英尺、20 英尺和 30 英尺。路线价为 2000 元/英尺，设标准深度为 100 英尺，试运用四三二一法则计算各宗土地的价格。

【答案】P_A＝2000 元/英尺×0.4×10 英尺＝8000 元

P_B＝2000 元/英尺×0.7×10 英尺＝14000 元

P_C＝2000 元/英尺×0.9×20 英尺＝36000 元

P_D＝2000 元/英尺×1.0×20 英尺＝40000 元

P_E＝2000 元/英尺×（1.0＋0.09）×30 英尺＝65400 元

2. 苏马斯法则

苏马斯法则是由美国人苏马斯根据多年实践经验并经过对众多的买卖实例价格调查比较后创设的。该法则认为，临街深度为 100 英尺的矩形土地可以分为两部分，临街的前 50 英

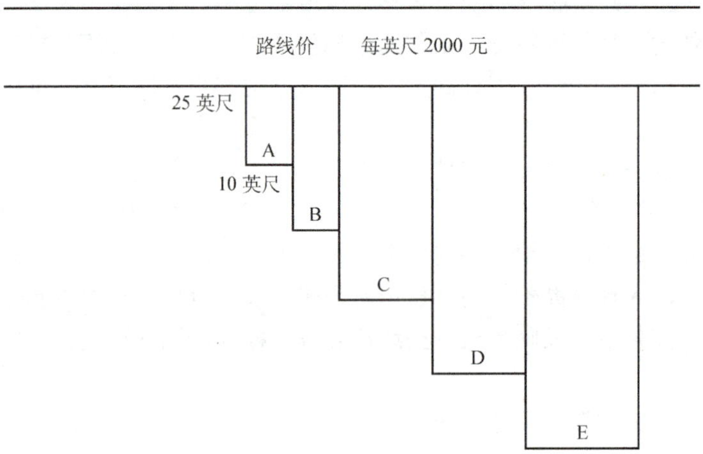

图 9-3　四三二一法则算例

尺部分的价格占 100 英尺深土地总价格的 72.5%，后 50 英尺部分的价格占 100 英尺深土地总价格的 27.5%。若再深 50 英尺，则地价仅增加 15%。

3. 霍夫曼法则

霍夫曼法则认为，标准深度为 100 英尺的土地，最初 50 英尺的价格应占土地总价的 2/3，即 67%。在此基础上，100 英尺深的土地，从临街方向起，最初的 25 英尺占总价的 37.5%，第二个 25 英尺占总价的 29.5%，第三个 25 英尺占总价的 20.7%，第四个 25 英尺占总价的 12.3%。

4. 哈柏法则

哈柏法则创立于英国。该法则认为一宗临街矩形土地的价格与其深度的平方根成正比。其深度百分率是标准深度为 100 英尺时该土地临街深度平方根的 10 倍，即

$$深度百分率 = 10 \times \sqrt{深度} \times 100\%$$

如果标准深度不是 100 英尺，应进行修正，经修正的哈柏法则认为

$$深度百分率 = \frac{\sqrt{所给深度}}{\sqrt{标准深度}} \times 100\%$$

哈柏法则将深度百分率的计算公式化，省去了土地估价时对深度百分率表的制作和查询。但是，这种法则在进行估价时先要确定待估土地所在地区的标准深度。

5. 我国台湾省的临街地的深度指数

我国大陆已经运用路线价法进行土地估价的城市中，其估价计算的某些计算步骤和内容与我国台湾省的路线价法相似，因此为了借鉴和参考，在这里简单介绍台湾省的临街地的深度指数。我国台湾省临街宗地深度指数表中的深度指数是深度不超过 18m 的临街地的单位价格与路线价的比，如 8～12m 的深度指数为 120%，其含义是深度为 8～12m 的临街地单位面积的平均价格为标准深度 18m 的临街地单位面积平均价格（即路线价）的 1.2 倍。台湾省所采用的临街地深度指数为平均深度指数。台湾省深度指数见表 9-2。

表 9-2 台湾省的深度指数表

临街深度/m	4 以下（含 4）	4～8（含 8）	8～12（含 12）	12～16（含 16）	16～18（含 18）	18 以上
深度指数（%）	130	125	120	110	100	40

【例 9-2】 有一临街宽度为15m、临街深度为 12m 的矩形土地，其所在区段的路线价（土地单价）为 1500 元/m^2。根据表 9-2 中的深度指数，计算该宗地的总价。

【答案】表 9-2 中的深度指数为平均深度指数，路线价为单位面积价格，因此采用路线价法评估的估算公式为

宗地总价格＝路线价×平均深度指数×土地临街宽度×土地临街深度

已知该宗地的临街深度为 12m，相对应的深度指数为 120%，因此该宗地的价格为

$$宗地价格=1500\ 元/m^2\times120\%\times15m\times12=324000\ 元$$

【例 9-3】 有一前后两面临街的矩形土地，全部深度为30m，其高价街路线价（土地单价）为 2500 元/m^2，低价街路线价（土地单价）为 1500 元/m^2。如果采用重叠价格估价法，则其高价街影响深度是多少？

【答案】

$$
\begin{aligned}
高价街影响深度 &= \frac{高价街路线价}{高价街路线价+低价街路线价}\times 全部深度 \\
&= \left(\frac{2500}{2500+1500}\times30\right)m \\
&= 18.75m
\end{aligned}
$$

四、路线价法在我国的应用

1. 路线价法在我国的应用前提

路线价法在我国的应用前提是：

（1）制订科学的城市规划　只有在科学的城市规划下，才有可能道路排列整齐、土地形状规则。

（2）确定适当的路线价　路线价的确定应当以货币为计量单位，根据不同的土地等级、不同的土地用途，区分主要街道和次要街道而确定，反映该路线价区段内标准土地的实际情况，并在不同的路线价区段之间，不同用途、不同等级的土地之间均衡、协调。我国应用路线价法的基本计算公式为

待估价土地价格＝路线价×平均深度指数×土地面积±修正值

（3）编制合理的深度指数表　深度指数表是运用路线价法的关键，深度指数表必须科学合理。

（4）制订规范的其他价格修正率　对于街角地、直角三角形地、双面临街地以及其他不规则土地，都需要进行价格修正。其修正比率需要根据不同的土地用途、不同的土地等级分别确定，并力求规范。

2. 路线价法在我国的应用范围

（1）用于土地税收的征管　我国的土地使用税是根据城市性质、土地等级按每平方米来计征的。运用路线价法，可以使土地使用税从按面积征收转变为按价格征收。

（2）用于土地资源的管理　我国对土地资源的管理已逐步从实物管理转向价值管理。路线价估价法与其他的房地产估价方法相比，是一种快速，相对公平合理，能节省人力、财

力，可以同时对大量土地进行估价的方法，可以确定我国土地资源的价值量。

(3) 用于政府调控土地市场 为了调控土地市场、抑制土地投机，各地政府普遍都制订了适合本地房地产市场情况的土地指导价格，通过路线价的形式提出基准地价，借以调控当地的土地市场和抑制土地投机。

(4) 作为其他估价方法的补充 对土地价格评估时，一般需要几种估价方法并用，以便相互验证，因此在运用比较法、收益法等估价方法进行估价时，路线价法可作为验证估价结果的一种手段。

第二节 城镇基准地价评估

一、基准地价概述

1993年以来，我国各个城市（镇）根据城市土地使用制度改革、城市土地管理及建立和完善土地市场的要求，纷纷建立了自己城市（镇）的基准地价体系，并在实践中进行更新。

1. 基准地价的概念

基准地价是指在某一城市的一定区域范围内，根据用途相似、地段相连、地价相近的原则划分地价区段，然后调查评估出的各地价区段在某一时点的平均价格。《城镇土地估价规程》(GB/T 18508—2014) 中将基准地价定义为：是在土地利用总体规划确定的城镇建设用地范围内，对平均开发利用条件下，不同级别或不同均质地域的建设用地，按照商服、住宅、工业等用途分别评估，并由政府确定的，某一估价期日上法定最高使用年限土地权利的区域平均价格。

基准地价一般由政府组织或委托具有相应资质的评估机构评估，评估结果需经政府鉴定认可，定期公布。

2. 基准地价的作用

1）基准地价具有政府公告的作用。按照有关规定，基准地价应定期向社会公布，起着公示作用，为市场中交易双方提供土地价格信息，从而可促使土地市场发展为一个公正、公开、公平的规范性市场。

2）基准地价是政府宏观调控地价水平的参考依据。政府可以依据基准地价，对土地价格进行宏观调控。一方面，针对部分城市土地市场的发育还不够规范的状况，可利用基准地价规范和纠正不完善的土地市场，打击市场上的不法交易，抑制土地投机行为；另一方面，可利用基准地价制订价格政策，以价格杠杆加强对土地的宏观调控，还可以制订优惠价格政策，以支持某些产业的发展。

3）基准地价是国家征收城镇土地税收的依据。科学合理的基准地价，可以为土地使用税从价征收提供依据。

4）基准地价是制订城市国有土地使用权出让价格的依据。基准地价是国有土地使用权出让底价的依据。

5）基准地价是进一步评估宗地地价的基础。基准地价是区域性的土地使用权平均价格，该区域内的各幅土地价格分布在以基准地价为平均值的一定范围内。因此，根据各幅土地的条件对基准地价进行修正，就可评估出具体宗地的价格。

3. 基准地价的更新

基准地价作为一种价格标准，有一定的时效性，即它只反映在某一时间基点上的特定区域内的城镇土地的平均价格。随着时间的推移，基准地价成果的准确性必然会逐步丧失。因此，《城镇土地估价规程》（GB/T 18508—2014）规定，基准地价更新周期视市场情况而定，原则上更新频率不得低于每 3 年一次，每隔 6 年必须进行一次全面更新。

基准地价更新的技术路线主要有以下几种：

1）以土地定级（或均质区域）为基础，以市场交易地价资料为依据，更新基准地价。

2）以土地定级为基础，以土地收益为依据，以市场交易地价资料为参考，更新基准地价。

3）以土地定级（或均质区域）为基础，以地价指数为依据，更新基准地价。

在上述三种技术路线中，第一种和第三种适用于房地产市场比较活跃、房地产交易案例较多的城镇；第二种适用于已完成土地定级，但房地产市场不太活跃、房地产交易案例较少的城镇。基准地价的更新要根据城镇的实际情况选择合适的技术路线。

二、城镇基准地价评估的程序

1. 制订基准地价评估作业方案

基准地价评估作业方案包括确定基准地价评估的区域范围、技术路线，编制工作计划和时间进度，落实评估人员，准备所需资料的设备，落实工作场地等。

2. 明确基准地价的内涵和表达方式

明确基准地价的内涵是要确定基准地价对应的下列条件：

（1）价值时点　一般应为年度的 1 月 1 日。

（2）土地用途　一般应分为商业、居住、工业等不同的用途。

（3）土地使用权性质　一般应为出让国有建设用地使用权。

（4）土地使用期限　一般应分别为商业、居住、工业等用途的法定最高出让年限，即商业用途 40 年、居住用途 70 年、工业用途 50 年。

（5）容积率　一般应根据各个土地级别或均质地域内商业、居住、工业等不同用途的容积率的平均水平确定。

（6）土地开发程度　即达到宗地红线外的基础设施完备程度和宗地内的场地平整程度。一般应根据各个土地级别或均质地域内土地开发程度的平均水平确定。

明确基准地价的表达方式是要确定基准地价是采用土地单价形式，还是采用楼面地价形式，或者同时采用土地单价和楼面地价形式。

3. 划分土地级别或不同均质地域

划分土地级别应按照《城镇土地分等定级规程》（GB/T 18507—2014）规定的内容、程序和方法等进行。

划分不同均质地域通常是划分地价区段，即将用途相同、位置相邻、地价相近的土地加以圈围而形成的不同的地价区域。一个地价区段可视为一个地价均质区域，即在该区域内的各宗地的地价水平相近。地价区段可分为路线价区段和区片价区段。城镇临街商业用地，适宜划分为路线价区段；居住和工业用地，适宜划分为区片价区段。

4. 抽样评估若干宗地的价格

这是在划分出的各个土地级别或均质地域内，选择若干具有代表性、分布均匀的宗地，由房地产估价人员调查搜集这些宗地的相关市场交易资料、经营收益资料或开发费用资料等，运用比较法、收益法、成本法或假设开发法等适宜的估价方法评估出这些宗地的正常市场价格（通常应求出土地单价或楼面地价），并进行市场状况、土地使用年期、容积率、土地开发程度等调整，将这些宗地的价格统一到已明确的基准地价内涵上来。

5. 计算各个土地级别或均质地域的地价

土地级别或均质地域的地价计算是分别以每个土地级别或均质地域为范围，求取各土地级别或均质地域内所抽查评估出的若干宗地单价或楼面地价的平均数、中位数或众数。它代表或反映该土地级别或均质地域内土地价格的正常水平。

6. 综合确定基准地价

在上述各个土地级别或均质地域地价计算的基础上做适当调整即可确定基准地价。基准地价确定后，通常还要制作基准地价表或者绘制基准地价图。

7. 编制基准地价使用说明

基准地价使用说明包括基准地价内涵、作用，将基准地价调整为宗地价格的方法和系数，例如具体区位、土地使用期限、容积率、土地开发程度等的调整方法和调整系数。

第三节 基准地价修正法

一、基准地价修正法的基本思路

基准地价修正法是在政府确定并公布了基准地价的地区，利用有关调整系数对估价对象宗地所在位置的基准地价进行适当的调整来求取估价对象宗地价格的方法。

基准地价修正法实质上是比较法的一个特例，即参照物不是地产二级市场上已成交的交易实例，而是待估宗地所处区域由政府制订的区域平均单价。基准地价对应的土地条件是土地级别或均质地域内同类用途土地的平均条件，因此，采用基准地价修正法一般将被估宗地条件与级别或区域内同类用地平均条件相比较，并对照因素修正系数表选取适宜的修正系数，对二者在商业服务繁华度、城市基础设施完备度和环境质量优劣度等区域因素和容积率、时间、土地使用权年限等个别因素方面的差异进行修正，从而得到被估宗地地价。

二、基准地价修正法的适用范围与特点

基准地价修正法适用于完成基准地价评估的城镇中的土地估价，即该城镇具备基准地价成果和相应修正系数成果。

基准地价修正法可在短时间内进行大批量宗地价格评估，因此，可快速方便地进行大面积的数量众多的土地价格评估。

基准地价修正法估价的精度取决于基准地价及其修正系数的精度，该方法一般在宗地价格评估中不作为主要的评估方法，只作为一种辅助方法。

三、基准地价修正法的评估步骤

1）搜集有关城市基准地价的详细资料。如城市基准地价的分类、定级；各类基准地价级别土地的开发程度；基准日期；平均容积率；修正系数表及级别范围、示意图等。这些资料一般由当地的人民政府定期发布，一般在当地国土资源局网站上可以找到相关资料。

相关知识链接：

在使用基准地价之前，需要调查了解清楚基准地价的估价基准日、生地价或熟地价（具体为几通一平）、是土地级别价或区片价或路线价或网格点地价、是地面地价还是楼面地价、对应的土地使用年限及其容积率等。

就估价基准日而言，估价人员需要判断确定基准地价对应的基准日与宗地评估基准日两者之间的差异。在很多情况下，如果两者时间差异过大，最好不采用基准地价修正法。

同时需要了解分析基准地价调整为宗地价格的方法和系数。在不同的城市，其基准地价的内涵、构成可能不同，具体应调整的内容和方法也可能不同。由于不同城市在制订基准地价时形成了相应的修正方法及系数，因此要正确地使用基准地价修正法就必须了解到对应的修正方法和系数。

2）确定估价对象所处地段的基准地价。

3）确定交易日期调整系数。基准地价反映的是其评估基准日时的地价水平，随着时间的推移和房地产市场的变化，地价水平也会有所变化，因此，应根据地价变动率或地价指数来确定交易日期调整系数，将基准地价在其基准日期的值调整为待估宗地价值时点的值。

交易日期调整系数＝待估宗地评估期日的地价指数/基准地价基准日的地价指数

4）确定区域因素调整系数。根据待估宗地的用途、所处区域和基准地价中有关区域因素修正系数的规定，确定区域因素修正系数。

5）确定使用年限调整系数。基准地价对应的使用年限，一般是各类用途土地使用权的最高出让年限，而估价对象宗地的使用年限可能与基准地价对应的使用年限有所不同，因此必须进行使用年限调整，将基准地价调整为估价对象宗地对应的使用权年限下的地价。土地使用权年限调整系数的计算公式为

$$\text{土地使用权年限调整系数}=\frac{1-\dfrac{1}{(1+r)^m}}{1-\dfrac{1}{(1+r)^n}}$$

式中　m——被估土地使用权剩余年限；

n——基准地价对应的土地使用权年限；

r——折现率。

6）进行容积率调整。基准地价对应的容积率是该用途土地在该级别地域内的平均容积率，而具体宗地的容积率可能并不与平均容积率相同，同时容积率对地价的影响也非常大，

因此必须把区域的平均容积率下的地价水平调整为待估宗地实际容积率下的地价水平。

容积率调整系数＝待估宗地容积率对应的地价指数/该类用地平均容积率对应的地价指数

7）确定其他因素调整系数。其他因素是指在前面修正时未考虑到的一些影响地价的因素。

8）求取待估宗地价格。

待估宗地价格＝待估宗地所在区域的基准地价×区域因素调整系数
×时间调整系数×年限调整系数×容积率调整系数
×其他因素调整系数

四、基准地价修正法应用举例

【例 9-4】 某公司在 S 市开发区拥有一块工业用地，拟在 2006 年 7 月 1 日通过土地使用权抵押贷款，试根据下面的资料估算该宗地于贷款日期的单位价格和总价格。

土地情况为：该土地通过征用后出让获得，当时征用时包括代征的 500m^2 的绿化用地在内总面积共计 5500m^2。土地出让手续于 2002 年 7 月 1 日办理，当时获得的使用年期为 50 年，允许的建筑面积为 6000m^2，红线外基础设施条件为"五通"（通上水、通下水、通路、通电、通信），红线内基础设施条件为"五通一平"（通上水、通下水、通路、通电、通信、场地平整）。由于市政建设需要，该地块红线内靠近绿地有 2m 宽、60m 长的地带下埋有高压电缆，土地出让时已经按照长度 500 元/m 在出让价中扣减（该扣减数额是当地同类问题补偿标准，近几年未进行调整）。

其他有关资料：

（1）以 2003 年 7 月 1 日为基础，该市工业用地价格在 2003 年 7 月 1 日至 2006 年 7 月 1 日期间，平均每月上涨 0.5%。

（2）该市 2005 年 7 月 1 日公布并执行国有土地基准地价的更新成果。基准地价的估价期日为 2005 年 1 月 1 日；基准地价为各类用途在法定最高出让年期，各级别土地平均容积率和平均开发程度下的土地使用权区域平均价格。

（3）根据基准地价更新成果，得知该宗地位于五级工业地价区，基准地价为 500 元/m^2，土地开发程度设定为红线外"五通"（通上水、通下水、通路、通电、通信）、红线内"场地平整"；红线内每增加一通，土地开发费平均增加 10 元/m^2。

（4）根据基准地价因素条件说明表和优劣度表，计算得到该宗地地价影响因素总修正幅度为 5%。

（5）该市五级工业用地的平均容积率为 1.0，对应的地价水平指数为 100。根据容积率修正系数表，平均容积率修正系数为 1.0，容积率每增高或降低 0.1，均向上修正 2 个百分点。

（6）土地还原率为 6%。

（7）基准地价系数修正法公式为：待估宗地地价＝宗地对应的基准地价×（1＋影响因素修正幅度）×年期修正系数×期日修正系数×容积率修正系数＋土地开发程度修正额。

【答案】1. 解题思路与方法选用

根据题意，估价对象处于基准地价覆盖区域，且有较完整的基准地价系数修正体系，适宜选用基准地价系数修正法评估。

2. 解题步骤

(1) 确定宗地所在土地级别及基准地价水平

该宗地处于五级工业地价区，基准地价水平为500元/m^2。

(2) 确定宗地影响因素修正系数

根据本题所提供的资料，得知该宗地地价影响因素总修正幅度为5%。

(3) 确定年期修正系数

评估基准日为2006年7月1日，该宗地2002年7月1日办理出让手续，出让年期为50年，于估价期日的土地剩余使用年期为46年，工业用地法定最高使用年期为50年，土地还原率为6%，则使用年期修正系数为

$K=[1-1/(1+6\%)^{46}]/[1-1/(1+6\%)^{50}]=0.9849$

(4) 确定期日修正系数

该市工业用地价格在2003年7月1日至2006年7月1日期间，平均每月上涨0.5%。基准地价的估价日期为2005年1月1日，宗地估价期日为2006年7月1日，则期日修正系数$=(1+0.5\%)^{18}=1.0939$

(5) 确定容积率修正系数

根据本题所提供的资料，五级工业用地的平均容积率为1.0，对应的容积率修正系数为1，以此为基准容积率每增高或降低0.1，均向上修正2个百分点。

待估宗地容积率＝建筑面积/土地面积＝6000/5000＝1.2

宗地容积率修正系数＝1＋(1.2－1.0)/0.1×2%＝1.04

(6) 土地开发程度修正

该宗土地开发程度为红线外“五通”，红线内“五通一平”，与基准地价内涵不一致，需要进行宗地开发程度修正。

土地开发程度修正额＝10元/m^2×5＝50元/m^2

(7) 计算宗地价格

待估宗地单位价格

＝宗地对应的基准地价×(1＋影响因素修正幅度)×年期修正系数×期日修正系数×容积率修正系数＋土地开发程度修正额

＝500元/m^2×(1＋5%)×0.9849×1.0939×1.04＋50元/m^2＝638元/m^2

宗地总价＝638元/m^2×(5500－500)m^2/10000＝319万元

(8) 地下电缆减价修正

地下电缆减价＝500元/m^2×60m＝3万元

最后地价＝(319－3)万元＝316万元

本章小结

一般的土地估价方法主要是本书第四～七章所介绍的估价方法，并且这些方法主要适用于单宗土地的估价。

在有路线价的条件下，可采用路线价法。路线价法是对面临道路且可及性相当的

城市土地设定标准深度，选取若干标准宗地求其平均价格，将此平均价格称为路线价，然后再配合深度指数表和其他修正率表，计算出面临该道路的其他土地价格的一种估价方法。路线价法是一种快速、相对公平合理，能节省人力、财力，可以同时对大量土地进行估价的方法，特别适用于房地产税收、土地的重新规划、房地产征收补偿等需要在大范围内对大量土地进行估价。

路线价法在我国可应用于土地税收的征管、土地资源的管理、调控土地市场的手段或作为其他估价方法的补充。

在有基准地价的地区，可以通过对基准地价的修正来求取待估土地的价格，这种方法称为基准地价修正法。基准地价修正法可在短时间内大批量进行宗地价格评估。

本章练习题

一、单选题（每题的备选答案中只有一个最符合题意）

1. 土地价格水平由同一供求圈具有（ ）的替代性土地的价格所决定。

A. 相同区域　　B. 相同性质

C. 相同级别　　D. 相同用途

2. 收益法不适宜用于评估（ ）用地。

A. 商业　　B. 写字楼

C. 酒店　　D. 学校

3. 当以单位宽度的标准宗地的总价作为路线价时，临街宗地总价＝路线价×（ ）临街宽度。

A. 单独深度价格修正率　　B. 累计深度价格修正率

C. 平均深度价格修正率　　D. 混合深度价格修正率

4. 路线价的精度与（ ）密切相关。

A. 路线价修正体系与深度指数　　B. 路线价修正体系与标准宗地

C. 路线价与路线价修正体系　　D. 路线价与标准宗地

5. 在路线价法中，标准深度是指（ ）。

A. 标准宗地的深度　　B. 道路对土地利用价值影响为零的深度

C. 各宗地临街深度平均值　　D. 城市规划确定的道路红线深度

6. 临街宗地的接近街道部分的地价通常（ ）远离街道部分的地价。

A. 高于　　B. 低于

C. 等于　　D. 约等于

7. 标准深度通常是路线价区段内临街各宗土地深度的（ ）。

A. 平均数　　B. 中位数

C. 众数　　D. 总和

8. 路线价法是根据路线价，再配合（　　）和其他修正率表评估宗地价格的方法。

A. 深度指数表　　B. 宽度修正表

C. 宽深比修正表　　D. 容积率修正表

9. 路线价是通过对面临特定街道、使用价值相等的市街地，设定（　　），求取在该深度上数宗土地的平均单价并附设于特定街道上的地价。

A. 实际深度　　B. 标准深度

C. 绝对深度　　D. 设定深度

10. 在我国的地价体系构成中，从地价的特点看，基准地价属于（　　）。

A. 区域平均地价　　B. 市场价格的平均值

C. 成交地价的平均水平　　D. 评估价格的平均值

二、多选题（每题的备选答案中，有两个或两个以上符合题意的答案）

1. 替代原则可以在（　　）估价方法中得以应用。

A. 路线价法　　B. 比较法

C. 基准地价修正法　　D. 收益法

E. 长期趋势法

2. 土地价格是土地在（　　）的价格。

A. 某一权利状态下　　B. 某一时点

C. 某一土地利用方式　　D. 某一经营管理水平下

E. 某一种开发利用程度

3. 土地估价要考虑（　　）等因素对土地收益的影响。

A. 社会经济发展　　B. 土地利用方式

C. 土地预期收益　　D. 土地利用政策

E. 地块大小

4. 评估对象土地上无建筑物，评估土地价格可采用（　　）。

A. 比较法评估土地价格

B. 收益法评估土地价格

C. 路线价法评估土地价格

D. 基准地价修正法评估土地价格

E. 采用比较法预估开发完成后房地销售总金额，再采用假设开发法扣除建筑成本、利润及税金等，推求土地价格

5. 下列关于路线价法的表述，正确的有（　　）。

A. 一条街道可以不只设一个路线价

B. 同一路线价区段可延长至数个街道

C. 设定的标准深度应该是路线价区段内临街各宗地深度的平均数

D. 同一路线价区段可附设两种以上不同的路线价

E. 路线价是标准宗地的单位价格

6. 下列情况适合选择路线价法估价的是（　　）。

A. 成片开发的土地　　B. 城市繁华商业街区

C. 大面积工业用地　　D. 市场规范且交易实例较多的区域

E. 小幅单宗土地

7. 下列说法对路线价法特点描述正确的是（　　）。

A. 路线价法既适用于市街地，也适用于非市街地

B. 路线价法能快速评估多宗土地的价格

C. 路线价评估有较少的交易实例即可

D. 路线价法的精度与路线价及其修正体系密切相关

E. 路线价法能用于任何土地估价

8. 用于（　　）等需要大范围评估多宗土地的情况都适宜使用路线价法评估。

A. 挂牌　　B. 房地产税收

C. 房地产征收　　D. 买卖

E. 典当

9. 城市基准地价工作编制完成后，当地人民政府应当向社会公布的主要内容有（　　）。

A. 基准地价工作底图　　B. 基准地价技术报告

C. 土地级别和均质区域　　D. 基准地价表

E. 基准地价数据库

10. 基准地价的作用主要是（　　）等。

A. 为土地抵押贷款提供依据

B. 反映土地市场中的地价水平及其变动趋势，为地价管理提供依据

C. 为国家征收土地使用税提供依据

D. 引导土地合理利用和流转

E. 进一步评估宗地地价的基础

三、判断题（用“√”表示正确，用“×”表示错误）

1. 土地估价要充分了解评估对象的各种权利状况，同样一宗地产，权利不同，其评估价格可能相差很大。（　　）

2. 土地估价必须依据充足的土地市场资料，土地价格的形成最终取决于土地交易双方。（　　）

3. 土地价格是由土地的效用、相对稀缺性和有效需求三者相互作用、相互影响形成的。（　　）

4. 只要待估宗地所在区域的市场上存在大量交易案例，就可以选用比较法进行评估。（　　）

5. 对于城市商业用地来说，其使用价值随距离街道距离的增加而减少；对于城市住宅用地而言，其使用价值可能随距离街道距离的增加而增加。（　　）

6. 一般情况下，一条街道只设一个路线价区段，但在比较特殊的情况下，可以设定两个或更多的路线价区段。（　　）

7. 路线价法是可同时对大量宗地进行评估的方法，但是只适用于城市用地的估价。（　　）

8. 路线价法适用于城市商业繁华地区的土地估价。（　　）

9. 路线价法计算公式的表现形式是：宗地总价＝路线价×深度百分率×其他条件修正额×宗地面积。（　　）

10. 同一区域中，不同利用类型的土地，有不同的基准地价标准。（　　）

四、简答题

1. 什么是路线价和路线价法？
2. 路线价法的适用范围是什么？
3. 路线价法的操作步骤是什么？
4. 如何计算一面临街矩形土地的价格？
5. 如何采用重叠价格估价法计算前后两面临街矩形土地的价格？
6. 什么是基准地价？
7. 什么是基准地价修正法？
8. 基准地价修正法的估价步骤是什么？

五、计算题

1. 某临街深度为 30.48m（即 100ft）、临街宽度为 20m 的矩形土地，总价为 121.92 万元。按照四三二一法则，其相邻临街深度为 15.24m（即 50ft），临街宽度为 25m 的矩形土地的总价为多少万元？

2. 甲市的三级住宅用地基准地价为 2800 元/m^2，基准日为 2011 年 1 月 1 日。被评估宗地评估期日为 2013 年 7 月 1 日。该地区 2011 年、2012 年、2013 年上半年土地交易价格同比分别上涨 16.3%、18.1%、8.7%。求被评估宗地评估期日的地价为多少？

3. 甲市二级商业用地基准地价为 4850 元/m^2，最高出让年限为 40 年。一块宗地为二级商业用地，剩余使用年限为 37 年。求在其他条件相同的情况下该宗地的价格。

第十章

房地产估价程序

章前引言

要保质、按时完成一个房地产估价项目，除了要求估价人员熟悉房地产估价理论与方法、熟悉有关政策法规、遵守房地产估价的原则与职业道德规范外，还需要遵循科学、严谨、完整的房地产估价程序。房地产估价程序是完成估价项目所需要做的各项工作及其进行的先后次序。履行必要的估价程序是完成任何估价项目的基本要求，对于规范估价行为、保证估价质量、提高估价效率、防范估价风险非常重要。

本章主要介绍完成一个房地产估价项目所需要做的各项工作及其进行的先后次序和要点。

学习目标

1. 了解估价业务来源渠道。
2. 了解房地产估价报告的评审标准。
3. 了解估价资料归档的内容。
4. 掌握完成一个房地产估价项目的必要程序。
5. 掌握不应承接估价业务的情形。
6. 掌握明确估价基本事项的内容。
7. 熟悉搜集估价所需资料的内容。
8. 熟悉实地勘察估价对象的内容和要点。

第一节　获取估价业务

一、估价业务来源渠道

要进行房地产估价，首先要有估价任务。估价任务主要通过两条途径取得：被动接受和主动争取。

1. 被动接受

该接受方式是估价委托人上门委托估价机构对指定的房地产进行估价，即坐等估价委托人主动找上门来寻求估价服务。估价委托人可以是企事业单位、政府有关部门，也可以是个人；可以是待估房地产的所有者或使用者，也可以不是。如估价委托人可能是待估房地产拥有者的代理人；因课税而需要对房地产进行估价时，政府有关部门便成了估价委托人；欲购房者委托估价机构对拟购房屋建筑物进行估价；银行委托估价机构对房地产所有者所抵押的房地产进行估价等。

2. 主动争取

主动争取是指估价人员走出去力争为他人提供估价服务。在房地产市场比较完善，房地产估价机构有序、规范而激烈竞争的情况下，主动争取任务是最重要的业务来源。需要指出的是，估价机构和估价人员不能为了争取估价业务而迎合客户的不合理要求。

二、不应承接估价业务的情形

在获取估价业务时，估价机构在与估价委托人接触中，根据所了解的估价业务情况，如果有下列情形之一的，就不应当承接该项估价业务。

1）估价机构或估价师与估价对象有利害关系，或者与估价需求者或相关当事人有利害关系时，就应回避相应的估价业务。在这种情况下，如果承接该业务，可能影响估价机构和估价人员独立、客观、公正地进行估价，即使估价机构和估价人员按照估价基本原则进行估价，估价结果也会招致怀疑，缺乏公信力。所以，《房地产抵押估价指导意见》第六条规定：“房地产估价机构、房地产估价人员与房地产抵押当事人有利害关系或者是房地产抵押当事人的，应当回避。”《国有土地上房屋征收评估办法》第三条规定：“任何单位和个人不得干预房屋征收评估、鉴定活动。与房屋征收当事人有利害关系的，应当回避。”

2）超出了估价机构资质等级许可的业务范围。按照《房地产估价机构管理办法》（住房和城乡建设部令第 24 号），在中华人民共和国境内从事房地产估价活动，必须申请房地产估价机构资质。一级资质房地产估价机构可以从事各类房地产估价业务；二级资质房地产估价机构可以从事除公司上市、企业清算以外的房地产估价业务；三级资质房地产估价机构可以从事除公司上市、企业清算、司法鉴定以外的房地产估价业务；暂定期内的三级资质房地产估价机构可以从事除公司上市、企业清算、司法鉴定、房屋征收、在建工程抵押以外的房地产估价业务。

3）超出自身专业能力。如果估价机构和房地产估价师感到自己的专业知识有限或经验不足，难以评估出客观合理的价值，就不应承接相应的估价业务。

在上述不应承接估价业务的情况下，估价机构和估价师可以向估价需求者介绍其他合适的估价机构和估价师承接该估价业务；如果是因为估价机构的专业知识和经验所限的，必要时（如一些新兴或者综合性的估价业务，在没有其他合适的估价机构和估价师可推荐的情况下），经征求估价需求者同意，可以承接或与其他较合适的估价机构联合承接、合作完成该估价业务。

4）估价业务有较大的风险。估价机构和估价师不应承接不具备相应估价目的之下估价基本条件的估价业务；对于估价需求者或者有关单位和个人要求高估或低估的，要坚守估价职业道德底线，向其说明不能满足高估或低估要求的原因；对于执意甚至利诱要求高估或低估的，应拒绝该估价业务。

第二节　受理估价委托

一、受理估价委托概述

房地产估价机构接受估价业务后，应与估价委托人协议沟通，就估价的基本事项、收费标准、估价报告交付期限等加以明确，然后为估价需求者起草好估价委托书，准备好估价委托合同。经与估价需求者协商后，由估价需求者出具估价委托书，以作为估价的重要依据，放入未来完成的估价报告的附件中，并与估价需求者采取书面的形式签订估价委托合同。

按照《房地产估价机构管理办法》的规定，房地产估价业务应当由房地产估价机构统一接受委托，统一收取费用。房地产估价师不得以个人名义承揽估价业务，分支机构应当以设立该分支机构的房地产估价机构名义承揽估价业务。房地产估价机构未经委托人书面同意，不得转让受托的估价业务。

二、明确估价基本事项

估价基本事项包括：估价目的、估价对象、价值时点、价值类型。其中，估价目的是龙头。只有明确了估价目的，才能明确估价对象、价值时点、价值类型。

（一）明确估价目的

估价目的是估价委托人对估价报告的预期用途。房地产估价目的主要有房地产抵押的需要、房地产征收征用的需要、房地产税收的需要、房地产转让和租赁的需要、房地产司法拍卖的需要、房地产损害赔偿的需要、房地产行政管理的需要等。估价目的可通过询问估价委托人将要拿未来完成后的估价报告或估价结果去满足何种需要、解决什么问题、交给谁使用或者由谁认可来明确。对估价目的的明确和表述应符合有关规定。例如：房地产抵押估价目的应当表述为“为确定房地产抵押贷款额度提供参考依据而评估房地产抵押价值”；被征收房屋价值评估目的应当表述为“为房屋征收部门与被征收人确定被征收房屋价值的补偿提供依据，评估被征收房屋的价值”；用于产权调换房屋价值评估目的应当表述为“为房屋征收部门与被征收人计算被征收房屋价值与用于产权调换房屋价值的差价提供依据，评估用于产权调换房屋的价值”。

对于不同的估价目的，其估价方法、所需资料、参数选择等将有所差异，其估价结果也不相同。估价人员必须明确委托人的估价目的，以便更好地认识估价对象，准确选择估价方法，合理确定估价结果。

（二）明确价值时点

价值时点是所评估的估价对象价值或价格对应的某一特定时间。价值时点是由估价目的决定的。在实际估价中，价值时点应由估价师根据估价目的并经估价委托人认可后确定。价值时点一般采用公历来表示，精确到日。

多数估价项目是评估现在的价值，但在某些特殊情况下需要评估过去或未来的价值。价值时点为现在的，一般以估价作业期间特别是实地勘察估价对象期间的某个日期（如完成估价对象实地勘察之日）为价值时点，一般不得早于受理估价委托之日，不得晚于出具估价报告之日。价值时点为过去的，确定的价值时点应早于受理估价委托之日。价值时点为未来的，确定的价值时点应晚于出具估价报告之日。

（三）明确估价对象

1. 明确估价对象物质实体情况

明确估价对象物质实体情况就是要了解待估对象的实体特征。具体说就是估价对象房地产是土地还是建筑物，或是建筑物与土地合一；是全部还是其中的一部分；若是土地，该土地是生地（无开发成本），还是熟地；如果是熟地，是“三通一平”地，还是“七通一平”地；若是附有建筑物的土地，建筑物是将依然存在下去，还是将被拆除等。如果估价对象房地产是单纯的建筑物，则需明确这建筑物的含义，如为写字楼是否包括其中配备的设备，如为酒楼是否包括其中的家具；是在建项目还是已建成项目等。

2. 明确估价对象的产权情况

房地产价格是一定产权状况下的价格，房地产市场中房地产的各类交易是房地产产权而不是实体的交易。因此，在委托合同签订之前，需对房地产产权情况进行了解。房地产产权情况主要包括：①产权证明：如土地使用权证、房屋所有权证（房地产证）、房屋共有权证、房屋他项权证，或其他能有效说明产权归属的合同、契约、字据等。②其他证明：如建设用地规划许可证、施工许可证、商品房预售许可证、租赁合同等。③行政与规划限制：如规划的开发类型、允许容积率、绿地覆盖率等。

3. 明确估价对象的区位状况

明确估价对象的区位状况包括弄清估价对象的位置、交通条件、周围环境和景观、外部配套设施等。

（四）明确价值类型

明确价值类型是要确定将要评估的价值具体是哪种价值，包括价值的名称、定义或内涵。价值类型是由估价目的决定的。

多数估价项目是评估市场价值，但在某些特殊情况下需要评估的可能是其他含义的价值。

三、签订估价委托合同

无论是被动接受还是主动争取，如估价委托人愿意将估价任务交给该估价机构及估价人员，而估价机构和估价人员也有意承担，则双方应当签订估价委托合同，以书面形式明确委托方和受托方的权利与义务。签订估价委托合同主要起到以下三个方面的作用：建立受法律保护的委托与受托关系；明确委托人和估价机构的权利和义务；载明估价的有关事项。

估价委托合同的内容一般包括：①委托人和估价机构的基本情况，如委托人的名称或者姓名和住所，估价机构的名称、资质等级和住所。②负责本估价项目的估价师，包括估价师的姓名和注册号。③本估价项目的估价基本事项，包括估价目的、估价对象、价值时点和价值类型。④委托人应提供的估价所需资料，包括资料的目录和数量，如委托人应向估价机构提供估价对象的权属证明、历史交易价格、运营收入和费用、开发成本以及有关的会计报表等资料。⑤估价过程中双方的权利和义务，如估价机构和估价师应保守在估价活动中知悉的委托人的商业秘密，不得泄露委托人的个人隐私；委托人保证所提供的资料是合法、真实、准确和完整的，没有隐匿或虚报的情况，应协助估价师对估价对象进行实地勘察，搜集估价所需资料。⑥估价费用及收取方式。⑦估价报告及其交付，包括交付的估价报告类型（估价技术报告可按估价委托合同约定不提供给估价委托人）、份数以及估价报告交付期限、交付方式等。⑧违约责任。⑨解决争议的方法。⑩其他需要约定的事项。

估价委托合同的参考样式如下：

房地产估价委托合同

签订合同双方：

估价委托人：____________（以下简称甲方）

房地产估价机构：____________（以下简称乙方）

甲乙双方经充分协商，按照自愿原则，经商定就房地产估价事宜签订本合同，内容如下：

一、甲方因________________________的需要，委托乙方对下列房地产在________年________月________日的价值进行评估。

二、乙方应根据甲方的估价需要，保证对上列房地产予以客观、公正的估价，最后出具该委托估价房地产的估价报告书，于________年________月________日以前交付甲方。

三、甲方应于________年________月________日以前将委估房地产的产权、经营情况、税务或建造费用等估价所必要的资料提交给乙方，或配合乙方向有关部门、单位、个人查阅、抄录有关估价的资料。甲方应交给乙方的资料具体如下：

____

____

四、乙方在估价期间需要到现场勘测，甲方需陪同并应提供方便和配合，勘测笔录经甲乙双方签字后才有效。

五、乙方对甲方委估房地产的文件资料应妥善保管并尽保密之责，非经甲方同意不得擅自公开或泄露给他人。

六、甲方应付给乙方的估价服务费依甲乙双方认同的下列收费办法计算：

____

____

七、乙方如无特殊原因和正当理由，不得迟于本合同规定的时间交付估价报告书，每逾期一日未交付估价报告书应赔偿甲方估价服务费____________‰。

八、甲方如不按本合同规定的时间向乙方提交前述有关文件、图样、凭证和资料，乙方可按耽误时间顺延估价报告书的交付时间。甲方如果中途中断委托估价请求，乙方工作已经过半，甲方则应付给乙方全部估价服务费；乙方工作尚未过半，甲方则应付给乙方全部估价服务费的________%，或已预付的估价服务费不予退还，上述两者之中取其高者。

九、甲方接到乙方提交的估价报告书次日起________日内，如对估价结果有异议且有正当理由，可向乙方提出申请复估或重估书，乙方应在接到甲方申请复估或重估书次日起________日内完成委估房地产的复估或重估报告书，交付甲方。甲方逾期不提出者，估价报告书生效。

十、其他：____

____

____

十一、本合同自甲乙双方正式签订之日起生效，其中任何一方未经对方同意不得随意更改。如有未尽事宜，需经双方协商解决。

十二、本合同一式二份，甲乙双方各执一份。

本合同于________年________月________日正式签订。

甲　　方：________________	乙　　方：________________
法定代表人：________________	法定代表人：________________
地　　址：________________	地　　址：________________
邮政编码：________________	邮政编码：________________
电　　话：________________	电　　话：________________
银行账户：________________	银行账户：________________

年　　月　　日

相关知识链接：

我国目前以房产为主的房地产估价收费标准见表 10-1。

表 10-1　以房产为主的房地产估价收费标准

档　次	房地产价格总额/万元	累进计费率（‰）
1	100 以下（含 100）	5
2	101 以上至 1000	2.5
3	1001 以上至 2000	1.5
4	2001 以上至 5000	0.8
5	5001 以上至 8000	0.4
6	8001 以上至 10000	0.2
7	10000 以上	0.1

第三节 编制估价作业方案

估价作业方案是为完成特定估价项目而制订的用于指导未来估价工作的计划，包括工作的主要内容、质量要求、作业步骤、时间进度、人员安排等。编制估价作业方案应包括下列内容：拟采用的估价技术路线和估价方法；拟调查搜集的资料及其来源渠道；预计所需的时间、人力和费用；估价作业步骤和时间进度安排。

一、拟采用的估价技术路线和估价方法

房地产技术路线是评估估价对象房地产价值或价格所遵循的基本途径和指导整个房地产估价过程的技术思路。确定估价技术路线的目的是：确定价格内涵和价格形成过程。每种房地产估价方法都体现了一种技术路线。同样一个估价对象，采用不同的估价方法，实际上是在模拟不同的价格形成过程，体现的是不同的估价技术路线。把握房地产估价技术路线有助于正确理解和运用房地产估价方法。

根据《房地产估价规范》(GB/T 50291—2015) 的要求，估价人员应熟知、理解并正确运用比较法、收益法、成本法、假设开发法、基准地价修正法以及这些估价方法的综合运用。在针对具体估价对象时，宜选用两种以上的估价方法进行估价。有条件选用比较法进行估价的，应以比较法为主要的估价方法；收益性房地产的估价，应选用收益法作为其中的一种估价方法；具有投资开发或再开发潜力的房地产的估价，应选用假设开发法作为其中的一种估价方法；在无市场依据或市场依据不充分而不宜采用比较法、收益法、假设开发法进行估价的情况下，可采用成本法作为主要的估价方法。

二、拟调查搜集的资料及其来源渠道

针对估价对象、估价目的以及拟采用的估价方法等，需要搜集资料及调查其来源渠道，具体参见第四节“搜集估价所需资料”。

三、预计所需的时间、人力和费用

根据拟估价对象，初步计算完成该项估价任务所需的时间、人力和经费，在保证估价按时、保质完成的前提下，力求达到人力和经费最省的目标。

四、拟订估价作业步骤和时间进度

在以上工作的基础上，应对所承担的房地产估价任务拟订作业步骤和作业进度计划，使工作有条不紊，让参与估价的人员心中有数。

第四节　搜集估价所需资料

一、估价资料内容

在估价时所需资料主要包括下列四个方面的内容：

1. 对房地产价格有普遍影响的资料

主要包括统计资料、法律法规资料、社会经济资料、城市规划资料等。

2. 对估价对象所在地区的房地产价格有影响的资料

主要包括市场交易资料、交通条件资料、基础设施资料、建筑物建造资料、环境质量资料等。

3. 相关房地产交易、成本、收益等实例资料

4. 反映估价对象状况的资料

针对本次估价应当收集什么样的实例资料，主要取决于拟采用的估价方法。对比较法而言，主要是搜集交易实例资料；对收益法而言，主要是搜集收益实例资料；对成本法和假设开发法而言，主要是搜集开发成本实例资料。具体应搜集的资料内容，取决于估价方法中计算所需要的数据。

比较法主要侧重的资料有：①可比实例情况资料，包括：交易价格、交易时间、交易情况、当时市场行情等。②可比实例区域因素资料，包括：商服繁华程度、交通条件、基础设施配套状况、公用设施配套状况、环境状况。对于不同的房地产类型，其所关注的重点是不一样的。如商业房地产最为关注的是商服繁华程度，住宅房地产主要关注基础设施和公用设施配套情况、环境状况、交通条件等方面，而工业性房地产则主要关注交通状况、动力供应、积聚规模等。③可比实例微观因素资料，包括：宗地状况、建筑物状况、周围环境。④其他资料。

收益法主要侧重的资料有：①价值时点前几年同一供需圈内同类型的房地产市场租金、空置率水平资料。②价值时点前几年同一供需圈内同类型房地产平均经营收益水平资料。③同类型房地产经营成本与费用资料。④待估房地产所在地区一年期存贷款利率、同行业及相关行业平均收益率与风险水平、同类物业租售比率资料。⑤竞争性与互补性物业情况。

成本法主要侧重的资料有：①同一供需圈内的地价资料。②建筑物资料，包括名称、面积、结构、设备、装修、平面布置、楼层、朝向、建成年代、新旧程度等。③建筑安装工程费用资料。④前期工程费用资料。⑤市政公共设施建设费用资料。⑥建筑物及设备折旧或成新度评定标准资料。⑦与房地产投资相关的贷款利率、利润、税费资料。

假设开发法主要侧重的资料有：①有关房地产建设项目的批准文件资料，如土地使用权出让合同、建设用地规划许可证、建设工程规划许可证、施工许可证等。②建筑造价资料，包括土地取得成本、前期工程费用、市政公共设施建设费用、建筑安装工程费用、利润率、税金、分年度投资计划等。③同一地价区段同类型物业的市场交易价格、租金水平、空置率资料。④所在地区贷款利率、销售费用。

二、估价资料的获得渠道

搜集估价所需资料的渠道主要有：

1）要求委托人提供。

2）估价人员在实地查勘估价对象现场时获取。

3）询问有关知情人士。

4）查阅估价机构自己的资料库。

5）到政府有关部门查阅。

6）查阅有关报刊或登录有关网站等。

第五节 实地查勘估价对象

一、实地查勘的重要性

实地查勘是指注册房地产估价师到估价对象或可比实例现场，观察、询问、检查、核对、记录估价对象或可比实例状况的活动。任何房地产估价项目，房地产估价师都必须对估价对象进行实地查勘。实地查勘有利于估价师加深对估价对象的认识，获取文字、图纸、照片等资料无法或难以反映的细节。另外，通过认真实地查勘，与被查勘房地产内的有关人员及四邻进行交谈，可以发现伪造房地产权属证书或虚构估价对象的情况。

对于估价对象为已经消失的房地产，也应当去估价对象原址进行必要的调查了解。

对应用比较法等估价方法所选取的可比实例房地产，应参照估价对象实地查勘要求，进行必要的实地查勘。

二、实地查勘估价对象的工作内容

实地查勘估价对象的工作内容主要包括：①感受估价对象的区位优劣；②核对之前搜集的估价对象的坐落、四至、面积、用途等情况；③观察估价对象的内外部状况，如土地形状、建筑结构、设施设备、装饰装修、维修养护等；④拍摄反映估价对象内外部状况及周围环境和景观或临路状况的照片等影像资料；⑤调查估价对象的历史使用状况（例如是否存放过污染物）、周边以及当地同类房地产的市场行情；⑥补充搜集估价所需要的其他资料。

三、实地查勘程序和记录

实地查勘时，一般需要估价委托方中熟悉情况的人员和被查勘房地产的业主陪同，房地产估价人员要详细询问在估价中需要搞清楚的问题，并将有关情况和数据认真记录下来。实地查勘后，执行实地查勘的估价人员应在实地查勘记录上签字，注明查勘日期，并要求估价委托方协助实地查勘的人员和被查勘房地产的业主在实地查勘记录上签字认可。如《国有土地上房屋征收评估办法》第十二条规定：“房地产价格评估机构应当安排注册房地产估价师对被征收房屋进行实地查勘，调查被征收房屋状况，拍摄反映被征收房屋内外部状况的照片等影像资料，做好实地查勘记录并妥善保管。被征收人应当协助注册房地产估价师对被征收房屋进行实地查勘，提供或者协助搜集被征收房屋价值评估所必需的情况和资料。房屋征收部门、被征收人和注册房地产估价师应当在实地查勘记录上签字或者盖章确认。被征收人拒绝在实地查勘记录上签字或者盖章的，应当由房屋征收部门、注册房地产估价师和无利害关系的第三人见证，有关情况应当在评估报告中说明。”

【例 10-1】 甲酒楼一年前重新装修后出租给乙餐饮公司经营，租期 5 年。估价机构现对该酒楼进行征收估价，酒楼业主不配合征收工作，不允许估价人员进入酒楼实地查勘。根据征收部门提供的资料，该酒楼产权清晰，权属证书齐全，用途合法，无违章搭建。请问：被征收人不允许估价人员进入酒楼实地查勘怎么办？

【答案】估价人员应当请估价委托人和估价机构以外的无利害关系的第三人（如社区工作人员）见证（签字），并在估价报告中做出相应说明。

【例 10-2】 下列关于估价对象实地查勘的说法，错误的是（ ）。

A. 任何估价项目，估价师都必须对估价对象进行实地查勘

B. 对已消失的房地产，估价师应对估价对象原址进行必要的调查了解

C. 实地查勘的内容包括估价对象的实物和区位状况，一般不涉及其权益状况

D. 征收估价的实地查勘记录可不需要被征收人签字认可

【答案】C 。

第六节 求取估价对象价值

求取估价对象价值可以分为分析估价对象价值、选用估价方法测算估价对象价值和确定估价结果。

一、分析估价对象价值

通过实地查勘等方式调查了估价对象状况以及类似房地产的市场状况之后，应有针对性地分析影响估价对象价值的自身因素和外部因素，特别是其中的有利因素和不利因素，包括分析估价对象的历史背景、周围环境和景观以及类似房地产过去、现在的供应量、需求量、市场价格及其未来总体趋势。在分析估价对象价值时要形成市场背景分析、估价对象最高最佳利用分析、抵押估价的估价对象变现能力分析和风险提示等分析结论。

二、选用估价方法测算估价对象价值

在编制估价作业方案过程中，已根据估价对象初步选择了估价方法，再根据搜集到的资料的数量和质量等情况，正式确定采用的估价方法。

在实际的估价工作中，估价方法的选用取决于特定的估价目的、估价对象本身的用途、估价方法自身的适用条件以及能搜集到的资料的数量和质量等因素。估价方法选定后就需要进行具体的测算。如何运用各种方法测算估价对象的价值，已在前面介绍各种估价方法时做了详细叙述。

三、确定估价结果

由于房地产市场中各种信息处于动态变化中，不同评估方法所依据的市场信息不同，对同一估价对象采用不同的估价方法测算出的结果通常是不同的。因此，在选择合适的评估方法进行测算后，应在对不同估价方法的测算结果进行比较、检查、确认、分析的基础上判断估价对象的价值，确定最终的估价结果。

估价结果确定时需要考虑以下几个方面：

首先，需要检查不同估价方法各自的正确性和适用性。检查的一般程序为：①计算过程是否有误；②基础数据是否正确；③参数选取是否合理；④公式选用是否恰当；⑤选用的估价方法是否切合估价对象和估价目的；⑥是否遵循了估价原则；⑦房地产市场是否处于特殊状态。

其次，充分考虑《房地产估价规范》（GB/T 50291—2015）中的相关要求。按照规范及评审标准的要求，在采用两种及以上方法进行计算时，评估结果确定时首先要考虑规范优先推荐的评估方法的测算结果。

最后，认真分析估价目的对测算结果的要求。比如房地产抵押估价，因要遵循谨慎原则，故估价结果应尽量考虑收益法或成本法的测算结果，或者将收益法和成本法的测算结果综合出的一个结果，而比较法的测算结果应占较小的比重；但如果是房屋拆迁估价，则估价结果应尽量考虑比较法的测算结果，而成本法或收益法的测算结果应占较小的比重等。

在具体估价工作中，按照上述思路来考虑时，在不同估价方法的测算结果差异不是很大的情况下，应根据具体情况选用简单算术平均数、加权算术平均数等数学方法求出综合结果并说明理由。当选用加权算术平均数时，通常是对最适用于该估价对象（如在建工程最适用假设开发法，收益性房地产最适用收益法）、占有资料全面准确的估价方法的测算结果赋予较大的权重；反之，赋予较小的权重。

当不同估价方法的测算结果之间有较大差异时（差异率不宜超过 30%），应寻找导致较大差异的原因，并消除不合理的差异。如果差异不能消除时，则需要根据估价目的、市场实际状况等来考虑取舍某些方法的测算结果。

【例 10-3】 指出下列房地产估价计算中的错误（错处不超过 4 个，后面应用前面的错误计算结果导致的错误不再算作错误）。

某房地产开发商于 2010 年 12 月通过出让方式，以 1200 元/m^2 的价格取得 10000m^2 的国有土地使用权，土地用途为住宅，土地使用年限自 2011 年 1 月 1 日至 2080 年 12 月 31 日，规划房屋建筑面积为 12000m^2。该项目享受应上缴政府部门的市政配套设施费等合计 300 元/m^2 并减免 30%的政策优惠；项目全部以房地产开发商的资本金投入并自行销售。估价人员掌握如下与本次估价相关的价值时点时的资料与参数（表 10-2），并拟以成本法评估项目竣工日 2013 年 12 月 31 日该房地产的市场价值。

表 10-2 资料与参数表

名 称	参数值	名 称	参数值
契税税率	4%	该区域同类住宅用地招标拍卖的平均出让价格	1600 元/m^2
营业税、城市维护建设税和教育费附加	5.5%	同类建筑物重置价格	1000 元/m^2
专业费用率	建筑物建造成本的 6%	土地报酬率	5%
一年期贷款年利率	6%	管理费用	30 元/m^2
直接成本利润率	20%	销售费用率	2.5%

评估测算如下（节选）：

1. 土地年期修正系数 K

$$K=[1-1/(1+5\%)^{67}]/[1-1(1+5\%)^{70}]$$
$$=0.9946$$

2. 土地取得成本

$$10000m^2\times1600\text{ 元}/m^2\times0.9946=15913600\text{ 元}$$

3. 开发成本

① 建筑物建造成本：$12000m^2\times1000$ 元/m^2=12000000 元

② 专业费用：12000000 元×6%=720000 元

③ 上缴市政配套建设费等：$12000m^2\times300$ 元/m^2×(1－30%) =2520000 元

④ 开发成本小计：(12000000＋720000＋2520000) 元=15240000 元

4. 管理费用

$$12000m^2\times30\text{ 元}/m^2=360000\text{ 元}$$

5. 投资利息

正常建设期为 1 年，土地取得成本设定在建设期初一次性投入，开发成本和管理费用在建设期内均匀投入，资本金视同借入资金，则投资利息为

$$15913600\text{ 元}\times[(1+6\%)-1]+(15240000+360000)\text{元}\times[1+6\%]^{0.5}-1]$$
$$=1415999\text{ 元}$$

6. 开发利润

$$(15913600+15240000)\text{元}\times20\%=6230720\text{ 元}$$

7. 销售税费

$$(15913600+15240000+360000+1415999+6230720)\text{元}\times8\%=3132826\text{ 元}$$

8. 评估价值

$$\text{总价值}=(39160319+3132826)\text{元}\times(1+4\%)=43984871\text{ 元}$$

$$\text{单位价值}=43984871\text{ 元}\div12000m^2=3665\text{ 元}/m^2$$

【答案】(1) 土地取得成本=$10000m^2\times1600$ 元/m^2×0.9946×1.04=16550144 元

(2) 配套费用=$12000m^2\times300$ 元/m^2=36000000 元

(3) 销售税费=(15913600＋15240000＋360000＋1415999＋6230720)元×8%/(1－8%)
=3405245 元

(4) 评估价值=15913600＋15240000＋360000＋1415999＋6230720＋3132826
=42293145 元

第七节 撰写估价报告

在确定了最终的估价结果之后，应当撰写估价报告。房地产估价报告是房地产估价机构和注册房地产估价师向估价委托人所做的关于估价情况和结果的正式陈述。

估价报告一般应采用书面形式。书面估价报告按照格式分为叙述式报告和表格式报告。估价报告的质量包括内在质量和外在质量。内在质量包括估价结果的合理性和准确性，估价方法选用的全面性和正确性，估价参数选取的合理性和准确性等。外在质量包括文字表达水平、文本格式及印刷质量等。

房地产估价报告的基本内容和格式、估价报告的写作要求等内容将在第十一章具体介绍。

第八节 审核估价报告

为了保证出具的估价报告的质量，房地产估价机构应当按照房地产估价相关要求和内部审核制度，对已撰写完成而尚未向估价委托人出具的估价报告从形式到内容进行全面、认真的检查，确认估价结果是否客观合理，提出审核意见。

估价报告经过审核需要达到的基本要求如下：①目的明确，所依赖的数据和资料必须真实可靠；②估价师应坚持公平、公正的原则，依据自己的专业知识和对市场的把握，估算出估价对象在价值时点的合理价格；③报告应符合相应的格式要求；④估价结果报告和技术报告应包含必要的内容；⑤估价对象和价值时点明确，估价依据和思路无误；⑥估价方法正确，选用的参数、数据和实例合理，计算方法和过程无误，估价结果与市场行情相符；⑦估价报告语言流畅清晰，无逻辑错误；⑧估价报告的重要内容前后一致，附件的图片和其他内容完整清晰。

目前，中国房地产估价师与房地产经纪人学会制订了房地产估价报告的评审标准。估价人员在撰写和审核估价报告时需要对照执行。房地产估价报告的评审分为定量评审和定性评审两种。

定量评审是通过设计评估指标并量化指标的方式，对房地产估价报告的质量进行审查，一般采用分项目逐项评分的方式。估价报告定量评审项目可分为一般项目和特殊项目。一般项目是指估价报告的基本组成要素和外在质量，分为4个分项和28个子项。特殊项目是指特定估价目的的估价报告应当具有的独特组成要素或者应当予以描述、分析的独特内容。

定性评审是评审人员审查估价报告是否有房地产估价报告标准规定的不合格的内容。如根据《房地产估价机构管理办法》，估价报告对应的估价业务超出了房地产估价机构的资质等级许可业务范围；房地产估价机构或者注册房地产估价师与估价委托人或者相关当事人有利害关系，或者与估价对象有利益关系；估价报告对应的估价业务超出了房地产估价机构或者注册房地产估价师的专业胜任能力，但有重要专业帮助并予以说明的除外；被评审的估价报告与出具给委托人或者完成时的估价报告内容不一致；估价结果不合理，偏高或者偏低。

对估价报告的审核结论可分下列之一：可以出具；适当修改后出具；应重新撰写；应重新估价。审核认为需要修改的估价报告，应进行修改；审核认为不合格的估价报告，应重新撰写，甚至需要重新估价。经修改、重新撰写和重新估价后的估价报告，还应再次进行审核。只有经审核合格的估价报告才可以交给估价委托人。

相关知识链接：

表 10-3　房地产估价报告一般项目评审标准表

评审分项	序号	评审子项	评审标准	标准分	扣分项目分值及说明
一、封面、目录、致函、声明、假设和限制条件（15分）	1	封面（或扉页）	要素齐全，表述准确、简洁	1	（1）基本要素包括：估价报告名称、估价项目名称、估价委托人（名称或者姓名）、估价机构（名称）、注册房地产估价师（姓名）、估价作业日期、估价报告编号。每缺少一项，扣0.5分 （2）表述不准确、不简洁的，扣0.5分
	2	目录	内容完整，前后文字、页码一致	1	（1）基本内容包括：标题（目录）、注册房地产估价师声明、估价假设和限制条件、估价结果报告、估价技术报告、附件。每缺少一项，扣0.5分 （2）估价结果报告二级标题缺少或者不全的，扣0.5分 （3）估价技术报告二级标题缺少或者不全的，扣0.5分 （4）目录中的文字与正文中的文字不一致的，扣0.5分 （5）未标注页码或者页码前后不一致的，扣0.5分 注：仅向估价委托人提供估价结果报告的，存档的估价技术报告中应当有单独的目录
	3	致估价委托人函	内容完整，前后内容一致，表述准确、简洁	5	（1）基本内容包括：标题（致估价委托人函）、估价委托人（名称或者姓名）、估价目的、估价对象（名称、坐落、范围、规模、用途、权属）、价值时点、价值类型（名称）、估价结果、估价机构盖章、法定代表人或者执行合伙人盖章或者签名、落款日期。其中，无房地产估价机构盖章的，属于不合格内容；其余的每缺少一项，扣1分 （2）表述不准确、不简洁的，扣1分 （3）估价结果与估价结果报告或者估价技术报告中的不一致的，属于不合格内容 （4）落款日期不在房地产估价机构的资质有效期内的，属于不合格内容
	4	注册房地产估价师声明	内容完整、规范，针对性强	3	（1）声明内容不完整或者不恰当的，扣1分 （2）未列明实地查勘的注册房地产估价师姓名或者实地查勘日期的，扣1分 （3）未说明是否有重要专业帮助的，有重要专业帮助未说明帮助者的姓名和内容的，应当有重要专业帮助而没有重要专业帮助的，扣1～2分 （4）内容上与估价假设和限制条件混淆的，扣1分 （5）未注明注册房地产估价师姓名、注册号的，扣1分 （6）无两名以上注册房地产估价师亲笔签名的，属于不合格内容

（续）

评审分项	序号	评审子项	评审标准	标准分	扣分项目分值及说明
一、封面、目录、致函、声明、假设和限制条件（15分）	5	估价假设和限制条件	假设和限制条件合法、必要、合理、有依据	5	（1）基本内容包括：本次估价的假设前提、估价报告应用的限制条件。缺少相关内容的，扣2分 （2）未披露对估价结果有重大影响的事项或者因素，或者虽然披露但未就其对估价结果的影响进行说明的，扣4分 （3）估价假设针对性不强的，扣1～2分 （4）估价假设未按照“合法、必要、合理、有依据”要求说明的，扣1～3分 （5）随意编造对估价结果有直接影响的估价假设的，属于不合格内容
二、估价结果报告（25分）	6	估价委托人	基本信息完整	1	基本信息包括：估价委托人的名称或者姓名。缺少的，扣1分
	7	估价机构	基本信息完整	1	基本信息包括：房地产估价机构的名称、法定代表人或者执行合伙人（姓名）、住所、资质等级、资质证书编号。每缺少一项，扣0.5分
	8	估价目的	表述明确、具体、规范	2	（1）估价目的表述不明确或者不具体的，扣1分 （2）估价目的表述不规范的，扣1分 （3）估价目的表述错误或者未对应其经济行为的，属于不合格内容
	9	估价对象	估价对象范围界定清楚，基本状况描述全面、准确	5	（1）估价对象范围（土地、房屋、构筑物、树木等；包含动产、债权债务、特许经营权等其他财产或者权益的，应说明）界定不清楚的，扣1～2分 （2）估价对象基本状况包括：名称、坐落、规模、用途、权属等。描述不全面、不准确的，扣1～2分 （3）土地基本状况中还应当包括：四至、土地使用期限、开发程度。每缺少一项，扣1分 （4）建筑物基本状况中还应包括：建成时间、建筑结构、设施设备、装饰装修、维护状况。每缺少一项，扣1分 （5）根据估价目的对估价对象进行相应处分但不符合有关法律法规规定的，估价对象界定不清或者有严重错误的，虚构、编造估价对象状况的，属于不合格内容
	10	价值时点	确定正确，确定理由简要明确	1	（1）价值时点确定依据不足，或者未简要说明理由的，扣0.5分 （2）价值时点确定错误，与估价目的不适应或者与有关规定不同且未充分说明理由，属于不合格内容
	11	价值类型	价值类型明确，价值内涵或者定义准确	3	（1）价值类型未明确或者不正确的，扣2分 （2）价值内涵或者定义表述不准确的，扣0.5～1分 （3）价值类型选择或者价值内涵、定义表述有严重错误，属于不合格内容
	12	估价依据	依据完整、合法有效	2	（1）必要的法律法规、估价标准和指导意见依据未列明的，扣0.5～1分 （2）法律法规、估价标准和指导意见名称表述不全面、不准确的，扣0.5分 （3）所列的估价依据已过时或者失效的，扣0.5～1分 （4）滥列估价依据的，扣0.5～1分 （5）估价依据严重错误的，未在“估价依据”中列明估价所必须依据的法律法规、估价标准和指导意见的，估价依据运用严重错误的，在估价中完全未体现估价依据的要求的，属于不合格内容

（续）

评审分项	序号	评审子项	评审标准	标准分	扣分项目分值及说明
二、估价结果报告（25分）	13	估价原则	原则完整、准确，具有针对性	1	（1）列明本次估价应当遵循的估价原则。每缺少一项，扣0.5分 （2）所列估价原则无简要定义的，扣0.5分 （3）所列估价原则缺乏针对性的，扣0.5分
	14	估价方法	选用的估价方法正确，方法定义简明、准确	3	（1）理论上适用的估价方法未选用，虽然说明了理由，但理由不够充分的，扣1～2分 （2）估价方法定义不准确的，扣0.5～1分 （3）估价方法选用错误的，理论上适用的估价方法未选用且未充分说明理由的，属于不合格内容 （4）与估价技术报告中估价方法选用不一致的，属于不合格内容
	15	估价结果	完整清晰，前后一致	3	（1）估价结果（包括币种、总价及其大写、单价及其单位；仅表述总价或者单价的，应说明理由）表述不完整的，扣0.5～1分 （2）估价结果内涵（是否与估价假设和限制条件一致，例如是否扣除土地出让金、相关费用及税金等）不清晰的，扣1分 （3）估价结果与致估价委托人函或者估价技术报告中的不一致的，估价结果不合理，偏高或者偏低的，属于不合格内容
	16	估价人员	基本信息完整，角色明确	1	（1）未写明执行估价的注册房地产估价师（至少两名以上）的姓名、注册号，无亲笔签名的，扣1分 （2）有协助估价而未写明协助估价的人员的姓名、相关资格或者职称，无亲笔签名的，扣0.5分
	17	估价作业日期	表述正确，时间合理	1	（1）表述不正确的，扣1分 （2）时间上难以保证按质完成的，扣0.5分
	18	估价报告使用期限	表述正确，期限合理	1	（1）表述不正确的，扣1分 （2）期限确定不合理的，扣1分
三、估价技术报告（50分）	19	实物状况描述与分析	土地：描述内容完整，分析客观，具有针对性	3	（1）描述内容包括：名称、四至、面积、用途、形状、地形地势、开发程度等。每缺少一项，扣0.5分 （2）缺少分析的，扣2分 （3）分析针对性不强的，扣0.5～1分
			建筑物：描述内容完整，分析客观，具有针对性		（1）描述内容包括：名称、规模、用途、层数、建筑结构、设施设备、装饰装修、层高、空间布局、建成时间、使用及维护状况、完损状况等。每缺少一项，扣0.5分 （2）缺少分析的，扣2分 （3）分析针对性不强的，扣0.5～1分
	20	权益状况描述与分析	描述内容完整，分析客观，具有针对性	3	（1）土地权益状况描述内容包括：土地所有权状况、土地使用权状况、他项权利设立情况、土地使用管制、其他特殊情况等。每缺少一项，扣0.5分 （2）建筑物权益状况描述内容包括：房屋所有权状况、他项权利设立情况、出租或者占用情况、其他特殊情况等。每缺少一项，扣0.5分 （3）在建工程权益状况描述内容包括：建设用地规划许可证、建设工程规划许可证、建设工程施工许可证等的取得情况 （4）缺少分析的，扣2分 （5）分析针对性不强的，扣0.5～1分

（续）

评审分项	序号	评审子项	评审标准	标准分	扣分项目分值及说明
三、估价技术报告（50分）	21	区位状况描述与分析	描述内容完整，分析客观，具有针对性	3	（1）位置状况描述内容包括：坐落、方位、与重要场所（设施）的距离、临街（路）状况、朝向、楼层等。每缺少一项，扣0.5分 （2）交通状况描述内容包括：道路状况、出入可利用交通工具、交通管制情况、停车方便程度等。每缺少一项，扣0.5分 （3）环境状况描述内容包括：自然环境、人文环境、景观等。每缺少一项，扣0.5分 （4）外部配套设施状况描述内容包括：基础设施、公共服务设施。每缺少一项，扣0.5分 （5）未分析区位状况优劣的，扣1分 （6）分析针对性不强的，扣1分
	22	市场背景描述与分析	描述内容完整，分析客观，定性和定量相结合，具有针对性	3	（1）描述内容包括：宏观经济形势和相关政策简况、当地房地产市场总体状况、当地同类房地产市场状况。每缺少一项，扣1分 （2）缺少分析或者分析结论与描述不符的，扣2分 （3）分析针对性不强，如分析结论不能为估价测算及估价参数取值提供支持的，扣1分
	23	最高最佳利用分析	分析内容完整，具有针对性，结论正确	3	（1）分析内容包括：合法性、技术可能性、经济可行性、最高最佳利用方式。每缺少一项，扣1分 （2）分析针对性不强的，扣1～2分 （3）分析结论错误的，扣3分
	24	估价方法适用性分析	逐一分析各种估价方法是否适用。估价技术路线表述正确、清晰	3	（1）分析内容包括：各种估价方法的适用性、估价技术路线。每缺少一项，扣2分 （2）估价方法选用错误，或者技术路线表述错误的，扣3分 （3）应选用的估价方法未选用的，扣2分 （4）已选用的估价方法未简述理由的，扣1分 （5）理论上适用而运用的客观条件不具备，未充分说明理由的，扣1分 （6）理论上不适用的估价方法未简述理由的，扣0.5分 （7）技术路线表述不清晰的，扣0.5～1分 （8）与估价结果报告中估价方法选用不一致的，属于不合格内容
	25	估价测算过程	数据来源依据充分，参数选取客观、合理，理论表述与实际应用有说服力；有必要的分析和过程；计算过程完整、严谨、正确	30	（1）按照比较法、收益法、成本法、假设开发法及基准地价修正法评审标准进行评审 （2）理论上适用的估价方法未选用且未充分说明理由的，该估价方法的得分为零分 （3）应当选用两种以上估价方法估价的，先分别评定各种估价方法测算过程的得分，然后以其简单算术平均数为估价测算过程的得分 （4）估价方法运用严重错误，包括计算公式选用、测算过程、计算结果严重错误，属于不合格内容
	26	估价结果确定	估价结果确定方式恰当、理由充分	2	（1）各种估价方法测算结果权重确定不恰当的，扣2分 （2）未说明权重确定理由或者理由不充分的，扣1分 （3）估价结果与致估价委托人函或者估价结果报告中的不一致的，估价结果不合理偏高或者偏低的，属于不合格内容

（续）

评审分项	序号	评审子项	评审标准	标准分	扣分项目分值及说明
四、附件及外在质量（10分）	27	附件	附件资料齐全、完整、真实	5	（1）基本资料包括：估价委托书复印件、估价对象位置图、内部状况照片、外部状况照片、周围环境和景观照片、权属证明复印件、房地产估价机构营业执照复印件、房地产估价机构资质证书复印件、注册房地产估价师注册证书复印件。每缺少一项且未充分说明客观原因，或者每有一项出差错的，扣1分 （2）估价对象内部状况、外部状况、周围环境和景观照片难以反映估价对象状况的，扣1～3分 （3）有重要专业帮助未附重要专业帮助者亲笔签名的书面专业意见复印件的，扣1分
	28	外在质量	用语用词规范，文字简洁、通顺、逻辑性强，排版、装订规整	5	（1）专业术语不规范或者前后表述不一致的，扣1～2分 （2）报告各部分之间描述相互矛盾的，扣1～3分 （3）报告各部分之间出现不必要重复的，扣1～2分 （4）报告文字表述不通顺、逻辑性不强、不够客观平实的，扣1～2分 （5）存在病句、错别字、漏字、标点符号错误的，扣1～2分 （6）序号使用不规范或者顺序错误的，扣1～2分 （7）排版不规整，装订质量粗糙的，扣1～2分
合　计				100	

表 10-4　房地产抵押估价特殊项目评审标准表

序号	评审分项	评审标准	标准分	扣分项目分值及说明
1	估价假设和限制条件	价值时点与实地查勘日期不一致时，应在假设限制条件中进行假设说明	1	价值时点与实地查勘日期不一致时，未在假设限制条件中进行假设说明的，扣1分
2	估价原则	列明遵循谨慎原则	1	未表述谨慎原则及其简要定义的，扣1分
3	估价结果	披露内容完整	2	内容包括：假定未设立法定优先受偿权利下的市场价值、注册房地产估价师知悉的各项法定优先受偿款以及抵押价值。每缺少一项，扣1分
4	估价对象变现能力分析	变现能力分析内容完整，分析合理，针对性强	8	（1）未进行通用性、独立使用性或者可分割转让性分析的，扣1～3分 （2）未分析假定在价值时点拍卖或者变卖时最可能实现的价格与估价结果的差异程度的，扣1分 （3）未分析变现时间长短的，扣1分 （4）未说明变现费用、税金的种类和清偿顺序的，扣1～3分 （5）变现能力分析缺乏针对性，或者分析存在错误的，扣1～4分
5	相关风险提示	风险提示内容完整，分析合理，具有针对性	6	（1）内容包括：①关注房地产抵押价值未来下跌的风险，对预期可能导致房地产抵押价值下跌的因素进行分析说明；②评估续贷房地产的抵押价值时，对房地产市场已经发生的变化予以考虑说明；③估价对象状况和房地产市场状况因时间变化对房地产抵押价值可能产生的影响；④抵押期间可能产生的房地产信贷风险关注点；⑤合理使用评估价值；⑥定期或者在房地产市场价格变化较快时对房地产抵押价值进行再评估等。每缺少一项，扣1分 （2）风险提示不具体或者缺乏针对性的，扣2～4分

（续）

序号	评审分项	评审标准	标准分	扣分项目分值及说明
6	附件	包括法定优先受偿权利等情况的书面查询资料和调查记录	2	缺少法定优先受偿权利等情况的书面查询资料或者调查记录的，扣 2 分
合　计			20	

第九节　交付估价报告

估价报告经内部审核合格后，负责该项目的注册房地产估价师应在《注册房地产估价师声明》上签字，估价机构应在《致估价委托人函》上盖章，估价机构的法定代表人或执行合伙人可在《致估价委托人函》上盖章或签字，并注明致函日期。该估价项目如果有其他人员协助估价或者聘请了外部专家、有关专业机构给予专业帮助的，应在估价报告中说明协助估价的人员、给予专业帮助的外部专家或专业机构的姓名或名称和内容。经委托人同意，与其他估价机构合作完成的估价项目，应以合作双方的名义共同出具估价报告。

估价机构出具的估价报告一般应一式三份，其中两份交给估价委托人，一份由本机构存档。

估价报告完成签字、盖章等手续后，估价机构应按照有关规定或者与估价委托人约定的方式，及时将估价报告交给估价委托人。在交付估价报告时，为避免交接不清引起的麻烦，可由估价委托人或者其指定的接收人在估价报告交接单上签字，并填写收到估价报告的日期即估价报告交付日期。

【例 10-4】 王先生有一幢私有房地产，因资金紧缺欲以该房地产向银行申请抵押贷款。为此，王先生找到与其相熟的房地产估价师李某，想请其评估。在接洽过程中，李某可以承诺（　　）。

A. 现场勘察后马上口头告知评估价格，之后再按约定提交正式估价报告

B. 评估收费给予优惠，低于其他估价机构的收费水平

C. 在王某与李某所在房地产估价机构签订估价委托合同后，经机构同意和指派由自己亲自估价

D. 由自己亲自承接该估价业务，以个人名义出具估价报告

【答案】C。

第十节　估价资料归档

估价资料归档，是指估价机构完成并向估价委托人交付估价报告后，由相关责任人按照

有关规定及时对估价报告以及在估价业务中形成的其他有保存价值的各种文字、图表、影像资料等进行整理、分类，然后妥善保存起来。

一、保存估价资料的目的

估价资料归档的目的是建立估价档案和估价资料库，以方便今后的估价及管理工作。估价资料归档有助于行政主管部门和行业组织对估价机构和估价师开展有关检查和考核；有助于解决日后可能发生的估价争议；有助于估价机构和估价师展现估价业绩。

二、保存估价资料的内容及保存期限

归档的资料一般包括：估价报告、估价委托书、估价委托合同、估价项目来源及接洽情况记录、实地查勘记录、估价报告内部审核记录、估价中主要不同意见和估价结果重大修改意见记录、估价所依据的估价委托人提供的资料、有必要保存的其他估价资料（如市场调查中价格信息的来源、相关单位提供的案例的来源、价格主要信息等材料复印件等）。其中，估价报告、估价委托书、估价委托合同、实地查勘记录、估价报告内部审核记录必须归档。

估价机构应当建立严格的估价档案管理制度，保证估价资料的妥善保管、有序存放、方便查阅，严防损毁、散失和泄密。估价资料应采用纸质文档归档，同时可采用电子文档归档。按照《房地产估价规范》（GB/T 50291—2015）等相关要求，估价档案的保存期限自估价报告出具日期起应当不少于 10 年。保存期限届满而估价服务的行为尚未结束的，估价档案应当保留到估价服务的行为结束为止。例如，某住房抵押贷款项目贷款期限 20 年，那么其对应的估价服务档案的保存期限至少应达到 20 年。

本章小结

房地产估价程序是完成估价项目所需要做的各项工作及其进行的先后次序。房地产估价工作应按下列程序进行：受理估价委托；明确估价基本事项；编制估价作业方案；搜集估价所需资料；实地查勘估价对象；选用估价方法进行测算；确定估价结果；撰写估价报告；审核估价报告；交付估价报告；估价资料归档。履行必要的估价程序是完成任何估价项目的基本要求，对于规范估价行为、保证估价质量、提高估价效率、防范估价风险非常重要。

本章练习题

一、单选题（每题的备选答案中只有一个最符合题意）

1. 下列表述中不正确的是（　　）。

A. 在实际估价中，不同的估价方法将影响估价结果

B. 在实际估价中，不同的价值时点将影响估价结果

C. 在实际估价中，不同的估价目的将影响估价结果

D. 在实际估价中，不同的估价作业期将影响估价结果

2. 确定估价对象及其范围和内容时，应根据（　　），依据法律法规，并征求委托人同意后综合确定。

A. 估价原则　　B. 估价目的　　C. 估价方法　　D. 估价程序

3. 下列关于实地查勘估价对象的表述中，错误的是（　　）。

A. 房地产估价师应亲自到估价对象现场，对估价对象的坐落、用途等情况进行核对

B. 房地产估价师应亲自到估价对象现场，拍摄反映估价对象外观状况的影像资料，内部状况可不拍摄

C. 房地产估价师应亲自到估价对象现场，感受估价对象的位置、交通、环境景观等的优劣

D. 估价对象为已经消失的房地产，房地产估价师也应去估价对象原址进行必要的调查了解

4. 下列估价基本事项中，仅由委托人决定的是（　　）。

A. 估价对象　　B. 估价目的　　C. 价值时点　　D. 价值类型

5. 一个估价项目中的估价目的，本质上是由（　　）决定的。

A. 估价机构　　B. 估价师

C. 估价报告使用者　　D. 估价委托人的估价需要

6. 一个估价项目中的价值时点本质上是由（　　）决定的。

A. 估价委托合同签订时间　　B. 估价目的

C. 实地查勘估价对象的时间　　D. 委托人意愿

二、多选题（每题的备选答案中，有两个或两个以上符合题意的答案）

1. 下列估价事项中，仅根据估价目的来确定的有（　　）。

A. 估价对象　　B. 价值时点　　C. 价值类型　　D. 估价方法

E. 估价所需材料

2. 房地产估价中，估价方法的选择是由（　　）综合决定的。

A. 估价对象的房地产类型　　B. 估价方法适用的对象和条件

C. 估价人员的技术水平　　D. 委托人的特殊要求

E. 所搜集到的资料的数量和质量

3. 下列关于实地查勘的说法中，正确的有（　　）。

A. 对于面积小、价值低的房地产可不进行实地查勘

B. 实地查勘中应将有关情况和数据认真记录下来，形成实地查勘记录

C. 实地查勘人员和委托人中的陪同人员都应在实地查勘记录上签名

D. 在实地查勘记录上应注明实地查勘日期

E. 实地查勘应到实地对事先收集的有关估价对象的资料进行核实

4. 估价项目完成后，应归档的估价资料包括（　　）。

A. 实地查勘记录　　B. 委托人名片

C. 估价项目来源和接洽情况　　D. 估价中的不同意见

E. 估价报告定稿之前的重大调整或修改意见

三、判断题（用"√"表示正确，用"×"表示错误）

1. 估价目的是由委托人提出的，价值时点是根据估价目的确定的。（ ）
2. 估价报告应用有效期是从估价报告出具之日计算，而不是从价值时点开始计算。（ ）
3. 估价资料的保管期限是从估价报告出具之日起到估价报告得到使用之日止。（ ）
4. 接受估价委托后，受托估价机构不得转让、变相转让受托的估价业务，并应明确至少一名合适的估价人员负责该估价项目。（ ）
5. 在任何时候，估价委托人既是估价报告使用者，又是估价利害关系人。（ ）

四、简答题

1. 房地产估价业务来源渠道有哪些？
2. 完成一个房地产估价项目的必要程序是什么？
3. 哪些情况下不应承接估价业务？
4. 需要明确的估价基本事项有哪些？
5. 估价所需资料主要包括哪几类？
6. 实地查勘估价对象的内容和要点。
7. 归档的估价资料一般包括哪些？

五、案例分析

1. 某正常生产的工厂位于某城市市区，距市中心直线距离约为15公里，土地面积为7672m^2；自用生产车间建筑面积为3300m^2；办公楼建筑面积为1050m^2；临街商业用房建筑面积为580m^2，已出租。商业用房的用地已于1995年办理了土地使用权出让手续，出让年限为40年，其余自用房屋的用地为国有划拨土地。该厂已取得了国有土地使用取证和房屋所有权证。现规划部门已将该区域规划为居住区，某房地产开发商有意向投资该宗土地，请房地产估价机构预测开发效益。

请问：房地产估价机构应收集哪些资料？

2. 某房地产开发商欲参加一宗规划用途为公寓、写字楼的出让土地的投标，委托房地产估价机构评估该宗土地的公开市场价值，供其确定投标价格时参考。作为房地产估价人员，在全面了解地块的基本情况（包括位置、四至、用途、面积、容积率等）和地块所在地区基本情况（包括市政基础设施和公共配套设施状况、商业繁华程度、人文环境和区域的总体规划等）之后，还需做哪些专业工作？

第十一章

房地产估价报告

章前引言

在房地产估价业务中，估价人员确定了最终的估价结果之后，应当撰写估价报告。房地产估价报告是房地产估价机构和注册房地产估价师向估价委托人所做的关于估价情况和结果的正式陈述。房地产估价报告在估价业务中具有重要的作用，主要表现为委托评估的房地产提供作价意见，是明确估价委托人和房地产估价机构责任的依据，是有关管理部门完善房地产评估管理的重要手段。学习和掌握房地产估价报告的基本内容和写作要求，是房地产估价人员必须具备的一项专业能力。

本章主要介绍房地产估价报告的作用、基本内容和格式、写作要求、常见错误及估价报告改错举例。

学习目标

1. 了解房地产估价师声明、估价的假设和限制条件。

2. 掌握完整的房地产估价报告的构成内容、房地产估价结果报告的内容和房地产估价技术报告的内容。

3. 熟悉房地产估价报告的作用和写作要求、致估价委托人函的主要内容。

第一节 房地产估价报告的作用

房地产估价报告是房地产估价机构和注册房地产估价师向估价委托人所做的关于估价情况和结果的正式陈述。房地产估价报告在估价业务中具有重要的作用。

(1) 为委托评估的房地产提供作价意见 编写房地产估价报告书的目的主要是对被估价的房地产做出公正的书面评价，并根据实际情况和法律的规定，提出估价意见，向估价委托人及有关部门报告，为估价委托人在市场中交易委托房地产提供指导、建议性的意见。

(2) 是明确委托方、受托方责任的依据 房地产估价报告既是房地产估价机构履行委托估价合同，也是估价机构对其受托项目估价承担法律责任的书面证明文件。估价机构通过估价报告（包括附件）证明其估价的依据是充分的，估价方法是科学的，估价结果是客观、公正和合理的。

(3) 是有关管理部门完善房地产评估管理的重要手段 房地产估价报告详实地记载了受托估价项目的估价过程、估价结果，反映了估价人员的业务水平、工作经验和职业道德，为房地产估价管理部门对估价结果确认质量、对估价机构评定资质等级和估价人员管理提供重要依据。

第二节 房地产估价报告的基本内容和格式

房地产估价报告是记述估价过程，反映估价结果的文件，其质量高低直接影响相关权益人的利益。因此，房地产估价报告的内容、格式必须符合国家《房地产估价规范》（GB/T 50291—2015）和《房地产估价基本术语标准》（GB/T 50899—2013）的统一规定。

一、房地产估价报告的基本内容

一份完整的房地产估价报告通常由以下内容构成：封面、致估价委托人函、目录、估价师声明、估价假设和限制条件、估价结果报告、估价技术报告、附件。

上述基本内容的每个部分应分别记载以下事项。

1. 封面

封面的内容一般包括以下几项：

1）估价报告名称。宜为“房地产估价报告”，也可结合估价对象和估价目的给估价报告命名，例如“房地产抵押估价报告”“国有土地上房屋征收评估报告”。

2）估价报告编号。应反映估价机构简称、估价报告出具年份，并应按顺序编排，不得重复、遗漏、跳号。

3）估价项目名称。应根据估价对象的名称或坐落、估价目的，提炼出简洁的名称。如“××大厦房地产抵押估价”。估价项目名称不要带有“报告”二字。

4）估价委托人。当为单位时，应写明其名称；当为个人时，应写明其姓名。

5）房地产估价机构。应写明其名称。

6）注册房地产估价师。应写明所有参加估价的注册房地产估价师的姓名和注册号。

7）估价报告出具日期。应与致估价委托人函中的致函日期一致。

【例 11-1】　封面的格式举例。

房地产抵押估价报告

估价报告编号：×××房估字（2017）第×××号

估价项目名称：A 市××酒店房地产抵押价值评估

估价委托人：A 市××酒店投资管理有限公司

房地产估价机构：××××房地产估价有限公司

注册房地产估价师：××× 注册号 ××××××

××× 注册号 ××××××

估价报告出具日期：2017 年×月××日

2. 致估价委托人函

致估价委托人函应包含下列内容：

1）致函对象。应写明估价委托人的名称或姓名。

2）估价目的。应写明估价委托人对估价报告的预期用途，或估价是为了满足估价委托人的何种需要。

3）估价对象。应写明估价对象的名称、坐落、范围、规模、用途、权属等基本状况。

4）价值时点。应写明所评估的估价对象价值对应的时间。

5）价值类型。应写明所评估的估价对象价值的名称；当所评估的估价对象价值无规范的名称时，应写明其定义或内涵。

6）估价方法。应写明估价所采用的方法的名称。

7）估价结果。应写明最终估价结果的总价，并应注明其大写金额，还应写明最终估价结果的单价。

8）与估价结果和使用估价报告有关的特别提示。

9）致函日期。应注明致函的年、月、日。

【例 11-2】　致估价委托人函的格式举例。

致估价委托人函

×××股份有限公司：

我×××房地产估价有限公司接受贵公司委托，秉着独立客观公正原则，安排公司注册房地产估价师组成专门小组，按照国家规定的技术标准和程序，认真进行了贵公司×××房地产的现场查勘与深入市场调查，（在合理的假设下，）经全面研究、分析、测算后，已形成房地产估价报告、估价结论与估价结果，现将估价基本情况与估价结果报告如下。

一、估价目的

二、估价对象

三、价值时点

四、价值类型

五、估价方法

六、估价结果（单价与总价）

七、使用估价报告、估价结果特别提示

×××房地产估价有限公司（公章）
法人代表或执行合伙人章或签字落款
2017年×月××日

3. 目录

目录应按前后次序列出下列估价报告各个组成部分的名称及对应的页码：估价师声明；估价假设和限制条件；估价结果报告；估价技术报告；附件。

【例11-3】 目录格式举例。

目　　录

一、估价师声明　第×页
二、估价假设和限制条件　第×页
三、估价结果报告　第×页
四、估价技术报告　第×页
五、附件　第×页

4. 估价师声明

估价师声明应写明所有参加估价的房地产估价师对其估价职业道德、专业胜任能力和勤勉尽责估价等的承诺和保证。

鉴证性估价报告的估价师声明应包含下列内容：

1）注册房地产估价师在估价报告中对事实的说明是真实和准确的，没有虚假记载、误导性陈述和重大遗漏。

2）估价报告中的分析、意见和结论是注册房地产估价师独立、客观、公正的专业分析、意见和结论，但受到估价报告中已说明的估价假设和限制条件的限制。

3）注册房地产估价师与估价报告中的估价对象没有现实或潜在的利益，与估价委托人及估价利害关系人没有利害关系。

4）注册房地产估价师对估价报告中的估价对象、估价委托人及估价利害关系人没有偏见。

5）注册房地产估价师是依照《房地产估价规范》《房地产估价基本术语标准》以及相关房地产估价专项标准进行分析，形成意见和结论，撰写估价报告。

6）注册房地产估价师对估价对象进行实地勘察的情况，应选择下列之一：

①注册房地产估价师×××、×××都对估价报告中的估价对象进行了实地勘察。

②注册房地产估价师中的×××对估价报告中的估价对象进行了实地勘察，其他注册房地产估价师未对估价对象进行实地勘察。

③注册房地产估价师×××、×××因×××，未进入估价报告中的估价对象内部，仅对其外部状况和区位状况进行了实地勘察。

④注册房地产估价师中的×××因×××，未进入估价报告中的估价对象内部，仅对其外部状况和区位状况进行了实地勘察，其他注册房地产估价师未对估价对象进行实地勘察。

7）获得外部专业帮助情况，应选择下列之一：

①没有外部专家和单位对估价报告提供专业帮助。

②×××对估价报告提供了专业帮助，其相关资格、职称或资质为×××，帮助的内容是×××。

非鉴证性估价报告的估价师声明的内容，可根据实际情况进行适当增减。

5. 估价假设和限制条件

估价假设和限制条件是估价报告中对估价假设和估价报告使用限制的说明。其作用一方面是保护估价人员，另一方面是告知、保护估价委托人和估价报告使用者。

估价假设和限制条件包括一般假设、未定事项假设、背离事实假设、不相一致假设、依据不足假设以及估价报告使用限制。

一般假设应说明对估价所依据的估价委托人提供的估价对象的权属、面积等资料进行了审慎检查，在无理由怀疑其合法性、真实性、准确性和完整性且未予以核实的情况下，对其合法、真实、准确和完整的合理假定；对房屋安全、环境污染等影响估价对象价值的重大因素给予了必要关注，在无理由怀疑估价对象存在安全隐患且无相应的专业机构进行鉴定、检测的情况下，对其安全的合理假定等。

未定事项假设应说明对估价所必需的尚未明确或不够明确的土地用途、容积率等事项所做的合理的、最可能的假定。当没有未定事项假设时，应说明没有未定事项假设。

背离事实假设应说明因估价目的的特殊需要、交易条件设定或约定，对估价对象状况所做的与估价对象在价值时点的状况不一致的合理假定。当没有背离事实假定时，应说明没有背离事实假定。

不相一致假定应说明在估价对象的实际用途、房屋登记用途、土地登记用途、规划用途等之间不一致，或房屋权属证明、土地权属证明等上的权利人之间不一致，估价对象的名称不一致等情况下，对估价所依据的用途或权利人、名称等的合理假定。当没有不相一致假设时，应说明没有不相一致假设。

依据不足假设应说明在估价委托人无法提供估价所必需的反映估价对象状况的资料以及进行了尽职调查仍然难以取得该资料的情况下，缺少该资料及对相应的估价对象状况的合理假定。当没有依据不足假设时，应说明没有依据不足假设。

估价报告使用限制是对估价报告的用途、使用者、使用期限等使用范围的限定以及在使用估价报告时需要注意的其他事项。

6. 估价结果报告

估价结果报告应简明扼要地说明以下内容：

1）估价委托人。当为单位时，应写明其名称、住所、法定代表人姓名；当为个人时，应写明其姓名和住址。

2）房地产估价机构。应写明房地产估价机构的名称、住所、法定代表人或执行合伙人姓名、估价资质等级和资质证书编号。

3）估价目的。应写明估价委托人对估价报告的预期用途，或估价是为了满足估价委托人的何种需要。

4）估价对象。应概要说明估价对象的名称、坐落、范围、规模、用途、利用现状、权属等基本情况；对土地基本情况的说明，还应包括四至、土地使用期限、开发程度；对建筑物基本情况的说明，还应包括建筑结构、设备设施、装饰装修、建成时间、维护状况。

5）价值时点。应说明所评估的估价对象价值对应的时间及其确定的简要理由。

6）价值类型。应说明所评估的估价对象价值的名称、定义或内涵。

7）估价依据。应说明估价所依据的有关法律、法规、政策或标准，估价委托书、估价委托人提供的估价所需资料，房地产估价机构、注册房地产估价师掌握和搜集的估价所需资料。

8）估价原则。应说明估价所遵循的估价原则。

9）估价方法。应说明估价所采用的方法名称和定义。

10）估价结果。应说明不同估价方法的测算结果和最终估价结果（房地产抵押价值评估结果应说明最终估价结果）。最终估价结果的总价应注明大写金额。当估价对象无法用单价表示时，可不注明单价。当币种为外币时，应说明国务院金融主管部门公布的价值时点的人民币市场汇率中间价，并注明最终估价结果的总价所折合的人民币价值。

11）注册房地产估价师。应写明所有参加估价的注册房地产估价师的姓名和注册号，并应由本人签名。

12）实地查勘期。应说明实地查勘估价对象的起止日期，具体为自进入估价对象现场之日起至完成实地查勘之日止。

13）估价作业期。应说明估价工作的起止日期，具体为自受理估价委托之日起至估价报告出具之日止。

7. 估价技术报告

《房地产估价规范》规定，估价技术报告应较详细地叙述下列内容：

（1）估价对象描述与分析　应有针对性地较详细说明、分析估价对象的区位、实物、权益状况。

（2）市场背景描述与分析　应有针对性地较详细说明、分析类似房地产过去、现在和可预见的未来的市场状况。

（3）最高最佳利用分析　应有针对性地较详细分析、说明估价对象的最高最佳利用状况，并说明以最高最佳利用状况为估价前提。当估价对象已做了某种利用时，应从维持现状、更新改造、改变用途、改变规模、重新开发以及它们的组合或其他特殊利用中分析、判断何种利用状况为最高最佳利用状况。当根据估价目的评估估价对象的现状价值时，可不进行估价对象最高最佳利用分析。

（4）估价方法适用性分析　应逐一分析比较法、收益法、成本法、假设开发法等估价方法对估价对象的适用性。对于理论上不适用的，应简述理由；对于理论上适用但客观条件不具备而不能选用的，应充分说明理由。对于选用的估价方法，应说明估价技术思路。

（5）估价测算过程　应详细说明所选用的估价方法的测算步骤、计算公式和计算过程及其中的估价基础数据和估价参数的来源或确定依据等。

（6）估价结果确定　应说明估价测算的步骤、计算公式和计算过程，以及估价基础数据和估价参数的来源或确定依据等。

房地产估价结果报告和估价技术报告的各个组成部分，也应在估价报告的目录中按前后次序列出其名称及其对应页码。格式如下：

【例 11-4】　目录格式举例。

目　录

一、估价师声明　第×页
二、估价假设和限制条件　第×页
三、估价结果报告　第×页
1. 估价委托人　第×页
2. 房地产估价机构　第×页
3. 估价目的　第×页
4. 估价对象　第×页
5. 价值时点　第×页
6. 价值类型　第×页
7. 估价依据　第×页
8. 估价原则　第×页
9. 估价方法　第×页
10. 估价结果　第×页
11. 注册房地产估价师　第×页
12. 实地查勘期　第×页
13. 估价作业期　第×页
四、估价技术报告　第×页
1. 估价对象描述与分析　第×页
2. 市场背景描述与分析　第×页
3. 最高最佳利用分析　第×页
4. 估价方法适用性分析　第×页
5. 估价测算过程　第×页
6. 估价结果确定　第×页
五、附件　第×页

8. 附件

附件是放在估价报告后面用来补充说明或证明估价依据、估价对象状况、估价机构资质的资料。通常包括：估价委托书复印件；估价对象位置示意图；估价对象的内外部状况照片、周围环境和景观照片；估价对象权属证明复印件；估价对象法定优先受偿款调查资料（当不是房地产抵押估价报告时，可不包括该资料）；外部专业帮助的专业意见（当没有外部专家和单位对估价报告提供专业帮助时，可不包括该意见）；估价所依据的其他文件资料；可比实例位置示意图和外观照片（当未采用比较法进行估价时，可不包括该图和照片）；房地产估价机构营业执照和估价资质证书复印件；注册房地产估价师注册证书复印件。

二、房地产估价报告的规范格式

估价报告的形式应当为书面报告。书面报告又可分为叙述式报告和表格式报告。叙述式估价报告可以更充分地解释、论证其分析、意见和结论，使估价结果更有说服力。因此，是估价人员表述估价结果的最佳方式。叙述式估价报告的规范格式如上述估价报告基本内容的阐述顺序。表格式估价报告就是将各种项目和数据用列表的方式来表达。

第三节　房地产估价报告的写作要求

撰写房地产估价报告是房地产估价师必须熟练掌握的专业技能。撰写房地产估价报告，房地产估价师要具备房地产估价的专业知识，掌握房地产估价报告的要求。

一、房地产估价报告的总体要求

(1) 客观性和准确性　所谓客观性，就是撰写房地产估价报告必须依据客观事实，实事求是，真实反映估价工作情况。对影响估价对象价格或价值的因素，进行客观的介绍、分析和评论，做出的结论应有充分的依据。所谓准确性，就是房地产估价报告的用语应力求清楚、准确，不能使用模棱两可或容易产生误解的文字，对难以确定的事项要说明，并描述其对估价结果可能产生的影响。

(2) 全面性　所谓全面性，即完整地反映估价所涉及的事实，分析过程和结论，正文内容和附件资料应齐全、配套。

(3) 公正性　所谓公正性，即房地产估价报告的撰写应是估价机构站在中立的立场上，不受人为干扰，独立完成，客观、科学、合理地反映估价过程和估价结果。

(4) 概括性　撰写房地产估价报告时，要对获得的大量资料进行认真的鉴别与科学分析，筛选出有代表性的，能反映事情本质特征的资料，用简洁的文字对估价中所涉及的内容进行高度的概括，分析、并得出结论。

二、房地产估价报告格式和内容方面的要求

由于房地产估价报告是记述估价过程，反映估价结果的专业性文件，因此，在格式和内容方面都有规范的要求。

1. 房地产估价报告的格式要求

1) 撰写房地产估价报告的格式，必须遵循《房地产估价规范》的有关规定，不能随意改变。

2) 对于成套住宅抵押估价、基于同一估价目的的大量同类房地产批量估价，估价报告可采取表格形式，其他的估价报告应采取叙述形式。

2. 房地产估价报告的内容方面要求

撰写房地产估价报告时，在内容方面应注意以下几点：

1) 房地产估价报告的总体内容要符合有关法律、法规的规定。房地产估价报告是一种具有法律效力的经济报告，是与估价委托人、估价报告使用者的经济利益有着密切关系的。因此，撰写评估报告时，法律依据性要素一定要阐述清楚。法律依据性要素主要包括估价对象权属状况、估价依据、估价目的、价值时点、估价作业期、估价人员等。特别是估价对象的权属状况，包括所有权、使用权及与估价相关的权益一定要清晰。估价依据的资料要充分、合法。估价报告的使用期限要明确。签字的估价人员要有估价师

资格。

2）房地产估价报告中的分析性内容要科学、严谨。分析性内容主要指房地产估价专业人员在估价过程中，对估价对象及有关因素进行分析、测算的基本思路及所依据的估价原则、估价程序、估价理论和估价方法的选择及结论。分析性内容主要包括：估价技术路线、估价原则、估价的假设前提及限制条件、估价方法、测算过程、相关数据、参数的确定、估价结果的确定。写好分析性内容是写好估价报告的关键。写作房地产估价报告时，要引用准确资料，内容详细充实，不允许引用片面的资料，断章资料，甚至虚假资料；判断要客观，分析要实事求是。估价报告的结论要说明应用时应注意的问题。

3）房地产评估报告的描述性内容要具体、准确。房地产评估报告的描述性内容主要包括两个方面：一是描述估价对象的具体状况，包括估价对象的实物状况、区位状况和权益状况。例如：描述土地状况时应说明估价对象名称、坐落、面积、形状、四至、周围环境、基础设施完备程度、交通条件、规划限制条件、利用现状、权属状况等。描述建筑物要说明名称、坐落、面积、层数、建筑结构、装修状况、建成时间及使用维护情况、公共设施配套情况、利用现状和权属情况等。总之，要具体、准确，重要事项不能遗漏。二是描述估价对象所处的社会环境，包括估价对象所处的小区环境、有无物业管理、服务配套设施、交通条件、商业氛围、教育环境、城市的自然环境、政治经济状况、发展趋势等。可以采取多种手段来描述，如图片、数据、文字等，一定要给人以清晰、准确的感觉。

4）房地产估价报告的语言文字要简明、扼要。房地产估价报告是一种指向性非常明确的应用文体，有其特定的语言文字要求。①用词要准确，词义要鲜明，不能使用含糊不清的字样，例如："大约""可能"等；不能错字漏字。②专业术语要规范。要按照《房地产估价规范》和《房地产估价基本术语标准》规定的含义使用专业术语。③用词不能带有较强烈的感情色彩。④句子要完整、简练；逻辑结构要严密。

第四节　房地产估价报告改错举例

一、房地产估价报告常见错误分析

1. 房地产估价报告错误的主要类型

（1）不规范　术语不规范；表达方式不规范；有错别字。

（2）不充分　取值依据不充分（数据来源、报酬率取值）；推理说明不充分；各种方法最后综合取值的理论依据不充分等。

（3）不一致　前面的因素分析和后面的取值计算不一致；推理说明与结论不一致等。

（4）不正确　估价方法选用不正确；技术路线不正确；推理分析不正确；计算不正确等。

（5）不完整　估价报告的构成内容不完整；致估价委托人函的内容不完整。

2. 估价结果报告与估价技术报告中的主要错误

1）缺少估价委托人。

2）缺少房地产估价机构。估价报告中无房地产估价机构。

3）缺少估价目的。估价报告中没有说明估价目的，或者对估价目的的叙述不正确。

4）估价对象房地产概况描述不全面、不清楚。如估价对象房地产的产权归属（土地使用权、房屋产权以及他项权利）未交代或交代不清楚，土地的利用现状或开发利用方式未交代，土地使用权的取得方式（行政划拨或有偿出让、转让）未交代，土地使用权的起止日期模糊不清等。

5）缺少价值时点。

6）价值类型交代不清。

7）估价的主要依据未交代或交代不清。

8）缺少估价方法的定义。

9）缺少估价人员及相关情况说明。

10）缺少估价作业期或与价值时点相混。

11）估价结论的金额应同时用大、小写注明，往往容易漏掉大写。

12）缺少必要的说明，如估价结论的应用范围及有效时间、本次估价依据的前提条件、应用估价结论时的注意事项等。

13）估价所采用的技术路线或采用某种估价方法的理由未做必要说明。

14）市场背景描述与分析不足。

15）估价结论和确定最终估价额的理由未交代或交代不清楚。

16）估价报告中的重复较多。常见的有：估价对象状况描述在估价结果报告与估价技术报告中重复过多；估价结果报告中的"估价方法"与估价技术报告中的"估价方法适用性分析"重复。

17）缺少必要的附件。

3. 不同估价方法中可能的错误

（1）比较法常见错误类型

1）修正系数的确定没有充足的理由。

2）可比实例的数量不够，即没有达到三个以上（含三个）的可比实例。

3）修正系数的取值不统一、不规范。

4）单项修正对可比实例成交价格的调整幅度超过了20%，或者各项修正对可比实例成交价格的综合调整幅度超过了30%。

5）比较修正的方向错误。

6）可比实例不符合条件。

7）区位状况与实物状况具体比较修正项目的选择没有结合估价对象与可比实例的差异。

8）比较修正项目有漏项。

（2）收益法常见错误类型

1）收益期限确定错误。

2）没有以客观收益和客观费用作为价值评估的依据。

3）收益的测算错误，没有考虑出租率或入住率；求取的方法错误。

4）客观费用的测算错误。

5）报酬率确定错误。

(3) 成本法常见错误类型

1) 客观成本与实际成本混淆。

2) 房地产的价格构成错误。

3) 销售税费的依据有误，税费的构成错误。

4) 折旧计算错误（包括年限和项目以及公式等）。

5) 开发利润计算的口径错误。

(4) 假设开发法常见错误类型

1) 预期开发完成后的价值计算错误。

2) 开发成本计算错误。

3) 静态方式估价投资利息计算基数与计息周期错误。

4) 静态方式估价开发利润的计算基数错误。

5) 投资者购买待开发房地产应负担的税费与销售税费的计算基数混淆。

6) 混淆静态方式估价（传统方法）和动态方式估价（现金流量折现法）。

二、房地产估价报告改错举例

以2013年《房地产估价案例与分析》试题中的房地产估价报告改错题为例，分析房地产估价报告中存在的主要错误。通过分析与改正房地产估价报告中存在的主要错误，达到熟练掌握房地产估价报告的构成内容、估价报告各个组成部分的主要内容和撰写要求以及具体估价方法在估价报告中的应用。

【例11-5】 下列房地产估价报告存在多处错误，请指明其中的错误。

房地产抵押评估报告

估价项目名称：××市开发区××路××号房地产抵押价值评估

估价委托人：××有限公司

估价机构：××房地产估价有限公司

注册房地产估价师：×××（注册号：×××）、×××（注册号：×××）

估价作业日期：2012年10月1日至2012年10月8日

估价报告编号：××估字［2012］第××号

目录（略）

致估价委托人函（略）

注册房地产估价师声明（略）

估价假设和限制条件（略）

房地产估价结果报告

一、估价委托人（略）

二、估价机构（略）

三、估价对象

估价对象为××市开发区××路××号的房地产，房屋所有权人和土地使用权人均为××有限公司，房地产权证号为：××号，房屋用途为工业，建筑面积为15000m^2；土地用途为工业用地，使用权类型为出让，终止日期为2052年10月13日，土地使用权面积为 25000m²。

估价对象位于××市开发区××路与××大道交叉路口的西北角，土地形状较规则，开发程度较高，区域内达到"七通一平"（通供水、通排水、通电、通风、通路、通煤气、通热、土地平整），公共配套齐全。（土地其他情况略）

估价对象包括两栋建筑物，具体情况如下：

一号车间：单层，钢结构，建筑面积 10000m²，建成于 2002 年，2011 年进行了电力改造，尚有 11 万元工程尾款未结清，层高 16.5m，普通水泥地面，彩钢板顶棚，彩钢板墙面，照明、水、电配套设施齐全，养护情况良好，可正常使用。

二号车间：单层，钢结构，建筑面积 5000m²，建成于 2002 年，层高 8m，目前出租给其他公司使用，租期到 2015 年 12 月 31 日。地面、顶棚、墙面、设施及养护情况等与一号车间相同。（建筑物其他情况略）

四、估价目的

为确定房地产抵押贷款额度提供参考依据而评估房地产抵押价值。

五、价值时点

本次估价的价值时点为 2012 年 10 月 13 日。

六、价值定义

本报告提供的价值是估价对象在现状合法利用下于价值时点的市场价值。（价值内涵略）

七、估价依据（略）

八、估价原则（略）

九、估价方法（略）

十、估价结果

估价人员经过实地查勘和分析测算，确定估价对象在符合本报告估价假设和限制条件下于价值时点的房地产市场价值为：人民币 9666 万元（大写：人民币玖仟陆佰陆拾陆万元整）。估价对象于价值时点房地产估价师知悉的法定优先受偿款为：人民币 0 万元（大写：人民币零万元整）。因此，确定估价对象的房地产抵押价值为：人民币 9666 万元（大写：人民币玖仟陆佰陆拾陆万元整）。单价：6444 元/m²。

十一、估价人员（略）

十二、估价作业日期

2012 年 10 月 1 日至 2012 年 10 月 8 日。

十三、估价报告应用的有效期（略）

十四、估价对象变现能力分析（略）

房地产估价技术报告

一、估价对象实物状况描述与分析（略）

二、估价对象权益状况描述与分析（略）

三、估价对象区位状况描述与分析（略）

四、市场背景描述与分析

1. ××市宏观经济发展状况

××市近年经济快速发展，2012 年 GDP 同比增长 12%，财政收入同比增长 9%，固定

资产投资规模增长15%。(其他经济发展情况略)

2. ××市房地产市场发展状况

××市2012年房地产市场十分活跃，市场呈现量价齐增态势。全年住宅成交量同比增长9%，写字楼成交量同比增长12%，商业物业成交量同比增长5%，住宅成交价格同比上升12%，写字楼成交价格同比上升10%，商业物业成交价格同比上升16%。

五、最高最佳利用分析（略）

六、估价方法适用性分析（略）

七、估价测算过程

（一）成本法测算过程

1. 土地取得成本

采用比较法计算同类用途出让土地使用权价格为1300元/m^2。(测算过程略)

土地取得成本＝1300元/m^2×25000m^2＝3250万元

2. 建设成本

(1) 建筑安装工程费

当地同类标准层高的单层钢结构厂房建筑安装工程费单价为2600元/m^2。(依据略)

建安工程费＝2600元/m^2×15000m^2＝3900万元

(2) 勘察设计和前期工程费

勘察设计和前期工程费为建筑安装工程费的9%。(依据略)

勘察设计和前期工程费＝3900万元×9%＝351万元

(3) 基础设施建设费

基础设施建设费为每平方米建筑面积290元。(依据略)

基础设施建设费＝290元/m^2×15000m^2＝435万元

(4) 其他工程费

其他工程费为每平方米建筑面积130元。(依据略)

其他工程费＝130元/m^2×15000m^2＝195万元

(5) 开发期间税费

开发期间税费为每平方米建筑面积210元（依据略）

开发期间税费＝210元/m^2×15000m^2＝315万元

(6) 建设成本

建设成本＝(3900＋351＋435＋195＋315）万元＝5196万元

3. 管理费用

管理费用比率一般按4%计算。(依据略)

管理费用＝5196万元×4%＝207.84万元

4. 销售费用

销售费用比率一般按3%计算。(依据略)

销售费用＝(3250＋5196）万元×3%＝253.38万元

5. 投资利息

计息期按一年计算，利率按6.15%计算。(依据略)

投资利息＝(土地取得成本＋建设成本＋管理费用＋销售费用）×6.15%

＝（3250 ＋5196 ＋207.84 ＋253.38）万元 ×6.15％

＝ 547.79 万元

6. 销售税费

销售税费一般为销售价格（即开发完成后的价值）的 5.65％。(依据略)

销售税费＝销售价格×5.65％

7. 开发利润

项目成本利润率为 15％。(依据略)

开发利润＝（土地取得成本＋建设成本＋管理费用＋销售费用＋投资利息）×15％

＝（3250 ＋5196 ＋207.84 ＋253.38 ＋547.79）万元×15％

＝ 1418.25 万元

销售价格＝土地取得成本＋建设成本＋管理费用＋销售费用＋投资利息＋开发利润＋销售税费＝土地取得成本＋建设成本＋管理费用＋销售费用＋投资利息＋开发利润＋销售价格×5.65％

销售价格＝（土地取得成本＋建设成本＋管理费用＋销售费用＋投资利息＋开发利润）/（1－ 5.65％）＝（3250＋ 5196 ＋207.84 ＋253.38 ＋547.79 ＋1418.25）万元/（1－5.65％）＝ 11524.39 万元

8. 折旧

根据实地查勘建筑物的完损程度和使用年限确定建筑物的成新率为 90％。(确定过程略)

房地产现值为：11524.39 万元×90％ ＝10371.95 万元

取整：10372 万元

单价：10372 万元 /15000m^2＝ 6915 元/m^2（取整）

（二）收益法测算过程

净收益按一定比率递增，收益期限为有限期的公式为

$$V=A/Y-g\left[1-\left(1+\frac{g}{1+Y}\right)^n\right]$$

式中　A——年净收益；

Y——报酬率；

g——年收益递增率；

n——收益年限。

1. 测算年净收益

年有效毛收入＝月租金×12×收益总面积×出租率＋其他收入

年运营费用＝维修费＋管理费＋税金＋保险费＋其他费用（物业管理费、水电费等）

年净收益＝年有效毛收入－年运营费用

（1）年有效毛收入

该地区同类工业厂房以建筑面积计算的租金为 1.5 元/（m^2/天）（不包括物业费、水电费），空置率为 5％。(依据及测算过程略)

年有效毛收入＝日租金×365×（1－5％）

＝1.5 元/（m^2/天）×365 天×0.95＝ 520.13 元/m^2

(2) 年运营费用

1) 营业税及附加：包括营业税、城市建设维护费、教育费附加，占租金有效毛收入的5.5%。

营业税及附加= 520.13 元/m^2×5.5%= 28.61 元/m^2

2) 房产税：房产税占租金有效毛收入的12%。

房产税= 520.13 元/m^2×12%= 62.42 元/m^2

3) 维修费：维修费为5.2 元/m^2。(依据及测算过程略)

4) 管理费：管理费占租金有效毛收入的3%。(依据略)

管理费= 520.13 元/m^2×3% =15.60 元/m^2

5) 保险费：经测算，保险费为10.39 元/m^2。(依据及测算过程略)

(3) 年净收益

年净收益=有效毛收入－营业税及附加－房产税－维修费－管理费－保险费

=520.13 － 28.61 － 62.42 －5.2 － 15.60 － 10.39= 397.91 元/m^2

2. 确定报酬率

经测算，报酬率为7%。(依据及测算过程略)

3. 确定收益逐年递增比率

经测算，估价对象净收益每年递增1%。(依据及测算过程略)

4. 确定尚可收益年限

估价对象为钢筋混凝土结构，其耐用年限为60年，该房地产建成于2002年，则建筑物剩余使用年限为50年，再根据委托人提供的估价对象《房屋所有权证》《国有土地使用证》和《土地使用权出让合同》，土地使用权终止日期为2052年10月13日，土地剩余年限为40年，土地出让合同约定建设用地使用权期间届满需要无偿收回建设用地使用权。按照《房地产估价规范》(GB/T 50291—1999)的规定，建筑物耐用年限长于土地剩余年限时，应当按土地剩余年限计算。因此，估价对象尚可使用40年，即收益年限 n 为40年。

收益法的测算结果为5972 元/m^2。(具体测算过程略)

八、估价结果确定

采用简单算术平均法确定估价对象评估价格。

评估单价= (6915 +5972) 元/m^2/2 =6444 元/m^2 (取整)

评估总价= 6444 元/m^2×15000m^2= 9666 万元

估价对象于价值时点的价值为人民币 9666 万元(大写：人民币玖仟陆佰陆拾陆万元整)。

单价：6444 元/m^2

附件 (略)

【答案】1. 封面中应为“估价报告出具日期”而不是“估价作业日期”。

2. “致估价委托人函”应放在“目录”前。

3. 缺估价对象是否有他项权、是否有共有权情况说明。

4. “七通一平”中不包含“通风”，而应为“通信”。

5. 估价目的应放在估价对象之前。

6. 价值时点未说明确定理由或者说价值时点应为估价作业日期内某时点，通常为注册房地产估价师现场查勘之日。

7. 价值定义表述错误，应为估价对象假定未设立优先受偿权利下的价值扣除法定优先受偿款后的余额。

8. 估价依据应在估价原则后，或估价原则应在估价依据前。

9. 缺实地查勘日期。

10. 缺估价对象风险提示。

11. 缺估价对象此类工业房地产状况过去、现在及未来变化趋势分析。

12. 两幢建筑物层高不同，建筑安装工程费不应相同或者说应该有区别。

13. 缺公共配套设施建设费或者不计算公共配套设施建设费的理由。

14. 管理费用的取费基数错误，应为土地取得成本和建设成本之和。

15. 销售费用的取费基数错误，应为开发完成后的房地产价值。

16. 投资利息中销售费用应为开发完成之前发生的，开发完成时发生的销售费用不应计算利息。

17. 折旧计算的基数应为建筑物重新购建价格，不应为建筑物重新购建价格与土地重新购建价格之和。

18. 抵押价值评估应遵循谨慎原则，不应采用净收益每年按一定比率递增公式计算收益价格。

19. 应说明年运营费用构成项目的确定理由或内涵。

20. 年有效毛收入计算时未考虑收租损失。

21. 年有效毛收入计算未说明是否有其他收入。

22. 抵押价值评估遵循谨慎原则，应说明净收益是保守估计值。

23. 估价对象在结果报告中描述为钢结构，与钢筋混凝土结构矛盾。

24. 在估价结果确定中应说明三种价值：未设定法定优先受偿款的市场价值、法定优先受偿款和抵押价值。

本章小结

房地产估价报告是房地产估价机构和注册房地产估价师向估价委托人所做的关于估价情况和结果的正式陈述。

房地产估价报告的作用：①为委托评估的房地产提供作价意见；②明确委托方、受托方责任的依据；③有关管理部门完善房地产评估管理的重要手段。

房地产估价报告的基本内容包括：封面、致估价委托人函、目录、估价师声明、估价的假设和限制条件、估价结果报告、估价技术报告、附件八个部分。每个部分都要记载规定的事项。

房地产估价报告的规范格式可分为叙述式报告和表格式报告。叙述式估价报告是估价人员表述估价结果的最佳方式，其规范格式如上述估价报告基本内容的阐述顺序。房地产估价报告的总体要求：①客观性和准确性；② 全面性；③公正性；④概括性。

房地产估价报告在格式方面的要求是：撰写房地产估价报告的格式，必须遵循《房地产估价规范》和《房地产估价基本术语标准》的有关规定，不能随意改变；对于成套住宅抵押估价、基于同一估价目的的大量同类房地产批量估价，估价结果报告可采取表格形式，其他的估价结果报告应采取叙述形式。

房地产估价报告在内容方面的要求：①估价报告的总体内容要符合有关法律、法规的规定；②房地产估价报告中的分析性内容要科学、严谨；③房地产估价报告的描述性内容要具体、准确；④房地产估价报告的语言文字要简明、扼要。

本章练习题

一、单选题（每题的备选答案中只有一个最符合题意）

1. 估价报告书中说明的（　　）限定了其用途。

A. 估价原则　　B. 估价方法　　C. 估价目的　　D. 估价对象状况

2. 近日出具的一份估价报告中的价值时点，估价对象状况和房地产市场状况所对应的时间均为一年前的某个日期，其估价类型可能是（　　）。

A. 在建工程抵押估价

B. 房地产损害赔偿估价

C. 期房市场价值评估

D. 房地产估价的复核估价

3. 某估价报告中采用收益法评估估价对象价值，估价结果偏高，其原因可能是(　　)。

A. 空置率偏小　　B. 运营费用偏大　　C. 收益期限偏短　　D. 报酬率偏高

4. 在估价假设和限制条件说明中，当无理由怀疑建筑物的结构存在安全隐患时，应(　　)。

A. 假定建筑结构是安全的

B. 肯定建筑物是安全的

C. 强调建筑结构安全须进行相关专业鉴定

D. 说明建筑结构安全难以确定

5. 有甲、乙两宗区位、面积、权益、规划条件等相似的土地，甲土地为空地，乙土地上有建筑物，但相同限制条件下的估价结果显示，乙土地连同地上建筑物的价值低于甲土地的价值，这是由于（　　）。

A. 乙土地上建筑物价值低于拆迁费用

B. 甲土地的容积率大于乙土地的容积率

C. 甲土地的价值高于乙土地的价值

D. 甲土地的使用期限比乙土地的使用期限长

二、多选题（每题的备选答案中，有两个或两个以上符合题意的答案）

1. 下列关于估价报告的说法中，正确的有（　　）。

A. 估价报告是关于估价对象的客观合理价格或价值的研究报告

B. 估价报告是估价师提供给委托人的产品

C. 估价报告应重在内在质量，外在质量不是很重要

D. 估价报告是全面、公正、客观、准确地记述估价过程、反映估价成果的文件

E. 对于成套住宅抵押估价、基于同一估价目的的大量同类房地产批量估价，估价结果报告可采取表格形式，其他的估价结果报告应采取叙述形式

2. 房地产估价报告中专门列出估价的假设和限制条件的目的是（　　）。

A. 说明估价报告的合法性、真实性

B. 说明估价的独立、客观、公正性

C. 规避估价风险

D. 保护估价报告使用者

E. 防止委托人提出高估或低估要求

3. 针对某个估价对象，下列关于估价方法选用的说法中，正确的有（　　）。

A. 理论上适用的估价方法，都必须选用

B. 在适用的估价方法中，选用两种即可

C. 理论上适用的估价方法因客观原因不能用的，可以不用

D. 必须选用两种以上的估价方法，不能只选用一种估价方法

E. 仅有一种估价方法适用的，可只选用一种估价方法

4. 下列资料中一般应放入房地产估价报告附件的有（　　）。

A. 估价委托书复印件

B. 估价委托合同

C. 估价对象权属证明复印件

D. 估价对象位置示意图

E. 注册房地产估价师注册证书复印件

三、判断题（用“√”表示正确，用“×”表示错误）

1. 比较法的估价结果普遍高于收益法的估价结果，说明房地产价格有一定的泡沫。（　　）

2. 一份完整的估价报告通常由封面、目录、估价师声明、估价结果报告、估价技术报告和附件六部分组成。（　　）

3. 在实际估价中，应进行估价方法适用性分析，除因客观因素导致估价方法不适用之外，只要是在理论上适用估价对象的估价方法都应选用，不得随意取舍。（　　）

4. 估价报告使用期限应自估价报告出具之日起计算，而不是从价值时点开始计算。（　　）

四、指出并改正下列房地产估价报告片段中的计算错误

（说明：下列房地产估价报告片段中的错处不超过 4 个，后面应用前面的错误计算结果导致的错误不再算作错误）

对某新建成的写字楼进行估价，估价人员掌握了在价值时点时的相关资料（见表11-1），并用收益法评估该写字楼的市场价值。

表 11-1 估价对象相关资料

名　称	数　值	名　称	数　值
总建筑面积	$25000m^2$	房屋重置价格	2000元/m^2
可出租建筑面积	$22000m^2$	房屋耐用年限	50年
设备用房建筑面积	$2500m^2$	房屋维修费率/年	房屋重置价格的2%
管理用房建筑面积	$500m^2$	月物业管理费	5元/m^2
增值税及附加率	5.55%	土地剩余年限	45年
按租金收入计的房产税率	12%	年报酬率	5%
平均正常空置率	10%	管理费用率（含保险费、租赁费用）	租金的3%
可出租建筑面积的月租金（不含物业管理费）	50元/m^2		

估价测算如下（节选）：

（一）年有效毛收入

$$22000m^2\times(50+5)元/m^2\times12\times(1-10\%)=13068000元$$

（二）年运营费用

1. 年维修费用

$$25000m^2\times2000元/m^2\times2\%=1000000元$$

2. 年管理费用

年管理费用＝年有效毛收入×管理费用率

$$=13068000\times3\%=392040元$$

3. 年增值税及附加

$$年增值税及附加=13068000元\times5.55\%=725274元$$

4. 年运营费用小计

$$年运营费用=(1000000+392040+725274)元=2117314元$$

（三）年净收益＝(一)项－(二)项＝（13068000－2117314）元＝10950686元

（四）估价结果

$$估价结果=\frac{10950686元}{5\%}\left[1-\frac{1}{(1+5\%)^{50}}\right]=199914907元（取整）$$

五、房地产估价报告改错

下列房地产估价报告存在多处错误，请指明其中的主要错误。

××在建工程房地产抵押价值评估报告

封面及目录（略）

致估价委托人函（略）

注册房地产估价师声明（略）

估价假设和限制条件（略）

房地产估价结果报告

一、估价委托人（略）

二、估价机构（略）

三、估价对象

1. 区位状况（略）

2. 实物状况（略）

3. 权益状况（略）

四、估价目的

为委托方以估价对象为抵押物向银行申请抵押贷款提供抵押物市场价值参考。

五、价值时点

2005 年 4 月 18 日

六、价值定义

本次估价采用公开市场价值标准，即估价结果为估价对象在价值时点时的公开市场的客观合理价值。

七、估价依据（略）

八、估价方法

估价人员进行了实地查勘，通过认真分析所掌握的资料，根据估价对象的特点及估价目的，选用假设开发法、成本法作为本次估价的基础方法，其中假设开发法中开发完成后的价值采用比较法估价。

九、估价结果

经测算，估价对象在价值时点 2005 年 4 月 18 日的客观价值为人民币 4794.52 万元，大写人民币肆仟柒佰玖拾肆万伍仟贰佰元整。

十、估价人员（略）

十一、估价作业日期

2005 年 4 月 16 日至 2005 年 4 月 22 日

十二、估价报告应用的有效期（略）

房地产估价技术报告

一、个别因素分析（略）

二、区域因素分析（略）

三、最高最佳利用分析（略）

四、估价方法选用

估价对象为在建工程，估价人员进行了实地查勘。认真分析所掌握的资料，根据估价对象的特点及估价目的，选用假设开发法、成本法作为本次估价的基本方法，其估价技术路线如下：

1. 根据《房地产估价规范》，“具有投资开发或再开发潜力的房地产的估价，应选取用假设开发法作为其中的一种估价方法”，因此选用假设开发法作为估价方法之一进行估价。根据假设开发法的思路，可将预计估价对象开发完成后的价值，扣除预计的正常的开发成本、管理费用、投资利息、销售税费、开发利润以及购买估价对象应负担的税费，求取估价对象的客观合理价格或价值。

2. 估价对象为在建工程，有明确的工程进度和费用投入，因此采用成本法作为估价方法之一。根据成本法的思路，以建造估价对象房地产所需的各项必要费用、应缴纳的税金、正常开发利润之和，求取估价对象的客观合理价格或价值。

3. 对以上两种方法测算的价格进行综合处理，最终求取估价对象的总价值和单位价值。

五、估价测算过程

(一) 假设开发法分析测算过程

假设开发法是预计估价对象开发完成后的价值，扣除预计的正常开发成本、税费和利润等，以此估算估价对象的客观合理价格或价值的方法。

1. 采用的公式

估价对象价格＝开发完成后的房地产价值－续建开发成本－管理费用－投资利息－销售税费

2. 估价对象开发完成后房地产价值的测算

运用比较法测算估价对象开发完成后的价值。

比较法是将估价对象与在价值时点近期有过交易的类似房地产进行比较。对这些类似房地产的已知价格做适当的修正，以此估算估价对象的客观合理价格或价值的方法。

(1) 采用的公式

(此处略)。

(2) 所选可比实例 (见表 11-2)

表 11-2　可比实例情况表

可比实例与估价对象/比较项目	A	B	C	估价对象
项目名称	××苑	××楼	××园	××园
项目坐落	××新村××号	××路××号	××道××号	××大道××号
土地使用权取得方式	出让	出让	出让	出让
土地等级	住宅Ⅳ级	住宅Ⅲ级	住宅Ⅲ级	住宅Ⅳ级
建筑结构	钢混高层	钢混高层	钢混高层	钢混高层
规划用途	住宅	住宅	住宅	住宅
成新状况	十成新	十成新	十成新	
交易状况	正常	正常	正常	
交易日期	2005.3	2005.3	2005.4	
成交价格/ (元/m^2)	3100	3100	2960	

(3) 交易情况修正

可比实例 A、B、C 均属正常交易，交易情况无需修正，交易情况修正系数均为 100/100。

(4) 交易日期调整

近期××市房地产市场状况稳定，可比实例 A、B、C 均属近期交易，交易日期无需调整，调整系数均为 100/100。

(5) 房地产状况调整

因权益状况相同，将房地产状况调整分为区域因素、个别因素调整。

1) 区域因素调整。根据可比实例的具体情况，可比实例 A、B、C 的区域因素略好于估价对象。将区域因素调整的主要内容与估价对象进行打分比较。得到可比实例A、B、C区域因素调整系数分别为100/101、100/102、100/103（具体比较情况见表11-3）。

2）个别因素调整。根据可比实例的具体情况，可比实例A、B的个别因素略差于估价对象，可比实例C的个别因素略优于估价对象。将个别因素调整的主要内容与估价对象进行打分比较，得到可比实例A、B、C个别因素调整系数分别为100/102、100/102、100/97（具体比较情况见表11-3）。

表11-3　可比实例区域因素和个别因素调整表

可比实例与估价对象/房地产状况		A	B	C	估价对象
区域因素	商服繁华程度	20	21	20	20
	交通条件	21	21	23	20
	环境景观	10	10	10	10
	公共服务配套	10	10	10	10
	发展规划	10	10	10	10
	基础规划	10	10	10	10
	文件娱乐	10	10	10	10
	街道条件	10	10	10	10
合　计		101	102	103	100
个别因素	土地利用程度	20	20	20	20
	临路状况	20	20	20	20
	设施设备	10	10	10	10
	装修状况	10	10	10	10
	平面布置	12	12	9	10
	建筑结构	10	10	10	10
	楼栋朝向	10	10	10	10
	面积大小、形状	10	10	8	10
合　计		102	102	97	100

（6）比较修正计算

表11-4　比较法修正计算表

可比实例	成交价格/（元/m^2）	交易情况修正	交易日期调整	区域因素调整	个别因素调整	比准价格/（元/m^2）
A	3100	100/100	100/100	100/101	100/102	3009
B	3100	100/100	100/100	100/102	100/102	2980
C	2960	1000/100	100/100	100/103	100/97	2963

从测算结果来看，三个可比实例的比准价格水平差异不大，因此采用简单算术平均值作为比较法测算结果。

(3009＋2980＋2963)元/m^2/3＝2984 元/m^2

(7) 预计开发完成后的总价值

估价对象规划总建筑面积为 47799.8m^2，其中地下建筑面积为 7979m^2，作为设备用房等，不能对外销售，可销售建筑面积为 39820.80m^2。故估价对象预计建成后的总价值为

2984 元/m^2×39820.80m^2＝11882.53 万元

3. 续建开发成本的测算

估价对象共 4 栋，其中编号第 28 栋总建筑面积为 24578.00m^2（含地下建筑面积 3998.00m^2），第 21、22、23 栋总建筑面积为 23221.80m^2（含地下建筑面积 3981.00m^2）。经现场查勘，第 28 栋正在进行地下混凝土浇筑工程，第 21、22、23 栋正在进行基础灌注工程。

(1) 续建建筑安装工程费

根据××市造价管理站《关于发布××市建筑安装工程 2005 年一季度造价指数的通知》(××建价字［2005］10 号，钢筋混凝土高层住宅楼本期建安造价指标为 873.18～970.2 元/m^2，本次评估取 900 元/m^2。另外，依据以上文件，桩基础增加值为 80 元/m^2，一般水电安装增加值为 30 元/m^2，消防设备及安装增加值为 10 元/m^2，电梯及安装增加值为 50 元/m^2，则续建工程成本为

24578.00m^2×（900.00＋30＋10＋50）元/m^2＋23221.80m^2×（900＋80＋30＋10＋50）元/m^2＝4917.95 万元

(2) 室外道路管网及绿化等工程费

根据类似住宅的技术经济指标，按用地面积取 30 元/m^2，估价对象用地面积为 23667.00m^2，则室外道路管网及绿化等工程续建成本为

30 元/m^2×23667.00m^2＝71.00 万元

(3) 估价对象的续建成本合计

（4917.95＋71.00）万元＝4988.95 万元

4. 管理费用

管理费用主要包括工程续建过程中的管理人员工资等必要支出，按市场平均水平取续建成本的 3％。

4988.95 万元×3％＝149.67 万元

5. 销售税费

销售税费包括广告宣传费用及营业税等，依据类似项目平均标准，取开发完成后房地产价值的 8％。

11882.53 万元×8％＝950.60 万元

6. 开发利润

××置业公司的投资直接成本利润率 15％，续建成本为 4988.95 万元，开发利润为

4988.95 万元×15％＝748.34 万元

7. 投资者购买待开发房地产应负担的税费

主要包含契税及印花税等，为在建工程价值×4.1％。

8. 运用假设开发法的测算结果

假设开发法的测算结果为

(11882.53－4988.95－149.67－950.60－748.34)万元/(1＋4.1%)＝4846.27 万元

(二) 成本法分析测算过程

成本法是求取估价对象在价值时点的重置价格或重建价格，扣除折旧，以此估算估价对象的客观合理价格或价值的方法。本估价对象为在建工程，折旧为零。

采用的公式为

估价对象价格＝土地取得成本＋开发成本＋管理费用＋投资利息＋销售税费＋开发利润

1. 土地取得成本

运用基准地价修正法求取估价对象土地价格，并测算相关税费。

土地取得成本单价＝1717.18 元/m^2（计算过程略）

估价对象用地面积为 23667.00m^2，则估价对象土地总价为

1717.18 元/m^2×23667.00m^2＝4064.05 万元

2. 开发成本

(1) 勘察设计等前期工程费及开发建设过程中的税费

39.82 万元（计算过程略）

(2) 基础设施配套费

基础设施配套费包括所需的道路、排水、供电、通信、燃气、热力等的建设费。根据××市近期公布的收费项目和收费标准，基础设施配套费为 80 元/m^2（按建筑面积），则合计 318.57 万元。

(3) 建筑安装工程费

估价对象已建部分建筑安装工程费为 196.62 万元，则估价对象开发成本为

(39.82＋318.57＋196.62) 万元＝555.01 万元

3. 管理费用

管理费用包括开发商的人员工资、办公费、差旅费等。经调查，管理费一般为开发成本的 2%～4%，本次评估取其中间值，即按开发成本的 3%计取。

555.01 万元×3%＝16.65 万元

4. 投资利息

按正常开发进度，整个项目开发周期为 1.5 年，假设资金在开发周期内均匀投入，利率取一年期贷款利率 5.76%。

555.01 万元×$[(1+5.76\%)^{1.5/2}-1]$＝23.81 万元

5. 销售税费

估价对象尚未进入预售或销售阶段，故不考虑销售税费。

6. 开发利润

经调查，××市同类房地产开发项目的直接成本平均利润为 15%，本次评估取利润率 15%。

555.01 万元×15%＝83.25 万元

7. 运用成本法的估价结果

（4064.05＋555.01＋16.65＋23.81＋83.25）万元＝4742.77 万元

六、估价结果确定

运用假设开发法测算的价格为 4846.27 万元，运用成本法测算的价格为 4742.77 万元。根据估价目的，确定假设开发法估价结果权重为 50％，成本法估价结果权重为 50％，则估价对象房地产价值为

4846.27 万元×50％＋4742.77 万元×50％＝4794.52 万元

则估价对象房地产价值为人民币 4794.52 万元，大写人民币肆仟柒佰玖拾肆万伍仟贰佰元整。

附件（略）

第十二章

几种目的的房地产估价

章前引言

现实中，经常需要进行房地产转让、房地产抵押、国有土地上房屋征收等目的的房地产估价。如：为确定房地产抵押贷款额度提供参考依据，需要评估房地产抵押价值；为房屋征收部门与被征收人确定被征收房屋价值的补偿提供依据，需要评估被征收房屋的价值。

本章介绍房地产转让、房地产抵押、国有土地上房屋征收三种不同目的的房地产估价的概念、特点、法律法规的规定；阐述三种不同目的的房地产估价方法的选用及其注意事项等。

学习目标

1. 了解房地产转让价格评估、房地产抵押价值评估、国有土地上房屋征收评估的含义和特点。

2. 熟悉房地产转让价格评估、房地产抵押价值评估、国有土地上房屋征收评估适用的法律法规和注意事项。

3. 熟悉房地产转让价格评估、房地产抵押价值评估、国有土地上房屋征收评估的估价技术路线和估价方法的选用。

第一节 房地产转让价格评估

房地产转让价格是指转让房地产时形成的价格。房地产转让价格评估，应依据《中华人民共和国城市房地产管理法》《中华人民共和国土地管理法》《城市房地产转让管理规定》以及当地制订的实施细则和其他有关规定进行。

一、房地产转让价格评估的特点

房地产市场转让非常普遍，主要涉及单纯土地的买卖、交换；土地及地上建筑物的整体买卖、交换；零星单套或多套商品房地产的买卖、交换、赠予等。

房地产转让价格评估的特点主要表现为：

1）从价值时点上看，房地产转让价格评估多数是在转让前进行，价值时点则在估价作业期之后。

2）从委托人和评估主体上讲，房地产转让估价可以委托社会上任何一家值得委托人信任的评估机构评估，委托人既可能是买方和卖方单独委托，也可能是买卖双方共同委托，这是一种自愿的行为。

3）从估价目的和要求上讲，房地产转让评估只是为了了解、掌握房地产交易行情而进行的评估，其目的只是为了在进行房地产交易时有一个参考价格，它带有一种咨询性，如买方需要了解购买一宗房地产时可能实现的最低价格，而卖方则需要了解出售房地产时可能实现的最高价格。作为评估机构，对该宗房地产进行评估时，其评估结果可能是有一定摆动幅度的价格区间，估价人员只对估价信息和结论合乎估价技术规范和职业规范负责，而对房地产转让定价决策不负直接责任。

二、房地产转让价格评估的法律规定

根据《中华人民共和国城市房地产管理法》的规定，房地产转让是指房地产权利人通过买卖、赠予或者其他合法方式将其房地产转移给他人的行为。《城市房地产转让管理规定》对此概念中的其他合法方式做了进一步的细化，规定其他合法方式主要包括下列行为：

1）以房地产作价入股、与他人成立企业法人，房地产权属发生变更的。

2）一方提供土地使用权，另一方或者多方提供资金，合资、合作开发经营房地产，而使房地产权属发生变更的。

3）因企业被收购、兼并或合并，房地产权属随之转移的。

4）以房地产抵债的。

5）法律、法规规定的其他情形。

根据《中华人民共和国城市房地产管理法》的规定，下列房地产不得转让：

1）以出让方式取得土地使用权的，不符合本法第三十八条规定的条件的。

2）司法机关和行政机关依法裁定，决定查封或者以其他形式限制房地产权利的。

3）依法收回土地使用权的。

4）共有房地产，未经其他共有人书面同意的。

5）权属有争议的。

6）未依法登记领取权属证书的。

7）法律、行政法规规定禁止转让的其他情形。

三、房地产转让价格评估常用的方法

房地产转让价格评估，宜采用比较法和收益法，也可采用成本法。待开发房地产的转让价格评估宜采用假设开发法。对于单纯土地转让价格评估，也可采用基准地价修正法。

1. 比较法

如果估价对象所在地区类似房地产转让实例比较多，市场比较活跃，比较法就是房地产转让价格评估普遍采用的一种方法。对于单纯国有土地使用权转让价格评估时，选取的市场交易实例必须具有可比性，即表现在土地规划用途的同一性、土地供求范围的同一性或土地等级的同一性、土地生熟程度的同一性、土地规划条件的同一（或相似）性、土地交易日期的相近性，以及交易情况的正常性等。

2. 收益法

对于有收益的房地产如商场、商铺、写字楼、酒店等转让价格评估时，常常采用收益法进行估价。

3. 成本法

当市场交易实例难以获取，估价对象土地使用权及地上建筑物价格各组成部分费用项目明确、账目清楚时，比较适宜采用成本法。

4. 假设开发法

假设开发法适用于具有投资开发或再开发潜力的房地产的估价，主要适用于待开发的土地、在建工程的估价等。假设开发法运用的前提条件是估价对象土地规划设计条件已经规划主管部门审批。只有在此情况下，估价对象土地才有假定开发的具体规划设计方案，才能据此规划方案假设得到开发建设后的房地产价值，通过剔去建筑物部分或续建部分价值，得到土地或在建工程价格。

5. 基准地价修正法

基准地价修正法主要是针对单纯土地转让估价或成本法估价时的土地估价。基准地价修正法的关键是确定土地的基准地价。

第二节　房地产抵押价值评估

一、房地产抵押价值内涵及评估实质

房地产抵押是指抵押人以其合法的房地产以不转移占有的方式向抵押权人提供债务履行担保的行为。抵押人不履行债务时，抵押权人可以与抵押人协议以抵押财产折价或者有权依法以抵押的房地产拍卖所得的价款优先受偿。也就是说，贷款的取得是以具有足够抵押价值的房地产设定抵押为前提。抵押房地产包括拟抵押房地产和已抵押房地产。

根据《房地产抵押估价指导意见》，房地产抵押价值为抵押房地产在价值时点的市场价

值，等于假定未设立法定优先受偿权利下的市场价值减去房地产估价师知悉的法定优先受偿款。这里法定优先受偿款是指假定在价值时点实现抵押权时，法律规定优先于本次抵押贷款受偿的款额，包括发包人拖欠承包人的建筑工程价款、已抵押担保的债权数额以及其他法定优先受偿款，但不包括为实现抵押权而发生的诉讼费用、估价费用、拍卖费用以及营业税及附加等费用和税金。

房地产抵押估价，是指为确定房地产抵押贷款额度提供价值参考依据，对房地产抵押价值进行分析、估算和判定的活动。按照《房地产抵押估价指导意见》，房地产抵押估价目的应当表述为“为确定房地产抵押贷款额度提供参考依据而评估房地产抵押价值”。抵押贷款额度＝抵押价值×贷款成数。

根据《房地产估价规范》的规定：“房地产抵押价值评估，应采用公开市场价值标准，可参照设定抵押权时的类似房地产的正常市场价格进行，但应在估价报告中说明未来市场变化风险和短期强制处分等因素对抵押价值的影响。”

二、房地产抵押估价的法律规定

房地产抵押估价应依据《中华人民共和国城市房地产管理法》《中华人民共和国担保法》《中华人民共和国物权法》及最高人民法院的司法解释、《城市房地产抵押管理办法》《房地产估价规范》《商业银行房地产贷款风险管理指引》《关于规范与银行信贷业务相关的房地产抵押估价管理有关问题的通知》《房地产抵押估价指导意见》等进行。有关法规中规定的内容归纳如下：

1. 可以设定抵押的房地产

1）抵押人所有的房屋和其他地上定着物。

2）抵押人依法有权处分的国有土地使用权、房屋和其他地上定着物。

3）抵押人依法承包并经发包方同意抵押的荒山、荒沟、荒丘、荒滩等荒地的土地使用权。

4）学校、幼儿园、医院等以公益为目的的事业单位、社会团体，以其教育设施、医疗卫生设施和其他社会公益设施以外的财产。

5）依法取得的房屋所有权连同该房屋占用范围内的土地使用权，可以设定抵押权。

6）以出让方式取得的土地使用权，可以设定抵押权。

7）以出让方式取得的国有土地使用权抵押的，应当将抵押时该国有土地上的房屋同时抵押。

8）以依法取得的国有土地上的房屋抵押的，该房屋占用范围内的国有土地使用权同时抵押。

9）以乡（镇）、村企业的厂房等建筑物抵押的，其占有范围内的建设用地使用权同时抵押。

10）以在建工程已完工部分抵押的，其土地使用权随之抵押。

2. 不得设定抵押的房地产

1）土地所有权。

2）权属有争议的房地产；所有权、使用权不明或者有争议的房地产。

3）用于教育、医疗、市政等公共福利事业的房地产；学校、幼儿园、医院等以公益为目的的事业单位、社会团体的教育设施、医疗卫生设施和其他社会公益设施。

4）列入文物保护的建筑物和有重要纪念意义的其他建筑物。

5）已依法公告列入拆迁范围的房地产。

6）被依法查封、扣押、监管或者以其他形式限制的房地产。

7）耕地、宅基地、自留地、自留山等集体所有的土地使用权（法律规定可抵押的除外）。

8）以法定程序确认为违法、违章的建筑物。

9）依法不得抵押的其他房地产。

10）划拨土地使用权不得单独抵押。

11）乡（镇）、村企业的（集体）土地使用权不得单独抵押。

3. 其他限制条件

1）在建项目应取得国有土地使用证、建设用地规划许可证、建设工程规划许可证、建设工程施工许可证。

2）开发商已合法出售的房地产不得与未出售的房地产一起抵押。

3）预购商品房贷款抵押的，商品房开发项目必须符合房地产转让条件并取商品房预售许可证。

4）以共有的房地产抵押的，抵押人应当事先征得其他共有人的书面同意。

5）以已出租的房地产抵押的，抵押人应当将租赁情况告知抵押权人，并将抵押情况告知承租人，原租赁合同继续有效。

6）发包人拖欠承包人的建筑工程价款，已抵押担保的债权数额，以及其他法定优先受偿款，均为法律规定优先于该次抵押贷款受偿的款额。

7）房地产抵押，应当凭土地使用权证书、房屋所有权证书办理。

8）当事人未办理抵押物登记的，不得对抗第三人。

9）以法律、法规禁止流通的财产或者不可转让的财产设定担保，担保合同无效。

4. 与房地产抵押估价有关的规定

1）房地产抵押价值为抵押房地产在价值时点的市场价值，等于假定未设立法定优先受偿权利下的市场价值减去房地产估价师知悉的法定优先受偿款。

2）依法不得抵押的房地产，没有抵押价值。

3）首次抵押的房地产，该房地产的价值为抵押价值。

4）再次抵押的房地产，该房地产的价值扣除已担保债权后的余额部分为抵押价值。

5）以划拨方式取得的土地使用权连同地上建筑物抵押的，评估其抵押价值时应扣除预计应缴纳的土地使用权出让金的款额。

6）以具有土地使用年限的房地产抵押的，评估其抵押价值时应考虑剩余年限对价值的影响。

7）以享受国家优惠政策购买的房地产抵押的，其抵押价值为房地产权利人可处分和收益的份额部分的价值。

8）以按份额共有的房地产抵押的，其抵押价值为抵押人所享有的份额部分的价值。

9）以共同共有的房地产抵押的，其抵押价值为该房地产的价值。

三、房地产抵押价值评估常用的估价方法

总体而言，房地产抵押价值评估应遵循谨慎、保守原则，选用估价方法时，一般尽量将成本法作为一种估价方法。以下是房地产抵押价值评估常用的估价方法。

1. 比较法

比较法适用于市场条件比较成熟的、市场交易性较强的房地产，并且这些交易实例中可供选择的可比实例较多的情形。比较法在房地产抵押估价中主要用于求取房地产在正常市场交易时的价值。以出让方式获得土地使用权、拥有一定期限的土地使用权和房屋所有权的完全产权房地产作为抵押物以及单独以出让方式获得的土地使用权作为抵押物进行评估等，都可以把比较法作为一种估价方法。

2. 收益法

对于有收益或有潜在收益并且收益和风险都能量化的房地产抵押价值评估，可以选用收益法作为一种估价方法。具体包括具有稳定收益的完全产权的房地产；整体房地产中某栋、某层、某单元或某套，综合房地产中某部分用途房地产等，如果可以独立使用、独立变现，具有稳定收益，都可以采用收益法作为房地产抵押估价的一种方法。

3. 成本法

市场条件不成熟的房地产、没有稳定收益的房地产或者情况比较特殊的房地产，可以选用成本法作为抵押估价的方法。特别是对于只拥有房屋产权而不拥有出让土地使用权、土地是以行政划拨方式取得的不完全产权房地产（如原国有企事业单位的各类房地产、廉租房、经济适用房等），直接评估在划拨土地使用权下的市场价值，采用房产与土地（不含土地使用权出让金的价款）分别估价再综合的成本法估价。对于在建工程，可以根据估价对象进度情况结合在价值时点的经济、技术条件下重新建造类似的项目所必须花费的正常成本进行估价。

4. 假设开发法

抵押房地产具有开发或再开发潜力，可以选择假设开发法作为一种估价方法。例如，对在建工程作为抵押物进行评估时，因其还需要后续开发建设，则可以根据实际施工进度和相应可实现的权益，采用假设开发法评估反映房屋未建成时的某一时点的抵押价值。

【例 12-1】 甲估价机构接到一宗银行委托的房地产抵押价值评估任务。估价对象为一个专用厂房（非标准），坐落在 A 市城市建成区内，土地总面积 3000m^2，在 2003 年 7 月补办了土地使用权出让手续，建筑物建成于 1998 年 7 月底，建筑结构为钢筋混凝土结构。估价要求是评估该专用厂房 2013 年 7 月 30 日的抵押价值。

请根据相关规定和已知条件，拟订该估价任务的估价技术路线。

【答案】该估价任务的估价技术路线可以简述为：该评估任务为工业用途房地产抵押价值的评估。工业用途的房地产数量较多，但是依据使用性质不同各具特点。估价对象为专用厂房，市场交易实例较少；在项目前期准备过程中搜集所需资料显示，与估价对象类似的建筑材料、工艺技术和工程造价的资料较容易获得，故选用成本法为主要测算方法，测算过程为测算土地重新取得价格、建筑物重新购建价格、建筑物折旧，求取积算价格。此外，由于估价对象为工业用途，生产出的产品可以通过市场交易取得相应收益，故可以选择收益法为另一种测算方法（收益法测算的具体描述略）。

四、房地产抵押估价的注意事项

房地产抵押估价服务于金融（银行）业的抵押贷款、担保业务，金融（银行）业本身需要的是安全、稳健、谨慎。房地产抵押估价必须注意抵贷双方的风险，在抵押估价中要更加严格地执行《房地产估价规范》和《房地产抵押估价指导意见》，采取客观、谨慎，甚至偏保守的做法，使估价结果客观、公正、合理、合法，切忌高（虚）估算。这是房地产抵押估价最重要的特点及注意事项，其他注意事项还有：

1. 价值目的

房地产抵押估价目的统一表述为："为确定房地产抵押贷款额度提供参考依据而评估房地产抵押价值"。

2. 价值时点

因设定抵押时点在评估时是不确定的，价值时点原则上为完成估价对象实地查勘之日。估价委托合同对价值时点另有约定的从其约定，但实地查勘时应了解价值对象在价值时点时的（过去或未来）状况，并在"估价的假设和限制条件"中假定估价对象在价值时点的状况与完成实地查勘之日的状况一致，并在估价报告中提醒估价报告使用者注意。

3. 确认估价对象可以作为设定抵押的房地产

包括审视估价对象的合法性、他项权利状况、可转让（流通或拍卖）性、可抵押登记生效等，从合法性上确保抵押房地产的安全性。

4. 合理确定假设前提和限制条件

在进行抵押价值评估时，房地产估价机构及其估价师应当实事求是，不得滥用和任意设定假设前提和限制条件，应当针对房地产抵押估价业务的具体情况，在估价报告中合理且有依据地明确相关假设和限制条件。

5. 把握市场风险防止高估

为了防止高估抵押房地产价值，在估价过程中重点是把握好市场状况。如果在价值时点时当地同类房地产市场有过热现象，估价人员要特别谨慎、保守估价。对预期会降低估价对象价值的因素要充分考虑，对预期不确定的收益或升值因素可较少或不予考虑。

6. 估价中的谨慎原则

在存在不确定因素的情况下，房地产估价师做出估价相关判断时，应当保持必要的谨慎，充分估计抵押房地产在处置时可能受到的限制、未来可能发生的风险和损失，不高估市场价值，不低估知悉的法定优先受偿款，并在估价报告中做出必要的风险提示。

选用估价方法时，尽量将成本法作为一种方法，尤其是收益性房地产的收益价格较高时，应使积算价格成为收益价格的补充；在有价无市或存在长期低租金租约的房地产，则应更加重视收益价格。

《房地产抵押估价指导意见》针对不同的估价方法，提出了遵守谨慎原则的下列要求：

1）在运用比较法估价时，不应选取成交价格明显高于市场价格的交易实例作为可比实例，并应对可比实例进行必要的实地查勘。

2）在运用成本法估价时，不应高估土地取得成本、开发成本、有关税费和利润，不应低估折旧。

3）在运用收益法估价时，不应高估收入或者低估运营费用，选取的报酬率或者资本化率不应偏低。

4）在运用假设开发法估价时，不应高估未来开发完成后的价值，不应低估开发成本、有关税费和利润。

7. 市场变现能力分析

根据《房地产抵押估价指导意见》，“房地产抵押估价报告应当包括估价对象的变现能力分析”。变现能力是指假定在价值时点实现抵押权时，在没有过多损失的条件下，将抵押房地产转换为现金的可能性。变现能力分析应当包括抵押房地产的通用性、独立使用性或者可分割转让性，假定在价值时点拍卖或者变卖时最可能实现的价格与评估的市场价值的差异程度，变现的时间长短以及费用、税金的种类、数额和清偿顺序。

8. 说明与风险提示

房地产抵押估价应当关注房地产抵押价值未来下跌的风险，对预期可能导致房地产抵押价值下跌的因素予以分析和说明，提请抵贷双方注意。

第三节 国有土地上房屋征收评估

一、国有土地上房屋征收评估的内涵

房屋征收评估是指依据《国有土地上房屋征收与补偿条例》的有关规定，按照《房地产估价规范》和《国有土地上房屋征收评估办法》及各地颁布的具体房屋征收估价技术规定，为确定被征收房屋货币补偿金额，根据被征收房屋的区位、用途、建筑面积等因素，由房地产估价机构对被征收房屋的房地产市场价格进行的评估。

根据《国有土地上房屋征收与补偿条例》，被征收房屋价值是指被征收的建筑物及其占用范围内的建设用地使用权和其他不动产的价值。因征收房屋造成的搬迁费、临时安置费、停产停业损失以及市、县级人民政府规定的其他补贴和补助费用等应在征收补偿方案中明确。

二、国有土地上房屋征收评估的特点

一般房地产的市场价格评估通常是数量有限、单个或数个房地产的估价。城市房屋征收评估不同于一般房地产的市场价格评估，主要表现在以下几个方面。

1. 征收户数多、估价数量大

房屋征收往往是由于旧城改造、新建和改建城市道路交通、新建大型基础设施等而引起，随着我国城市建设的不断加快，必不可少地发生大规模的房屋征收，导致征收数量大、待征收的户数多，由此带来的房屋征收估价数量很大，少则一、二幢，多则成片乃至一个或多个小区。

2. 涉及面广，社会影响大

征收房屋既有居民个人住宅，也有企事业单位的房屋；既有住宅用房，也有商业用房、办公用房、生产用房。征收不仅涉及企事业单位财产的补偿问题，还涉及企事业单位的生存和职工家庭的生活问题。从居民个人来说，房屋仍是当今我国大多数城市居民的最大财产。

因此，房屋征收评估涉及千家万户的切身利益，所产生的社会影响很大。

3. 估价对象复杂，需要协调各种关系

相对于其他目的的估价，房屋征收估价的对象比较复杂，一个征收项目往往包括住宅、商业办公楼、车库、建筑物等不同类型物业，导致估价方法的选择存在较大难度。同时，一次估价中还会面对大量的房屋，面对征收人和众多的被征收人，由于各自对自身利益的维护，会出现不同的意见，导致估价的重要工作之一是协调各种利益关系。

4. 补偿价格关联性强

就同一城市而言，同一时期同一地段同种类型房屋的征收补偿价之间，同一时期同一地段不同类型房屋的征收补偿价之间，同一时期不同地段同种类型房屋的征收补偿价之间，都具有价格相互关联性。如果忽视了这种关联性，就可能引发征收冲突。

三、国有土地上房屋征收评估的原则

实施房屋征收评估除了需要遵循一般性的估价原则之外，还要特别强调以下原则对征收评估的特殊性。

1. 独立原则

独立原则就是要求房地产价格评估机构和评估人员与房屋征收当事人无利害关系，在房屋评估活动中不受包括房屋征收部门、被征收人在内的任何单位和个人的影响，凭自己的专业知识、经验和职业道德进行评估，以确保估价结果更加客观合理。任何单位和个人不得干预房屋征收评估、鉴定活动。与房屋征收当事人有利害关系的，应当回避。

2. 客观原则

客观原则就是要求房地产价格评估机构和有关评估人员在评估中不带着自己的情感、好恶和偏见，应按照事物的本来面目、实事求是地进行评估。房屋征收估价并非由估价人员主观确定市场价格，而是客观反映市场价格的形成的过程和结果。房屋征收估价应客观、准确、合理地模拟市场价格形成过程，将估价对象的客观合理价格和价值反映出来。估价人员在估价时应遵循客观事实，以被征收房屋客观情况为依据进行估价。

3. 公正原则

公正原则要求房地产价格评估机构和有关评估人员在评估活动中不偏袒征收当事人中任何一方，坚持原则，客观评估。房屋征收估价时，估价人员在面对征收人的压力甚至威胁时，应遵循公正原则，不能以损坏被征收人的利益为代价。

4. 合法原则

合法原则是指房屋征收估价必须以房地产的合法产权、合法使用及合法处分为前提。合法原则要求估价过程中涉及的各方主体、估价对象以及估价机构均要符合国家法律、法规的规定。

对房屋征收估价委托人的合法性来说，征收房屋的单位取得房屋征收许可证后，方可实施征收。只有取得征收许可证的征收人或具有完全民事行为能力的被征收人（含其法定监护人）可成为房屋征收估价委托人。

房屋征收估价对象的合法性，主要指征收范围和估价对象要符合相关法规规定。征收范围确定后，若征收范围内的单位和个人进行新建、扩建、改建房屋，改变房屋和土地用途，租赁房屋的行为，应视为估价对象不合法。

评估机构的合法性是指估价机构必须具有有关规章制度所要求的资质；估价机构的确定也要符合规定。房地产价格评估机构由被征收人在规定时间内协商选定；在规定时间内协商不成的，由房屋征收部门通过组织被征收人按照少数服从多数的原则投票决定，或者采取摇号、抽签等随机方式确定。

四、国有土地上房屋征收评估的方法和技术路线

住宅和城乡建设部 2011 年 6 月发布的《国有土地上房屋征收评估办法》第十三条规定："注册房地产估价师应当根据评估对象和当地房地产市场状况，对比较法、收益法、成本法、假设开发法等评估方法进行适用性分析后，选用其中一种或者多种方法对被征收房屋价值进行评估。被征收房屋的类似房地产有交易的，应当选用比较法评估；被征收房屋或者其类似房地产有经济收益的，应当选用收益法评估；被征收房屋是在建工程的，应当选用假设开发法评估。可以同时选用两种以上评估方法评估的，应当选用两种以上评估方法评估，并对各种评估方法的测算结果进行校核和比较分析后，合理确定评估结果。"因此，房屋征收评估的具体估价方法有以下四种。

1. 比较法

比较法是指依据市场销售资料，将待估房地产同能与其形成替代关系的类似房地产进行比较，以类似房地产已知的价格为参照，修正得出待估房地产最可能实现的合理价格的一种估价方法。

比较法适用于房地产市场比较发达，交易实例资料比较丰富的房屋征收估价。当市场交易不活跃、市场交易数量不足时，比较法的应用将受到限制。在征收估价中要使用比较法，必须在同一区域或邻近地区或同一供求圈内，找到与被征收房屋相同特征的可比实例。对于旧城区的危旧房显然没人愿意购买，因此缺乏可比实例，比较法在评估危旧房时就不能得到很有效的应用。

采用比较法进行房屋征收评估的技术路线是：①收集和测算类似房地产价格。收集与被征收房屋的区位、用途、权利性质、档次、新旧程度、规模、建筑结构等相同或者相似的房地产。类似房地产的市场价格是指被征收房屋的类似房地产在评估时点的平均交易价格。类似房地产的市场价格应当通过搜集评估时点近期类似房地产的实际成交价格，剔除偶然的和不正常的因素以后计算得出。类似房地产的实际成交价格以真实成交、可以质证或者房地产交易登记的实际成交价格为依据。②修正类似房地产价格。将被征收房屋与类似房地产进行交易情况、市场状况、房地产状况的比较和修正，确定比准价格。③确定被征收房屋价格。根据类似房地产比准价格，采用简单算术平均法、加权算术平均法确定被征收房屋最终评估价格。

2. 收益法

收益法是将估价对象的预期未来各年的正常净收益以适当的投资报酬率折现求和，求取估价对象在一定价值时点、一定产权状态下价格的一种估价方法。

收益法适用的对象是有收益或有潜在收益的房地产，如出租的住宅、写字楼、旅馆、商店、厂房等。它不限于估价对象本身现在是否有收益，只要估价对象所属的这一类房地产有获取收益的能力即可。而且，运用收益法的另一个条件是房地产未来的收益和风险都可以量化。因此，对于行政办公楼、学校、公园、教堂等不产生收益也没有潜在收益的征收房屋，无法采用收益法估价。

采用收益法评估被征收房屋价值的技术路线是：当被征收房屋为商业用途时应当采用收益法，其技术路线是通过比较法测算被征收房屋的租金，进而确定被征收房屋当前的净收益并预测其未来的净收益，然后将其折现来求取被征收房屋市场价值。

3. 假设开发法

假设开发法是通过预测估价对象未来开发完成后的价值，然后减去预测的未来正常开发成本、税金和利润等来求取估价对象价值的一种方法。

假设开发法适用于具有投资开发价值和再开发潜力的房地产估价，例如待开发的土地、在建工程、可装饰装修改造或可改变用途的旧房。当被征收房屋是在建工程的，应当选用假设开发法评估。

运用假设开发法评估被征收在建工程的技术路线是：①测算续建完成后的价值。根据在建工程规划条件、现状，利用比较法和长期趋势法测算续建完成后的价值。②测算续建成本和应得利润。根据在建工程建设进度，测算后续建设成本、管理费用、销售费用、销售税费、投资利息、续建利润和购买在建工程的税费。③测算在建工程价值。将续建完成后价值扣除续建成本和费用，确定在建工程价值。

4. 成本法

成本法是分别求出估价对象在价值时点的重新购建价格和折旧，然后将重新购建价格减去折旧来求取估价对象价值的估价方法。从运用上看，成本法将求取房地产价格的问题化解为分别求取土地成本和建筑成本的问题。

成本法估价比较费时费力，测算重新购置价格和折旧也有相当难度，主要适用于新的或者比较新的房地产，特别适用于那些既无收益又很少发生交易的房地产，如学校、医院、体育场馆、行政办公楼等。在征收估价时，假如交易实例很难找到，例如土木结构房屋，通常会选择成本法进行估价。

成本法评估的技术路线是：首先求取被征收房屋的土地重新购建价格、建筑物的重新购建价格和建筑物折旧，然后将土地和建筑物的重新购建价格减去建筑物折旧求取被征收房屋的价格。

五、国有土地上房屋征收评估应注意的问题

国有土地上房屋征收评估不同于一般房地产的市场价格评估，在实际评估工作中应注意如下问题。

1. 评估对象的确定

房屋征收评估前，房屋征收部门应当组织有关单位对被征收房屋情况进行调查，明确评估对象。评估对象应当全面、客观，不得遗漏、虚构。房屋征收部门应当向受托的房地产估价机构提供征收范围内的房屋情况，包括已经登记的房屋情况和未经登记建筑的认定、处理结果。对于已经登记的房屋，其性质、用途和建筑面积，一般以房屋权属证书和房屋登记簿的记载为准；房屋权属证书与房屋登记簿的记载不一致的，除有证据证明房屋登记簿确有错误外，以房屋登记簿为准。对于未经登记的建筑，应当按照市、县级人民政府的认定、处理结果进行评估。

2. 评估目的的表述

被征收房屋价值评估目的应当表述为“为房屋征收部门与被征收人确定被征收房屋价值

的补偿提供依据，评估被征收房屋的价值”。用于产权调换房屋价值评估目的应当表述为“为房屋征收部门与被征收人计算被征收房屋价值与用于产权调换房屋价值的差价提供依据，评估用于产权调换房屋的价值”。

3. 评估范围

被征收房屋评估范围包括合法的被征收建筑物及其占用范围内的建设用地使用权和其他不动产，不包括违法建筑和超过批准期限的临时建筑。

4. 评估时点

被征收房屋价值评估时点为房屋征收决定公告之日。产权调换房屋价值评估时点应当与被征收房屋价值评估时点一致。

5. 评估价值内涵

被征收房屋价值是指被征收房屋及其占用范围内的土地使用权在正常交易情况下，由熟悉情况的交易双方以公平交易方式在评估时点自愿进行交易的金额，但不考虑被征收房屋租赁、抵押、查封等因素的影响。不考虑租赁的影响是指评估被征收房屋无租约限制的价值；不考虑抵押、查封因素的影响是指评估价值中不扣除被征收房屋已抵押担保的债权数额、拖欠的建设工程价款和其他法定优先受偿款。

6. 补偿标准

《国有土地上房屋征收与补偿条例》规定，对被征收房屋价值的补偿，不得低于房屋征收决定公告之日被征收房屋类似房地产的市场价格。

7. 评估因素

被征收房屋价值评估应当考虑被征收房屋的区位、用途、建筑结构、新旧程度、建筑面积以及占地面积、土地使用权等情况。被征收房屋室内装饰装修价值，机器设备、物资等搬迁费用，以及停产停业损失等补偿，由征收当事人协商确定；协商不成的，可以委托房地产估价机构通过评估确定。

8. 评估结果的确定

被征收房屋价值选用两种或者两种以上评估方法评估的，应当对各种评估方法的测算结果进行校核和比较分析后，合理确定评估结果。房屋征收评估价值结果应当以人民币为计价的货币单位，精确到元。

六、国有土地上房屋征收评估工作流程

房屋征收评估需要遵循一定的估价程序，具体如下：

1. 选定评估机构

房地产估价机构由被征收人在规定时间内协商选定；在规定时间内协商不成的，由房屋征收部门组织被征收人投票并以得票多的当选，或者采取摇号、抽签等随机方式确定。具体办法由省、自治区、直辖市制订。房地产估价机构不得采取迎合征收当事人不当要求、虚假宣传、恶意低收费等不正当手段承揽房屋征收评估业务。评估机构业务承揽房屋征收范围内的征收评估工作，原则上由一家房地产估价机构承担。房屋征收范围较大的，可以由两家以上房地产估价机构共同承担。两家以上房地产估价机构承担的，应当明确一家房地产估价机构为牵头单位；牵头单位应当组织相关房地产估价机构就评估对象、评估时点、价值内涵、评估依据、评估假设、评估原则、评估技术路线、评估方法、重要参数选取、评估结果的确

定方式等进行沟通，统一标准。

2. 评估委托

房地产估价机构选定后，房屋征收部门应当在10日内向估价机构出具房屋征收评估委托书，并与估价机构签订房屋征收评估委托合同。房屋征收评估委托书应当载明委托人的名称、委托的房地产估价机构的名称、评估目的、评估对象范围、评估要求以及委托日期等内容。估价机构与房屋征收部门签订房屋征收评估委托合同后，应制订相应工作计划，指派本机构中与房屋征收评估项目工作量相适应的足够数量的注册房地产估价师开展评估工作。房地产估价机构不得转让或者变相转让受托的房屋征收评估业务。

3. 实地查勘和证据保全

在进行征收评估时，对估价对象进行实地查勘，并对勘察时采集到的证据进行保全，这对未来处理可能产生的征收评估纠纷、征收补偿纠纷等问题非常重要。具体要求如下：

1）房屋征收估价人员应当对被征收房屋进行实地查勘，做好实地查勘记录，拍摄反映被征收房屋外观和内部状况的影像资料。在实地查勘过程中，应对被征收人提供和事先收集的有关被征收房屋自身的建筑状况、使用状况、附属物状况、权属状况、区位条件及周围环境等资料进行核实，认真做好实地查勘记录。

实地查勘记录由实地查勘的估价人员、征收人、被征收人签字认可。因被征收人的原因不能对被征收房屋进行实地查勘、拍摄影像资料或者被征收人不同意在实地查勘记录签字的，应当由除征收人和估价机构以外的无利害关系的第三人见证，并在估价报告中做出相应说明。这些规定也是为解决未来可能出现的纠纷做准备。

2）征收产权不明确的房屋，征收人应当提出补偿安置方案，同意后实施征收。征收前，征收人应当就被征收房屋的有关事项向公证机关办理证据保全。“证据保全”是指对可能灭失或者以后难以取得的，证明一切法律行为或事件的证据，依法收集保管和固定，以保持其真实性和证明力的一种措施。

4. 评估方法选用

房屋征收评估应当根据评估对象和当地房地产市场状况，对比较法、收益法、成本法、假设开发法等评估方法进行适用性分析后，选用其中一种或者多种方法对被征收房屋价值进行评估。

可以同时选用两种以上评估方法评估的，应当选用两种以上评估方法评估，并对各种评估方法的测算结果进行校核和比较分析后，合理确定评估结果。

5. 初步评估结果公示

房地产估价机构应当按照房屋征收评估委托书或者委托合同的约定，向房屋征收部门提供分户的初步评估结果。分户的初步评估结果应当包括评估对象的构成及其基本情况和评估价值。房屋征收部门应当将分户的初步评估结果在征收范围内向被征收人公示。

公示期间，房地产估价机构应当安排注册房地产估价师对分户的初步评估结果进行现场说明解释。存在错误的，房地产估价机构应当修正。

6. 提交评估报告

分户初步评估结果公示期满后，房地产估价机构应当向房屋征收部门提供委托评估范围内被征收房屋的整体评估报告和分户评估报告。房屋征收部门应当及时将分户评估报告送达被征收人。

整体评估报告和分户评估报告应当由负责房屋征收评估项目的两名以上注册房地产估价师签字，并加盖房地产估价机构公章。不得以印章代替签字。

7. 房屋征收复核评估和鉴定

被征收人或者房屋征收部门对评估报告有疑问的，出具评估报告的房地产估价机构应当向其做出解释和说明。

被征收人或者房屋征收部门对评估结果有异议的，应当自收到评估报告之日起 10 日内，向原房地产估价机构申请复核评估。申请复核评估的，应当提出书面复核评估申请，指出评估结果存在的问题。

房地产估价机构应当自收到书面复核评估申请之日起 10 日内对评估结果进行复核。复核后，改变原评估结果的，应当重新出具评估报告；评估结果没有改变的，应当书面告知复核评估申请人。

被征收人或者房屋征收部门对房地产估价机构的复核结果有异议的，应当自收到复核结果之日起 10 日内，向被征收房屋所在地评估专家委员会申请鉴定。评估专家委员会应当组成专家组，对复核结果进行鉴定。专家组成员为 3 人以上单数，其中房地产估价师不得少于二分之一。

评估专家委员会应当自收到鉴定申请之日起 10 日内，对申请鉴定评估报告的评估程序、评估依据、评估假设、评估技术路线、评估方法选用、参数选取、评估结果确定方式等评估技术问题进行审核，出具书面鉴定意见。经评估专家委员会鉴定，评估报告不存在技术问题的，应当维持评估报告；评估报告存在技术问题的，出具评估报告的房地产估价机构应当改正，重新出具评估报告。

8. 资料保管

房屋征收评估业务完成后，房地产估价机构应当将评估报告及相关资料立卷、归档保管，供房地产管理部门、房地产估价行业组织等查验。

本章小结

房地产转让价格是指转让房地产时形成的价格。房地产转让价格评估多数是在转让前进行，价值时点在估价作业日期之后。房地产转让估价的委托人既可能是买方和卖方单独委托，也可能是买卖双方共同委托。房地产转让价格评估只是为了了解、掌握房地产交易行情而进行的评估，其目的只是为了在进行房地产交易时有一个参考价格，它带有一种咨询性，估价人员只对估价信息和结论合乎估价技术规范和职业规范负责，而对房地产转让定价决策不负直接责任。《中华人民共和国城市房地产管理法》第三十六条、第三十七条、第三十八条界定了房地产转让的含义、不得转让的情形。房地产转让价格评估，宜采用比较法和收益法，也可采用成本法。待开发房地产的转让价格评估宜采用假设开发法。对于单纯土地转让价格评估，也可采用基准地价修正法。

房地产抵押估价目的是为确定房地产抵押贷款额度提供参考依据而评估房地产抵

押价值。房地产抵押价值为抵押房地产在价值时点的市场价值，等于假定未设立法定优先受偿权利下的市场价值减去房地产估价师知悉的法定优先受偿款。在《中华人民共和国城市房地产管理法》《中华人民共和国担保法》《房地产估价规范》《房地产抵押估价指导意见》等有关法规中规定了可以设定抵押的房地产、不得设定抵押的房地产、其他限制条件以及与房地产抵押估价有关的规定。房地产抵押价值评估选用估价方法时应根据估价对象的适用性在比较法、收益法、成本法以及假设开发法中选择，一般尽量将成本法作为一种估价方法。房地产抵押估价必须注意抵贷双方的风险，在抵押估价中要采取客观、谨慎，甚至偏保守的做法，使估价结果客观、公正、合理、合法，切忌高（虚）估算。

国有土地上房屋征收评估是指依据《国有土地上房屋征收与补偿条例》的有关规定，按照《房地产估价规范》和《国有土地上房屋征收评估办法》及各地颁布的具体房屋征收估价技术规定，为确定被征收房屋货币补偿金额，根据被征收房屋的区位、用途、建筑面积等因素，由房地产估价机构对被征收房屋的房地产市场价格进行的评估。实施房屋征收评估除了需要遵循一般性的估价原则之外，还要特别强调以下原则对征收评估的特殊性：独立原则、客观原则、公正原则、合法原则。应当根据评估对象和当地房地产市场状况，对比较法、收益法、成本法、假设开发法等评估方法进行适用性分析后，选用其中一种或者多种方法对被征收房屋价值进行评估。国有土地上房屋征收评估工作流程包括：选定评估机构；评估委托；实地查勘和证据保全；评估方法选用；初步评估结果公示；提交评估报告；房屋征收复核评估和鉴定；资料保管。

本章练习题

一、单选题（每题的备选答案中只有一个最符合题意）

1. 城市房屋征收补偿估价中，实行房屋产权调换且所调换房屋为期房的，为结清产权调换的差价而对该期房价进行估价，则（　　）。

A. 价值时点为未来，估价对象为未来状况

B. 价值时点与房地产状况均为现在

C. 价值时点为现在，估价对象为未来状况

D. 价值时点为现在，估价对象为过去状况

2. 以房地产抵押贷款为目的的估价，其价值时点原则上为（　　）。

A. 签订估价委托合同之日　　B. 发放抵押贷款之日

C. 完成估价对象实地查勘之日　　D. 未来处置抵押房地产之日

3. 下列房地产估价原则中适用于房地产抵押估价，而不适用于城市房屋拆迁估价的是（　　）。

A. 最高最佳利用原则　　B. 合法原则

C. 替代原则　　　　D. 谨慎原则

4. 某宗房地产未设立法定优先受偿权利下的价值为600万元，法定优先受偿款为50万元，贷款成数为七成，则该房地产的抵押贷款额度为（　　）万元。

A. 370　　B. 385　　C. 420　　D. 550

5. 运用收益法评估房地产抵押价值时，当估计未来收益可能会高也可能会低时，一般应采用（　　）的收益估计值。

A. 较高　　B. 较低　　C. 最高　　D. 居中

二、多选题（每题的备选答案中，有两个或两个以上符合题意的答案）

1. 下列关于房地产抵押价值评估的表述中，正确的有（　　）。

A. 法律法规规定不得抵押的房地产，没有抵押价值

B. 再次抵押的房地产的抵押价值为该房地产的价值扣除已担保债权后的余额

C. 房地产的价值扣除预计处分该房地产的各种费用、税金后的余额才是抵押价值

D. 不能单独处分、使用的房地产不宜作为抵押物，应当没有抵押价值

E. 在评估土地使用权是以划拨方式取得房地产的抵押价值时，不应包括土地使用权出让金

2. 根据房地产估价的合法原则，目前我国有关法律、法规规定，不得作为以抵押为目的的估价对象的房地产有（　　）。

A. 土地所有权　　　　B. 国有工业用地使用权

C. 宅基地土地使用权　　　　D. 大型游乐场

E. 乡镇企业用房

3. 下列关于明确房地产价值时点的表述中，正确的有（　　）。

A. 对当前的价值进行评估，一般以实地查勘估价对象期间或估价作业期内的某个日期为价值时点

B. 城市房屋征收估价，价值时点一般为房屋征收许可证颁发之日

C. 分期实施的房屋征收，应以房屋征收公告之日为价值时点

D. 房地产估价人员可以假定价值时点

E. 对原估价结果有异议而引起的复核估价，应以申请复核之日为价值时点

4. 在房地产抵押价值评估时，需扣除在价值时点估价师所熟知的法定优先受偿款。法定优先受偿款包括（　　）。

A. 划拨土地应补交的出让金

B. 已抵押担保的债权数额

C. 发包人拖欠承包人的建设工程价款

D. 强制执行费用

E. 估价费用

5. 下列法律法规和标准中，应作为城市房屋征收评估依据的有（　　）。

A.《房地产估价规范》

B.《中华人民共和国城市房地产管理法》

C.《城市房地产开发经营管理条例》

D.《国有土地上房屋征收与补偿条例》

E.《国有土地上房屋征收评估办法》

三、判断题（用“√”表示正确，用“×”表示错误）

1. 被征收房屋的房地产市场价格中不包含搬迁补助费及被征收房屋室内自行装修装饰的补偿金额。（ ）

2. 在城市房屋征收估价中，当征收补偿实行房屋产权调换方式且所调换的房屋为期房时，由于估价对象状况为某个时点的状况，因此价值时点应为未来。（ ）

3. 城市房屋征收是强制性的，其行为不符合市场价值形成中的交易双方自愿进行交易的条件，所以城市房屋征收评估应采用非市场价值标准。（ ）

4. 某已抵押房地产因债权实现需要强制处分而由法院委托估价，则估价结果通常是该房地产完整权利下的价值。（ ）

5. 对于有租约限制的房地产，如果是为城市房屋征收补偿目的而进行估价的，不必考虑房屋租约的影响，应视为无租约限制的房地产进行估价。（ ）

四、简答题

1. 房地产转让价格评估的特点是什么？

2. 可以设定抵押的房地产有哪些？

3. 房地产抵押价值评估应注意哪些事项？

4. 国有土地上房屋征收评估应注意哪些问题？

5. 房地产转让价格评估、房地产抵押价值评估、国有土地上房屋征收评估的方法分别有哪些？

五、案例分析题

1. 2012 年 5 月，甲公司将其拥有的一幢登记用途为办公用的临街房屋出租给乙公司，租赁期限为 20 年。租赁合同约定，租赁期满后所有装修与房屋一同由甲公司无偿收回。乙公司承租后，将该房屋装修改造成酒楼，并加盖了厨房。现该区域被列入征收范围，某房地产估价机构接受委托对该房屋进行征收评估。

请问：

（1）房屋征收评估中如何考虑甲、乙双方签订的租赁合同？

（2）房屋征收评估中如何确定该房屋的用途、面积？

（3）房屋征收评估中如何考虑乙公司的装修补偿？

2. 甲公司于 2011 年以出让方式取得一宗商业用地使用权，开发建设商业楼。商业楼分为 A 座、B 座，规划总建筑面积分别为 66000m^2、69000m^2，总层数为地上 4 层，地下 1 层，2013 年 10 月该商业楼通过竣工验收并备案。其中 A 座总建筑面积为 65000m^2，地下 1 层出租给乙公司经营超市，租赁期限为 15 年，租金为每天每平方米 2.10 元；地上一～四层出租给丙公司经营商场，租赁期限为 10 年，租金为每天每平方米 2.50 元；B 座总建筑面积为 67500m^2，办理了销售许可证，其中 8000m^2 已售出，该项目工程款总金额为 40500 万元，施工方按合同约定支付了工程款 5%的质量保证金，截至目前已付工程款 93%。现因融资需要，甲公司拟以该商业楼申请抵押贷款。

请问：

（1）A 座、B 座合计抵押建筑面积为（ ）m^2。

A. 124500　　B. 127000　　C. 132500　　D. 135000

(2) 据调查，该商业楼 A 座地下一层的客观租金水平为每天每平方米 2.0 元，地上一～四层的客观租金水平为每天每平方米 3.0 元，则用收益法测算该商业楼 A 座抵押价值时，关于租金取值的说法，正确的是（　　）。

A. 租约期内和租约期外都取客观租金

B. 根据谨慎原则，租约期内取租约租金，租约期外取租约租金和客观租金中较低者

C. 根据谨慎原则，租约期内和租约期外均取租约租金和客观租金中较低者

D. 租约期内取租约租金，租约期外取客观租金

(3) 该商业楼抵押价值评估中法定优先受偿款应为（　　）万元。

A. 810　　B. 132025　　C. 2835　　D. 4860

参考文献

[1] 柴强. 房地产估价理论与方法 [M]. 北京：中国建筑工业出版社，2015.
[2] 周寅康. 房地产估价——理论. 方法. 实务 [M]. 南京：东南大学出版社，2001.
[3] 朱萍. 资产评估学教程 [M]. 4 版. 上海：上海财经大学出版社，2012.
[4] 吴庆玲. 房地产价格评估 [M]. 2 版. 北京：中国建材工业出版社，2010.
[5] 韩立英. 土地使用权评估 [M]. 北京：中国人民大学出版社，2003.
[6] 廖俊平，陆克华，唐晓莲. 房地产估价案例与分析 [M]. 北京：中国建筑工业出版社，2015.
[7] 柴强. 房地产估价 [M]. 7 版. 北京：首都经济贸易大学出版社，2012.
[8] 陈建敏. 房地产估价 [M]. 北京：化学工业出版社，2009.
[9] 褚菁晶. 房地产估价理论与实务 [M]. 北京：北京大学出版社，2011.
[10] 郭斌. 房地产估价理论与实务 [M]. 2 版. 北京：化学工业出版社，2014.
[11] 付光辉 . 房地产估价 [M]. 北京：化学工业出版社，2011.
[12] 陶全军. 房地产估价 [M]. 北京：中国劳动社会保障出版社，2012.
[13] 张守峰. 全国土地估价师职业资格考试辅导与练习——土地估价实务基础 [M]. 武汉：华中科技大学出版社，2008.
[14] 赵世强，刘卫东. 房地产估价案例与分析 [M]. 北京：中国建材工业出版社，2007.
[15] 祝平衡，吴老二. 房地产估价理论与实务 [M]. 2 版. 大连：东北财经大学出版社，2010.